天津市重点出版扶持项目

津沽名家文库(第一辑)

中国上古史纲

王玉哲 著

U0362336

南开大学 出版社

天 津

图书在版编目(CIP)数据

中国上古史纲 / 王玉哲著. —天津：南开大学出版社，2019.4

（津沽名家文库. 第一辑）

ISBN 978-7-310-05784-9

Ⅰ.①中… Ⅱ.①王… Ⅲ.①中国历史－上古史－研究 Ⅳ.①K210.7

中国版本图书馆 CIP 数据核字(2019)第 061228 号

南开大学出版社出版发行

出版人：刘运峰

地址：天津市南开区卫津路 94 号　　邮政编码：300071

营销部电话：(022)23508339　23500755

营销部传真：(022)23508542　　邮购部电话：(022)23502200

*

北京隆晖伟业彩色印刷有限公司印刷

全国各地新华书店经销

*

2019 年 4 月第 1 版　　2019 年 4 月第 1 次印刷

210×148 毫米　32 开本　10.375 印张　8 插页　223 千字

定价：75.00 元

如遇图书印装质量问题,请与本社营销部联系调换,电话：(022)23507125

王玉哲先生（1913—2005）

"贞，人戋(岁)、饺于丁。九月。"（乙241）

这两例句同是"饺"人以祭。第一例"人"在"饺"后，第二例则"人"在岁(刺殺)与"饺"(割解)之前。

另外，为了证明"兕"为被饺的对象，我们不妨再举卜辞几条，以资证明：

"辛卯……殻贞，隹罠手竹饺兕。"（合集1109正）

"……罠手竹饺兕。"（合集1111正）

"贞不隹罠手竹饺兕。"（合集1110正；存一、616）

这三例中"饺"字后之字，我颇疑都是"兕"字的异文⑨。这就可以证明"兕方"为商人的敌对者，故以其战俘为牺牲。

总之，前所录的五条有关兕方的记载，都是商人伐兕方在卜辞中的反映。也只有这样解释才与古文献记载相合。其中有"兕

王玉哲先生手迹

出版说明

津沽大地，物华天宝，人才辈出，人文称盛。

津沽有独特之历史，优良之学风。自近代以来，中西交流，古今融合，天津开风气之先，学术亦渐成规模。中华人民共和国成立后，高校院系调整，学科重组，南北学人汇聚天津，成一时之盛。诸多学人以学术为生命，孜孜矻矻，埋首著述，成果丰硕，蔚为大观。

为全面反映中华人民共和国成立以来天津学术发展的面貌及成果，我们决定编辑出版"津沽名家文库"。文库的作者均为某个领域具有代表性的人物，在学术界具有广泛的影响，所收录的著作或集大成，或开先河，或启新篇，至今仍葆有强大的生命力。尤其是随着时间的推移，这些论著的价值已经从单纯的学术层面生发出新的内涵，其中蕴含的创新思想、治学精神，比学术本身意义更为丰富，也更具普遍性，因而更值得研究与纪念。就学术本身而论，这些人文社科领域常研常新的题目，这些可以回答当今社会大众所关注话题的观点，又何尝不具有永恒的价值，为人类认识世界的道路点亮了一盏盏明灯。

这些著作首版主要集中在 20 世纪 50 年代至 90 年代，出版后在学界引起了强烈反响，然而由于多种原因，近几十年来多未曾再版，既为学林憾事，亦有薪火难传之虞。在当前坚定文化自信、倡导学术创新、建设学习强国的背景下，对经典学术著作的回顾与整理就显得尤为迫切。

本次出版的"津沽名家文库（第一辑）"包含哲学、语言学、文学、历史学、经济学五个学科的名家著作，既有鲜明的学科特征，又体现出学科之间的交叉互通，同时具有向社会大众传播的可读性。具体书目包括温公颐《中国古代逻辑史》、马汉麟《古代汉语读本》、刘叔新《词汇学与词典学问题研究》、顾随《顾随文集》、朱维之《中国文艺思潮史稿》、雷石榆《日本文学简史》、朱一玄《红楼梦人物谱》、王达津《唐诗丛考》、刘叶秋《古典小说笔记论丛》、雷海宗《西洋文化史纲要》、王玉哲《中国上古史纲》、杨志玖《马可·波罗在中国》、杨翼骧《秦汉史纲要》、漆侠《宋代经济史》、来新夏《古籍整理讲义》、刘泽华《先秦政治思想史》、季陶达《英国古典政治经济学》、石毓符《中国货币金融史略》、杨敬年《西方发展经济学概论》、王亘坚《经济杠杆论》等共二十种。

需要说明的是，随着时代的发展、知识的更新和学科的进步，某些领域已经有了新的发现和认识，对于著作中的部分观点还需在阅读中辩证看待。同时，由于出版年代的局限，原书在用词用语、标点使用、行文体例等方面有不符合当前规范要求的地方。本次影印出版本着尊重原著原貌、保存原版本完整性的原则，除对个别问题做了技术性处理外，一律遵从原文，未予更动；为优化版本价值，订正和弥补了原书中因排版印刷问题造成的错漏。

本次出版，我们特别约请了各相关领域的知名学者为每部著作撰写导读文章，介绍作者的生平、学术建树及著作的内容、特点和价值，以使读者了解背景、源流、思路、结构，从而更好地理解原作、获得启发。在此，我们对拨冗惠赐导读文章的各位学者致以最诚挚的感谢。

同时，我们铭感于作者家属对本丛书的大力支持，他们积极创造条件，帮助我们搜集资料、推荐导读作者，使本丛书得以顺利问世。

最后，感谢天津市重点出版扶持项目领导小组的关心支持。希望本丛书能不负所望，为彰显天津的学术文化地位、推动天津学术研究的深入发展做出贡献，为繁荣中国特色哲学社会科学做出贡献。

南开大学出版社

2019 年 4 月

《中国上古史纲》导读

赵伯雄

先师王玉哲先生所撰《中国上古史纲》初版于 1959 年，至今已近六十年了。明年适逢南开大学建校一百周年，南开大学出版社计划再版先生的这部著作，这是令人十分高兴的事。先师的女公子兰珍、公子兰仲要我为此书写一篇序，自忖学力、识见均不足以担此重任，心中惴惴，犹豫再三。然而作为弟子，将老师的著作向世人做一介绍，又是责无旁贷的。于是鼓起勇气，不避浅陋之讥，将我读过先生此书的一点儿认识和体会写了下来，就教于当世学者。至于出版社编辑提出的要对这部书做出"专业评价"，则吾岂敢。

先师讳玉哲，字维商，河北深县人。生于 1913 年，卒于 2005 年。先生系农家子弟，早年曾接受过当时的所谓新式教育，在高中阶段，就对文史产生了浓厚的兴趣。1936 年，先生考入北京大学历史系。在北大期间，受顾颉刚、钱穆等先生的影响，逐步走上了古史研究的道路。不久，日寇全面侵华，平津沦陷，北大、清华、南开三校南迁，合组为长沙临时大学（后迁至昆明，更名为西南联合大学）。先生先是与同学历尽千辛万苦，辗转来到长沙，后又参加"步行团"，随校迁往昆明，在西南联大完成了他的大学学业。先生自述，在西南联大期间，曾广泛修

1

习文史各类课程，学中国哲学史于冯友兰先生，学《庄子》于刘文典先生，学《诗经》《楚辞》于闻一多先生，学声韵、训诂于罗常培、魏建功先生，学甲骨文、金文于唐兰、陈梦家先生。正是由于有这些学术前辈的指引、教导，先生的学术功底日益深厚宽博，这为他日后的中国古史研究打下了坚实的基础。1940年，先生在西南联大毕业，旋即考取了北京大学文科研究所的研究生，导师是唐兰先生。经过三年刻苦学习，1943年，先生研究生毕业，他的硕士论文《狎狁考》获得了答辩委员的一致肯定和赞赏。

1943年以后，先生先后在武汉华中大学、长沙国立湖南大学教书数年，其间所撰论文《鬼方考》获国民政府教育部1945年度学术发明奖金。1948年，先生北上天津，侍疾于父亲病榻之侧，此时接受了南开大学的聘书。仅仅半年之后，天津解放，从此先生再没有离开过南开。他在这里教书、治学，兢兢业业，成为中国享有盛誉的先秦史专家，同时也为南开历史学科的建设和发展做出了杰出的贡献。先生一生淡泊名利，勤勉刻苦，直至耄耋之年，仍旧笔耕不辍，可以说把毕生的精力都献给了学术和教育事业。

这本《中国上古史纲》（以下简称《史纲》），就是王玉哲先生根据在南开大学历史系讲授中国上古史的讲义整理而成的。当年先生讲中国上古史，是作为中国通史课程的一个段落来讲授的，故《史纲》虽断代于秦，其实具有通史的性质。通史贵在贯通，贵在全面，而且立论要求尽量稳妥，今观《史纲》，正是具有这样的特点。本书从原始社会讲起，历夏、商、西周、春秋、战国，直至秦的统一，举凡中华文明的起源、华夏民族的形成、各时期历史发展的大事件和重要的历史人物，以及各个历史时期的经济生活、政治制度、社会形态、民族关系、思想观念、文化发展、科技成就，均有涉及。内容虽然丰富，全书却仅有二十余万字，我想这与此书本来是为大学生授课的讲稿有关。作为上课用的讲义，必须简明，不能枝蔓太多，不能论证过细，先生当年以"史纲"命名此书，大约就有这层意思吧。

先生为文，求真求实，从来不发空论，而且心思细密，所见常常出人意表。我看过一些先生早年的作品，大多是考证文章，写得十分精彩，旁征博引，追求实证，每立一说，必广泛搜求各方面证据，论证如剥茧抽丝，所以结论往往令人信服。这种风格，在先生晚年的文章中依然可以看到。先生说他最欣赏王国维的治学方法，并将这种方法贯穿他学术活动的始终。

今天我们重读这部《史纲》，可以清楚地感受到作者长于考证、实事求是的特点。许多立论和观点，都是先生精心推寻考证的结果，诸如商代的继统法、先秦的民族问题、西周的社会性质、楚族的来源及迁徙路线等问题，都有相关的研究论文做基础，故全书内容颇显扎实厚重。当然，限于通史教材的体例，有些论点不可能充分展开论证，即使这样，作者往往也要将证据的要点一一列出，以备读者进一步深入研究之用。例如讲到中国上古存在过母系氏族社会，就列举了上古"知其母，不知其父""族外婚""古时婚称岳父为舅；称岳母为姑；妇称丈夫之父为舅；称丈夫之母姑""父子不相续相处，而祖孙相续相处""古帝王称'毓'称'后'""图腾痕迹""姓的性质"等七个方面的证据，来说明中国上古确曾存在过母系氏族社会。这七项证据，如果详细论证，每一项都可以写成一篇论文，但在《史纲》中，则只做了简要的概述，然而言必有据、论不空发的精神已跃然纸上。

写这种通史性的著作，善于考证，固然是一大优长，但懂得裁断，同样重要。因为事实上，在叙述历史的过程中，并不是对每一个史实的认定及提法都要列举出种种证据的，哪些该详，哪些可略，全在作者的裁断。在《史纲》中，先生对一些问题的处理方法很能给人以启发。例如旧说商人的祖先"不常厥邑"，从契到汤曾有"八迁"。我知道先生对这个问题曾做过深入的考证，但在《史纲》里，先生只是概括地引用王国维的考证结果，指出八迁之地，"或不出山东、河北与河南之间"，而不是为了炫博，在这个并非重要的问题上浪费笔墨。这就叫作善于裁断。有些问题，受材料的限制，目前尚无法说得十分清楚，如果是写学术论文，进行深入的探索或者据理推测，都还是可取的，但在这类通史性的著作里则不宜详细考论。例如讲商代的职官，《史纲》就仅仅列举见于卜辞的"臣""小臣""多亚""尹"等二十余个官名，并不加深论，理由是"以上这些官名，其具体的职掌及其相互关系，还不很清楚"，这既反映了那个时候学者的认识水平，也符合《史纲》的写作体例。这也是一种裁断。有时为求简明，往往将考证的线索放在页下附注之中。如周初的"三监"，学者间颇多聚讼，至今也难有明确的结论。《史纲》只在正文中略述通行的旧说，然后用附注的形式，介绍了这个问题的症结所在，以及作者所赞成的王国维的考证结果。关于周公称王之事也是如此。武王死后，周公是否践位称王，古来争议甚多，莫衷一是。《史纲》正文对此不做纠缠，直言周公"践天子位"，然后在附注中详述立说的根据。此类的处理，都反映出作者具有对史事权衡轻重以及取舍裁断的史识。

先生对自古流传的旧说，每多考而后信。但在没有确实可信的新结论的情况下，则宁肯沿用旧说，也不追新骛奇，不在证据尚欠充足时改立新说，表现出一位治史者应有的审慎态度。当然，不肯矜奇立异，并不意味着盲从旧说。对某些在古代属于非主流的说法，经过细致的辨析，有时也会改从。对于今日已有确

4

凿证据证明是误说的，也会加以纠正。例如两周之间的"共和行政"，自来说者多取《史记》，以为是周公和召公的联合行政；而《竹书纪年》记此事，则称是共国之君名和者干王位。先生通过考证，认为《竹书纪年》之说更为合理，遂在叙述此事时摒弃了《史记》的说法，而改用《竹书纪年》之说。又如古人一般视华夏民族之外的"蛮夷戎狄"为四个种族，并将此四者分配于四个方位，即南蛮、北狄、西戎、东夷，这种认识对后世治史者影响不小。先生经过深入研究，破除了这种成说。先生以为，戎、狄、蛮、夷的含义，其实是随时代而变化的。早在殷商时，东方有夷，北方有狄，而蛮、戎二名尚未兴起。这四名也不是四个种族，《诗经》、金文中均有"百蛮"之名，蛮而有百，可知其非一族之专名。到春秋战国时，四方诸小族统名为"夷"，南方之族尚未专有"蛮"称。而且"戎""狄"二名可以互称，文献中多有其例，可见不能把戎、狄理解为两个不同的种族。直到秦统一中国之前，中原诸小族多被驱逐于四塞之地，戎、狄、蛮、夷四个名词才开始被分配于四个方位，"东夷""北狄""南蛮""西戎"之说，始正式形成。

先秦史号称难治。难在哪里？首先难在材料的短缺。无米之炊，巧妇难为，故学者每有"文献不足"之叹。商、周两代比较起来，商代问题更为严重，文献资料极少。西周稍好一些，有《尚书》《诗经》等可资利用，但真正属于西周时代的材料也很有限。所幸近代以来，甲骨文、金文大量出土，为治先秦史者提供了许多珍贵的史料。这就要求治史者除了熟悉文献之外，还要懂甲骨文，懂金文，具备考古学方面的知识。王玉哲先生在古文字学上有很高的修养，对甲骨文、金文都有精深之研究。在《史纲》一书中，先生在商史的部分利用了大量的卜辞资料，在讲述商代国家的特点、奴隶的状况、社会经济、政治制度、继统法等问题时，卜辞往往被用作起决定性作用的骨干材料。其实这也是不得不然，因为非如此不足以说清商代社会（主要是盘庚以后的商代后期）各方面的实际情况。但在讲西周史的部分，先生则仍然以文献资料为基础，为骨干。因为一来西周的文献较商代为多，利用文献资料构建西周历史的框架已有可能；二来在先生看来，青铜器铭文作为史料，有一定的局限性，使用起来必须慎重。例如对铜器的断代，学者间往往歧见甚多，搞不好就有张冠李戴之虞。再有就是青铜器铭文涉及的社会面比较窄，内容比较单调，有些问题如果完全依据金文或以金文为主来论证，还是有一定困难的。此外，金文的文字释读也是个问题。很多铭文当中的关键文字，在释读上往往还有很大争议，字义尚不确定，这种材料怎能放心使用？故按照先生的说法，对一件铜器铭文，"非有十分之见，不敢轻易利用"。所以我们看到，《史纲》中的西周史部分，还是以传统文献为本，而利用一些意思明确、争议不大的铜器铭文来补苴罅漏。

以传统文献为主来讲古史，其实也不简单。且不说上古文献之文字艰深、佶屈聱牙，单是史学与经学纠缠在一起，就是个不易解决的难题。先秦文献如《尚书》《诗经》《周易》《仪礼》《周礼》，等等，同时也是儒家的经典，自汉以来，说解虽多，但大都以解经为目的，故现代学者利用起来，首先就要廓清经学的迷雾，分辨出古人的解说哪些是主观的解经，哪些是客观的述史。这是很能考验治史者见识的事情。先生在这方面也有其独到的眼光。例如关于周代的宗法制，先秦礼书里有大量的记述，不可否认其中确有些是当时实际的宗法规则，但也有相当一部分属于经师的发挥，或者是想当然的理想化设计。汉以来历代学者解说周之礼制、解说宗法的著作可谓汗牛充栋，现代学者必须从大量的说经之作中披沙拣金，挖掘古人之说中那些真正反映周代历史实际的东西。《史纲》在讲解什么是大宗、小宗，什么是继祖、继祢，什么是百世不迁、五世则迁等问题时，就基本上以先秦礼书为根据，因为先秦礼书上的这些记述，就我们现在的认识水平来说，可能确实是周代宗法的主要规则。同时，在这一基础上，《史纲》又从现代学者观察的角度，将宗法制的特点归纳为"共同的祀典""亲族服丧""异居而同财""族人会议""同宗不婚"等五个方面。这样，所论既有坚实的文献支撑，又有现代学者的理性分析。又如对"井田制"的解释，也特别能反映作者的识见。井田制问题是先秦史上的一个老大难问题，究竟有没有井田制，井田制究竟是什么样子的，时至今日，学者的意见也还没有统一。古人言之凿凿，甚至把它描绘得十分细致，但是现代学者却总不肯完全相信。传统文献中不止一处发现有关于"井田"的线索，完全否认上古存在过井田制，恐怕不是一种科学的态度；但如果真像孟子描述的那样，"方里而井，井九百亩，其中为公田，八家皆私百亩，同养公田"，又无论如何不能让人相信，因为世间不可能存在那种整齐划一的豆腐块式的田地制度。《史纲》则从被历代经师搞成了几乎是一团乱麻的井田诸说中，抓住了可以称之为井田制本质要素的东西，那就是"劳役地租"。作者指出，封建领主用劳役地租的方式来剥削农民，"公事毕然后敢治私事"，这种制度在中国历史上确实存在，这不是任何人可以空想出来的。作者进一步指出，当时的所谓"公田"，实际上就是"官"的私有田，这样就把井田制与作者所主张的西周实行的是"封建领主土地所有制"联系起来了。

先生是一位从旧社会走过来的知识分子，在他盛年之际，迎来了旧政权崩塌、新政权建立这样翻天覆地的变化。先生像同时代的绝大多数知识分子一样，由衷地欢迎这个新的政权，同时也真心实意地要学习马克思主义理论。马克思主义关于社会发展形态的学说，深为他们这一代学者所服膺。先生就是按照马克思主义社会发展阶段的理论来思考中国上古史问题的。但先生从来不会盲从，不会把教条、原则作为出发点。他信奉"论从史出"，在研究中绝不先给历史带上某种框框，而是主张先去发现历史的真相，然后从大量的真相中去提炼历史的发展规律，来验证理论指导的正确性。有时他的观点不为多数人所赞同，但他既自认为是从事实中来，有坚实的史料依据，则持之益坚，不为潮流所动。在20世纪50年代，写先秦史著作，最要紧的也是最不能回避的，就是社会形态问题。先生是坚定的西周封建论者，他积极参加了那场关于古史分期问题的大讨论。在《史纲》中，对于这个问题的论证，首先是着眼于西周的土地制度。先生认为，天子是当时最高等级的领主，他把王畿以外的土地分封给诸侯，让他们各自为政，各自治理他们的封地；而诸侯在国内，也同周天子一样，分封卿大夫以采邑，这样就形成了等级制的各级领主的土地所有制。在这一基础上，《史纲》把考察的重点放在了生产者的身份上。大量的无可辩驳的事实表明，西周的主要生产者"民"（或庶人、庶民）不是奴隶，他们有自己的小块耕地，有自己的少量劳动工具，他们一方面受劳役地租的剥削，同时也有自己的经济生产，这样的劳动者，已经与奴隶有了本质的区别。因此，西周社会已不可能是奴隶社会了，按照先生的说法，西周"已经进入初期的封建社会"。为什么要加上"初期"二字呢？因为先生实际上也注意到了，西周社会还存在着许多奴隶社会的遗迹，例如《逸周书》上所反映的周初对敌人"重俘虏而不重杀戮"的现象，某些金文中还记载有奴隶买卖的实例，等等，他认为，"一种社会形态的阶段之划分，绝对不是像刀切斧斫的那样整齐"，"两个阶段之间，有着一个相当长的时间，新旧两种社会形态交错存在"。这种认识，在今天看来，依然是十分精当的。

8

关于商代的社会性质问题，先生的见解也与多数学者的看法不一样。先生不否认商代存在着奴隶制，但他说，盘庚以后的商王朝才能说是奴隶社会，而商代初叶，距原始公社的末期还不甚远，应当处于从原始社会向阶级社会过渡的阶段。经过长期的发展，至盘庚时期，商人才进入奴隶社会，国家机构才正式形成。先生的这一结论，是对盘庚前后的社会经济状况做了深入分析的结果，其中也包括对盘庚迁殷的原因的探索。在先生看来，商人屡迁与当时的粗耕农业直接相关，而盘庚以后273年不再迁都，则是由粗耕农业转为半精耕农业的证明。所以，盘庚迁殷，称得上是商代历史发展中的一个重要的转捩点。这个观点，虽然未被主流学界所接受，先生却直到晚年仍在坚持。我想，今日的学者，即使不完全赞同先生此说，亦不妨认真看一看先生的论证，或许能够从中得到一些启发。

《史纲》一书的初稿，实际上在 1955 年前后已经完成了，故此书可以看作是 20 世纪 50 年代前期的作品。毋庸讳言，在今日看来，此书的有些内容确实已经过时或者应该修正了。例如原始社会部分，近几十年来，考古学发展突飞猛进，使这一部分的许多内容都显得陈旧了。甲骨学、金文学的长足进步，也为先秦史研究增添了不少新的史料。此外，如今思想的解放，理论的创新，也是当年的学者无法想象的。尽管如此，今日再版此书，仍然有其重要的意义。这本书在不长的篇幅之中，讲述漫长的先秦历史，脉络清晰，史实准确，史料精而不繁，论证约而有法，既有学术界普遍接受的成说，又有作者的创见，对于治中国史的学人来说，不失为一种重要的参考书。而且此书所体现出来的作者的严谨学风、朴实文风，对今日浮躁的学术空气不啻一剂对症的良药。特别应该指出的是，本书是老一辈学者在 20 世纪 50 年代那样一种历史条件下，运用新的理论指导先秦史研究的可贵实践。这种实践有哪些地方值得继承，有哪些地方还可加以改进，值得今日的年轻学者深长思之。

先生晚年曾发宏愿，要写一部百万字以上的《先秦史稿》，将自己毕生研究的心得总结出来。然而当时先生已年近七旬，精力渐衰，加之手头还有另一部书稿待完成，而且其他如培养研究生等工作并未稍减，故写作之事，时续时停，进展缓慢。八十岁以后，先生身体更不如前，眼见全书之告竣遥遥无期，先生颇感焦虑。后来，在出版社方面的建议下，先生将已写成的截至西周的积稿，重加整理，冠以《中华远古史》的书名，先行出版，其时距先生之离世，也只有五年了。《先秦史稿》的后一半，也就成了先生同时也是我们这些学生们的永远的遗憾。尽管如此，《中华远古史》毕竟已写到了西周，与今日再版的《中国上古史纲》正好衔接辉映，对于后之治先秦史者，这已经是幸事了。

2018 年 11 月 18 日

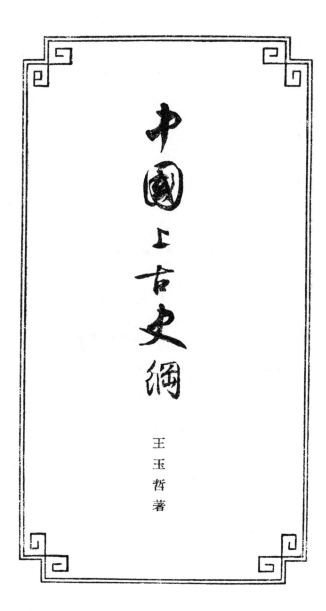

中國上古史綱

王玉哲 著

中 国 上 古 史 纲

王 玉 哲 著

*

上 海 人 民 出 版 社 出 版

（上 海 绍 兴 路 54 号）

上海市书刊出版业营业许可证沪出 001 号

上海新华印刷厂印刷　新华书店上海发行所发行

*

开本 850×1168 公厘 1/32　印张 9 3/8　插页 13　字数 209,000

1959 年 7 月第 1 版

1959 年 7 月第 1 次印刷

印数 1—9,000

统一书号：11074·159

定　　价：(十三) 2.10 元

封面设计：　冒怀苏

封面题签：　沈尹默

序

　　这本中国上古史綱是企图闡述自"中国猿人"至秦統一中国这一时期中国历史发展过程的一般情况。着重說明我們祖先的創造力量，說明人民群众在生产斗爭和阶級斗爭中的历史实践，从而証明劳动創造历史这一无可怀疑的眞理。也只有这样，才能够使讀者充分認識到中华民族是勤劳的、勇敢的、富有創造力的；使人認識到这些輝煌灿烂的古代文化，正是我們祖先长久以来，克服了无限的艰难困苦，积累起来的生产經驗与科学活动的总結。

　　虽然上古史距离我們这个时代十分遙远，但是近现代的文化是从古代发展而来的，我們学习古代史，当然也就具有现实意义。毛主席教导我們說："中国现时的新政治新經济是从古代的旧政治旧經济发展而来的，中国现时的新文化也是从古代的旧文化发展而来，因此，我們必須尊重自己的历史，决不能割断历史。但是这种尊重，是給历史以一定的科学的地位，是尊重历史的辩証法的发展，而不是頌古非今，不是贊揚任何封建的毒素。对于人民群众和青年学生，主要地不是要引导他們向后看，而是要引导他們向前看。"① 这一英明的指示是我們学习古代史的人应当奉为圭臬的。今天我們对待古代史的态度，和过去有本质的不同。以前是把古代美化成象牙之塔，作为知識分子逃避现实的場所；恰恰相反，我們现在研究古代却正是为了现实。今天我們的口号是"厚今

---

① 毛澤东选集，人民出版社 1952 年版，第 2 卷，第 679 頁。

薄古"，其主要精神在于动员一切力量为今天社会主义建设服务。历史是一条砍不断的长流，今日的文化是经历了若干年月的积累与发展而成的，没有"古"就没有"今"，"薄古"并不是"废古"；"今"虽然是"古"的否定，但同时又是"古"的发展。所以"今"和"古"是对立的统一，只有以"古"为"今"服务，"今"和"古"才能统一起来。我们研究古代史必须为今天的经济基础服务，为当前的阶级斗争和生产建设服务。恩格斯的劳动在从猿到人转变过程中的作用与家庭、私有制和国家的起源这两个有名著作，就是把古代的研究和现实斗争密切联系起来的典范，是完全为无产阶级的解放事业服务的具有重大现实意义的斗争武器。

摆在我们面前的某些重大问题，如果追溯到遥远的古代，就能得到满满的解答。例如，为什么社会主义制度必胜，资本主义制度必亡？阶级和国家何以发生，何以要消灭？人类是怎样来的？人类的劳动有何伟大意义？对这些问题有了正确的认识，人们对今天的社会主义建设，就会更有信心，更有热忱和干劲。所以上古史的研究与学习，也是需要的，问题在于是否有正确的立场、观点和方法。

中国上古史纲是根据我在南开大学历史系讲授中国上古史的讲稿整理而成的。其范围包括原始公社制度、奴隶制度及初期封建制度的发生、发展和转变的过程，内容较为复杂，争论的问题也较多。其中尤其是商周的社会性质问题，目前史学界正在展开热烈的讨论，随着争辩的深入，学者之间在某些问题上产生很大的分歧，这是走向真理和取得一致结论的必经途径。关于这个问题，史学家们基本上有三种不同的意见①，自然，他们也还有不少共同的

① 参看江泉：关于中国历史上奴隶制和封建制分期问题的讨论，载1956年7月4日人民日报；转载中国古代史分期问题讨论集，三联书店1957年版，第574—584页。

观点。例如，中国是經过了奴隶制时代的，奴隶制殘余在奴隶社会崩潰以后仍然长期存在等等；另外，关于殷代社会属于奴隶制这一点，大部分史学家的意见，也漸漸趋于一致，或达到接近的程度。只有西周是大家爭論的焦点，本書同意并主張西周是初期封建社会。学术研究是需要爭論来推动的。"如果沒有不同意見的爭論，沒有自由的批評，任何科学都是不可能发展，不可能进步的。"① 因此，作者在本書中也对其他有关問題提出一些自己的看法和意见。

全書完稿已逾三載。虽然在写作时，曾力求运用馬克思列宁主义来进行分析，并尽可能采用过去和现在史学家們关于这一段历史的研究成果，但由于作者的政治理論水平和业务水平都很低，所以理論上和史料上的錯誤，定所难免。为了少犯錯誤，这几年在教学的实践中曾屢次加以补苴和校訂。随着全国大规模基本建设的进行，大批新的考古学上的发現，使我們对于整个中国古代史范圍内的知識，大大充实起来。新材料的出現，往往推翻旧說；新理解的获得，也可以修正原先的錯誤。特别是第一章关于原始社会，不单是大大扩充，而且經过很大程度的改写。本書的最后写成，应当感謝南开大学历史系的同志們和上海人民出版社編輯同志們，他們在我写作过程中，曾不断地給我以热心的鼓励、督促和指导。另外，書中的图版有一大部分是北京历史博物館供給的，在这里应特别向热情的史树青先生致謝。本書如有一些可取之处，都应該归功于諸先进史学家的劳动成果和这些友誼的帮助。

現在这本書就要出版了，我誠懇地期待着史学家們严正的批評和指教。

王玉哲　一九五八年"五一"劳动节于天津。

①　斯大林：馬克思主义与語言学問題，人民出版社1953年版，第29—30頁。

目　　录

插 图 目 录

· 5 ·

11

图 版 目 录

（图版一）甘肃半山彩陶。高三九·九公分。

（上海博物館藏）

15

（图版二）河南渑池县仰韶村出土的彩陶片。

1. 彩 陶 壶

2. 彩 陶 壶

（图版三）甘肃出土的彩色陶器。

（图版四）西安半坡遗址第3号
方形房屋遗址。

（图版五）西安半坡
遗址中长方形
大房子。

（图版六）西安半坡遗址
中的灶和柱洞。

（图版七）半坡遗址出土的骨器。
1.笄 2.凿 3.锥 4.7.针
5.鱼钩 6.镞

（图版八）山东城子崖出土
的黑陶鼎。

（图版九）山东两城镇出土
黑陶杯。

（南京博物院藏）

（图版一〇）山东两城镇出
土黑陶盆。

（南京博物院藏）

（图版一一）河南殷虚所
发现的版筑和石卵。
（据中国考古学报
第二册）

（图版一二）殷白陶罍。河南安阳出土。

（现在美国弗立尔艺术館）

（图版一三）郑州二里冈出土
殷代的銅鉆和卜骨。

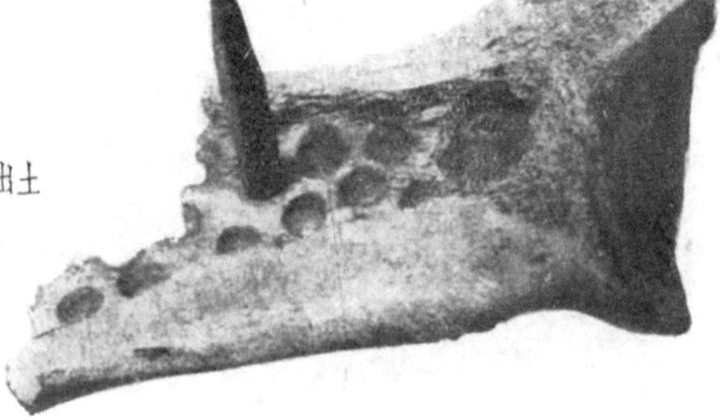

20

（图版一五）殷虚書契菁华著录
的武丁时牛胛骨卜辞。

釋　文

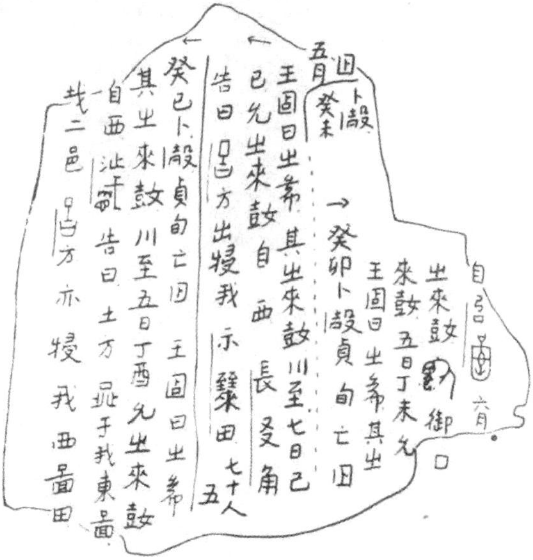

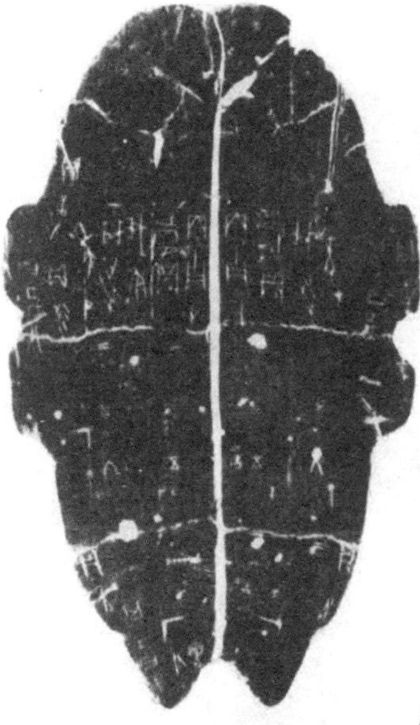

（图版一四）刻着卜辞
的完整龟甲。

21

（图版一六）商饕餮纹鼎。高二五・五公分。

（上海博物館藏）

（图版一七）商司母戊大
　　鼎（缺一耳）。带耳
　　高一三七公分，横
　　长一一〇公分，宽
　　七七公分。重一千四
　　百市斤。

　　（南京博物院藏）

（图版一八）商司母戊大鼎铭文。

23

（图版一九）一九五〇年武官大墓出土的虎纹石磬。
高四二公分，长八四公分，面刻伏虎纹。这是
中国现存最古的乐器。（现藏故宫博物院）

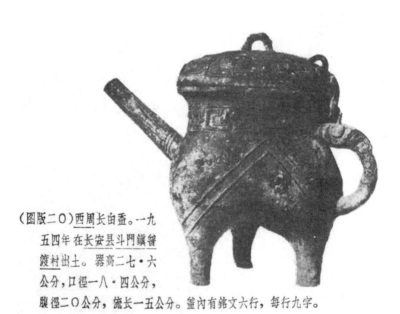

（图版二〇）西周长甶盉。一九
五四年在长安县斗门镇普
渡村出土。器高二七·六
公分，口径一八·四公分，
腹径二〇公分，流长一五公分。盖内有铭文六行，每行九字。

24

（图版二一）长由盉铭文。

（图版二二）康鼎及铭文。

「唯三月初吉甲
戌、王才（在）康宫。
白内右康。王命
死嗣王家。錫女
幽黄錾勒。康拜
頫首，敢对揚天
子不显休，用乍
朕文考釐白宝
障鼎。子子孙孙其万
年永宝用。彝井。」

康鼎铭释文

「隹三月初吉丁亥，穆王
才（在）下淢应，穆王乡醴，即
井白（邢伯）大祝射。穆王蔑长
由。以来即井白，井白氏寅不
姦，长由蔑曆，敢对揚天
子不杯休，用肇乍障簋。」

长由盉释文

25

（图版二四）盠方彝盖内铭文。

盠方彝盖内铭释文

「唯八月初吉，王各（格）于周庙。穆公又（佑）盠立中廷北乡（向）。王册令尹易（錫）盠赤市、幽亢（黄）、攸勒，曰用嗣六𠂤王行，参有嗣：嗣土、嗣马、嗣工。王令盠曰摄嗣六𠂤众八𠂤𠭟。盠拜頴首敢对扬王休，用乍朕文祖益公宝障彝。盠曰天子不（丕）叚不（不）其（基），万年保我万邦。盠敢拜頴首曰刺刺朕身，遐朕先宝事。」

（据郭沫若先生所考释）

（图版二五）战国刀币。
右为齐国的"齐造邦长法化"刀。
左为燕国的"明"刀。

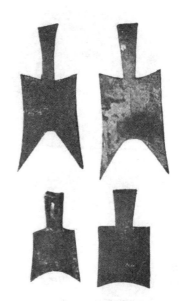

（图版二六）战国空首布。
下左是韩国"卢氏"布。
下右是"音"布。

（图版二七）战国方足布。
上两枚为魏国安邑的 "安邑二釿"布。
下左为赵国的"兹氏"布。
下中为赵国的"平阳"布。
下右为"魚阳"布，古泉汇释为"鲁阳"。

（图版二八）秦"半两"钱。

（图版二九）魏国长垣的　　　　　（图版三〇）魏国的"垣"钱。
　"长垣一釿"钱。

（图版三一）楚国
的铜贝（蚁鼻
钱）。

（图版三二）楚"郢
爰"（金）。

（图版三三）战国楚墓出土的陶"郢爰"（冥币）。

（图版三四）战国水陆攻战纹铜鉴。

一九三五年河南汲县山彪镇战国墓出土。器高三〇·一
公分，口径五四·五公分。鉴周满饰水陆攻战纹，用紫
红色金属品镶成。

（图版三五）水陆攻战纹铜鉴上的图案（摹本）。

这是摹绘全图的一部分。战士皆帻首，束腰，佩剑，上服
及膝。女子环髪，长裳曳地。画中有旗、鼓、弓、矢、戈、
戟、剑、盾、云梯等，画中人有格斗、斩杀、击鼓、犒贲、送
别等动作。

（图版三六）战国彩漆雕花板。
一九五三年长沙仰天湖
第二十六号墓出土。

（图版三七）长沙战国墓出土的竹简。

一九五三年七月湖南长沙南門外仰天湖战国墓出土竹简共四十三片。完整的全长約二二公分，寬約一·二公分，厚約〇·一公分。每简有用墨笔写的一行字，由二字至二十一字不等，均战国时書体。

釋　文

右簡："鉃其一十二箕。皆又繪縑。"
左簡："綟布之　罗二毘"

（据史树青先生釋）

（图版三八）战国全戈头部。
长沙出土。

（图版三九）战国全戈鐏部。
长沙出土。

31

第一章　原始公社制度

第一节　原始群居及原始氏族社会

一　"中国猿人"和"丁村人"

我們偉大祖国的疆域上，在四五十万年以前就生活着一种原始的人类。"中国猿人"就是其中之一。根据考古学家发掘出来的中国猿人骨化石的特征观察，这种人的体质形态，一部分象人，一部分又象猿，是介乎"人"与"猿"之间的一种动物，所以叫作"猿人"。他們是更古的一种"古猿"向现代人方向发展的第一个阶段——"猿人时期"的一种人类。这种"猿人"虽然残留着很多猿的性质，但是基本上已經脱离了动物的范畴，而正式跨进人类的門限了。

中国猿人的化石，发现在我們首都北京西南四十八公里的西矿区周口店龙骨山的一个山洞里，所以俗名又叫"北京人"。从一九二七年起，由地质调查所正式发掘。最初曾发见左下臼齿一枚，保存极佳。当时的考古学者确定为一新属，命名为"中国猿人北京种"。从此以后，每年都进行有計划的发掘。一九二九年十二月二日又首次发现一个完整的中国猿人头盖骨，才真正地奠定了中国猿人科学上的基础。发掘工作一直延續至一九三七年七月九日，因日本侵华战争发生而中止。共发现有五具比較完整的头骨、九块头骨残片、四大块及几小块顏面骨、十四件下颚骨及一百五十二枚牙齿（包括一九四九年和一九五一年发现的五枚牙齿）；另外还有残

・ 1 ・

33

破的大腿骨七件、胫骨一件(解放后发现，胫骨化石是在周口店首次发现的新材料)、残破的上臂骨(肱骨)三件(包括解放后发见一件)、锁骨一件、月骨一件，从这些材料中可以认出四十个不同的男女个体。

中国猿人是很原始的一种化石人类。身体跟我们现在一般人一样高大。他们的上肢骨，除了内部结构外，完全具有现代人的形态；下肢骨虽已具有现代人的形态，但还有若干原始的性质。至于他们的面貌却保留了不少近似古猿的特征，例如：(1)前额特别低平，不象现代人那样高起；(2)眼孔之上有一个特别发达的"眉骨峰"；(3)头顶正中，前后有一条隆起的峰，叫作"中矢峰"；(4)脑量平均约为一千立方公分(现代人脑量平均一千四百立方公分，现代猿约为六百至八百立方公分)；(5)上下颚骨向前突出，没有下颏；(6)眼窝很深，两眼腔的距离很大，鼻梁平宽；(7)臼齿咀嚼面比现代人复杂得多，齿面上具有许多皱脊(参看插图1—2)。

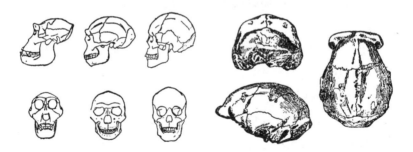

插图1　大猩猩(左)、中国猿人（"北京人"）(中)和现代人(右)比较图。

插图2　中国猿人头骨的三面观察。我们由左下图可以看出，这是眉骨突出、脑量低小的一种象猿的人。

由以上关于中国猿人骨胳的叙述，我们就可以知道，中国猿人还是一种原始的人类。但因为中国猿人股骨的主要性质与现代人相同，有股骨峰的存在以及肱骨短于股骨的事实，可以肯定，中国猿人已能直立行走了。由地层及各方面証明，他們的生活时代是在第四纪或更新世的中期①。据最近的推算，知道这个地质时代，距今約为四十万至六十万年。从动物化石的研究，更可推知当时的气候，比现代为湿潤；由紅色土質的存在，也可証明当时的气候是比现代为温暖。中国猿人所以能够在自然界中生活下去，最主要的原因，是因为当时他們劳动的结果，已經发明了两种征服自然的武器：一是石器和骨器，一是用火。

中国猿人已經能够制造和使用石器。这样的劳动一开始，我們便可以說他們就与其他动物区别开来。他們已經迈进入人的范圍。在中国猿人产地經十数年的发掘，一共掘了四一九〇〇立方公尺的体积，获得的石器，如果連同半成品及原料都算在内，总計不下十余万件；但是，有过第二步修制工作的石器，则占少数。

石器的原料，据考古学家研究，主要有两种：一种是細砂岩和火成岩等；一种是石英，是白色的矽質岩石。大部分的石器是从附近的河床上拣来的砾石（或称鵝卵石）。他們用另外一块石头砸打这种石头，打去了在河床上磨擦出的圓边，现出薄刃，就可以用来砸兽骨、割兽肉，也可以做武器了。砾石有大、有小，而且长、短、圓、扁不一，因之这类砾石石器的形状也各不相同（参看插图3）。有的石器是他們直接在山地中采集一种脉岩，把它砸成碎片，使露出鋒利的薄刃，就用以割裂兽皮、兽肉。但是这种石英石片，非常坚硬，很不容易打碎。石片上的打击痕迹，多不清楚。他們是用一块较大的石头作为砧子，把要打的石英放在上面，用一只手握住，

---

① 过去我們是将周口店中国猿人时期列为更新世初期。现在我們依照世界地質学会一九四八年在倫敦的决議——将欧洲的"維拉方期"（Villafranchian）及中国的三門系（泥河灣期，下三門系）划为更新世初期，因而将周口店地层改为更新世中期，黄土地层改为更新世晚期，次生黄土地层改为全新世。

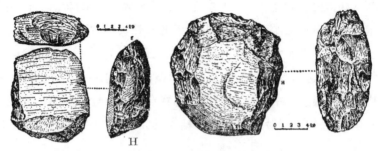

插图 3　中国猿人使用的两块砾石石器

另一只手就拿另一块石头连續的打下去，这样，就可以把要打的石英，从周圍一层一层地剝下石片来。这种石片多半成細长形，两端有打击的痕迹。这种石片上經第二步加工者較少，但有使用痕迹的则很多。这是中国猿人使用的石器中特殊的一种（参見插图4）。

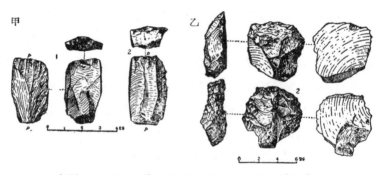

插图 4　中国猿人使用的石英石器（甲）和燧石石器（乙）

此外，还有少数火石、燧石、石髓、水晶和石灰岩等原料的石器。在周口店一带，这类的原料不多，所以他们遺留的这类石器，是很少的。

中国猿人的石器类型，考古学家勉强分为錘状器、砍伐器、半圓器（又名盘状器）、尖状器和刮削器等。

中国猿人不但能制造石器，很可能还会制作骨器。周口店曾

· 4 ·

发现大批破碎骨化石，最初始終没有人想到骨器的問題上去。一直到一九三一年秋天，有的考古学者才断定有些骨头是骨器。中国猿人是以游猎为生，他們不但吃猎来的巨兽的肉，还要敲骨吸髓，取巨兽的骨胳作工具的原料。骨器按其形式分，有角工具、头盖骨制容器、肢骨制的尖状器、刀形器、刮削器和骨砧多种。

中国猿人就用这些笨拙的石器和骨器創造了生存的条件。

中国猿人虽然能制造工具，但这些工具带有很大的原始性。最主要的特征是：(1)工具的用途，并未十分"分化"，即一件工具可以用于刮削与切割，又可用于鉆凿；(2)彼此均有"个性"，即每件工具有每件工具的式样，这是由于他們技术不熟练，不能打成一定的形状；(3)使用时，不加第二步工作，只任选一片，即行使用。这是旧石器时代初期文化的现象①。但是最近又有学者認为中国猿人所用的石器，不只有一定的打片方法和修整方法，而且已有一定的类型了；由于类型很多，因此它的运用不但是很广泛的，而且在工具上已有一定的分工——刮削器不能用于砍伐，尖状器也不能用于錘砸。这是一个新的看法②。

中国猿人除了能够制造工具以外，他們还会用火。在发掘中

---

① 这里对中国猿人文化的看法主要是根据裴文中先生的說法，参看裴文中：周口店洞穴堆积中国猿人层内石英器及其他种石器之发现，载中国地貭学会志，第11卷，109—146頁，1932年；德日进裴文中：北京猿人之石器文化，载中国地貭学会志，第11卷，315—364頁，1932年；德日进裴文中：二十二年及二十三年間周口店之新发现，载中国地貭学会志，第13卷，369—394頁，1933年；裴文中：中国石器时代的文化，中国青年出版社1954年版，第15—18頁；裴文中：中国旧石器时代的文化，载中国人类化石的发现与研究，科学出版社1955年版，第53—89頁。

② 参看賈兰坡：对中国猿人石器的新看法，载考古通訊1956年第6期。

国猿人居住的山洞时,曾发现燒过的木炭和灰烬,还有被火燒过的石块和骨胳。燃燒的結果,不但变了色,而且还发生許多不规則的裂痕。这許多燒过的东西,并不是普遍地分散在地层里,而是堆积在一起,或布滿在一处。这种情形很清楚地說明:这不是天然的野火所留下的痕迹,而是經过人类有意識地使用过的火的痕迹。

我們現在还不能够証明中国猿人已經发明人工取火的方法,他們很可能只知道利用和保管天然发生的火。

火为人类生活上最重要的必需品之一。有了火的发明,表示人类有极大的进展。由于火的利用,人类不但多了防卫野兽的侵襲和征服自然的有力武器,并且使生食变为熟食,食物范圍扩大,促进了人类消化过程,对人类形体和脑量的发展有决定性的作用。火对于后来人类物質文化的发展也起着重大的作用,因为用火燒土,发明了燒制陶器的方法;因为用火燒陶器,又发明了冶銅术和冶鉄术,这些都是在物質文化史上划时代的使人类生活改观的重大的发明。

与中国猿人同时而稍后的人类,就是发現于山西的"丁村人"。

丁村人的骨化石是在一九五四年秋季,由中国科学院古脊椎动物研究室主持,在山西省襄汾县丁村一带发現的。当时在位于一具几乎完整的犀牛骨架之下約一公尺的砾石层的底部,发現了三枚人的牙齿(一枚是上右內侧門齿,一枚是上右外侧門齿,一枚是下右第二臼齿)。这三枚牙齿虽不能貿然指为属于同一个体,但是相互之間距离很近,并不超过二平方公尺的范圍。

这三枚牙齿据专家研究的結果,認为已具有若干进步的性質,如体积較小,齿冠較高,嚼面的紋理不甚复杂等;另一方面又具有若干原始性質,不过它的原始程度尚不能和中国猿人相比。由牙齿的发育情形观察，大概是一个十二、三岁的幼童。两枚上門齿的舌面都呈明显的鏟形，这是现代蒙古人种的上門齿較为明显的性質。

丁村人的文化遗物，只有石器为代表。所发现的石器連同人工打制的石片和石核在內，一共有二千多件。石器是用角頁岩的砾石制成的。大部分是石片，具有第二步加工的眞正石器虽少，但可以分出尖状器、多边形器和石球等类型（参看插图5）。大部分的石片虽没有經过第二步的加工，但用放大鏡观察，大部分石片的边緣都有使用的痕迹。从制作的石器观察，无疑比中国猿人文化为进步。其文化年代約属于旧石器时代初期的后一阶段①。

中国旧石器时代初期的文化，过去在我国发现的，有早于中国猿人的周口店第十三地点石器及比中国猿人稍晚的周口店第十五地点的文化遗物。但除中国猿人发现地（周口店第一地点）外，其他地方都没有发现过任何人类的材料。现在由丁村发现的人类化石，可以补充了中国猿人以后这个时期的空白

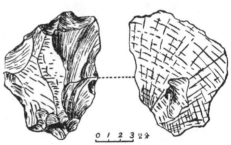

插图5　山西襄汾丁村的石器文化遗物
（上）有第二步加工的石器　（下）多边形石器

---

① 参看賈兰坡：丁村旧石器时代遗址在科学上的意义，载1955年7月18日光明日报科学双周刊；山西襄汾县丁村人类化石及旧石器发掘簡报，载中国人类化石的发现与研究，科学出版社1955年版，第91—104頁。

・7・

点，所以說丁村的人类化石的发现是有特殊意义的。

总起来看，人类在从古猿到人的轉变过程中，两只手的劳动和工具的使用，是有决定性的作用的。人类如果沒有两只手和所使用的工具，那就和其他动物沒有分别了。从中国猿人的骨胳特征看，更可証明恩格斯从猿到人的理論是完全正确的。上肢骨胳（即手）由于劳动的结果，最早向现代人的方向发展，已完全取得了现代人的形式。下肢的发展落在上肢之后。脑及脑的外壳的头骨的发展則更远在上肢骨之后。資产阶级学者們用唯心主义的論点来解釋人类的进化，他們以为心灵是人类演化的根源，脑子先发展，四肢随后跟着发展。中国猿人化石的研究，証实了手足的分化远早于脑子的发展。这就完全粉碎了資产阶级唯心的学說，进一步証实了恩格斯从猿到人的理論①。"劳动創造了人"这一科学的眞理，自中国猿人和丁村人发现后，得到了更充分的說明。

猿人时期的人类化石，除中国猿人和丁村人外，有以前在印度尼西亚的爪哇发现的"爪哇猿人"和在德国发现的"海德堡人"。不过一直到现在，我們还不知道他們是否也已开始使用了工具。因此，中国猿人和丁村人的发見和研究，在人类发展史上，是一种重要的貢献②。

我們可以推想，在距今約四五十万年前，我們的祖先，就成群結伙地在偉大祖国北部的丛林里生活着、劳动着。他們手执木棒和石器，猎取野兽或与凶猛的兽类作斗爭。那时的动物，据现在所发现当时的动物化石来看，有凶猛的虎、豹、熊、狼之类。虎中有剑齿虎，牙齿扁平尖銳。中国猿人当时死于非命者，恐怕不在少数。他們就生活在險恶的环境里，創造了石器、骨器和使用火等一切文化。他們靠着集体力量，靠着集体劳动，来和大自然与野兽作艰苦的斗争。用簡陋的工具不能取得足够的食物，所以他們又經常受到飢餓的威胁。但是，他們由于不断的劳动，終于冲出了一切困难，繼續走向现代人的康庄大道。

二 "河套人"

人类自从开始使用石器和火以后，就有了征服自然、战胜野兽的斗争武器。在这样的基础上，人类又慢慢地向前发展。他們的两只手，經过长期在劳动中的鍛炼，变得更灵活了；食物也愈丰富，因而脑腔也逐漸发达，前額升高，眉骨也低平了不少，顎骨向后收縮，下頦逐漸出现。总之，他們长得更象人了。这种人是人类体质

① 参看吳汝康賈兰坡：中国发现的各种人类化石及其在人类进化上的意义，載中国人类化石的发现与研究，科学出版社 1955 年版，第 39～52 頁。

② 一九三五年荷兰古生物学家孔尼华 (G. H. R. Von Königswald) 在香港中葯鋪購得的大量哺乳动物的牙齿化石中，发现了一枚巨大的所謂"巨猿"的下右第三臼齿。一九四五年魏敦瑞 (F. Weidenreich) 認为巨猿具有明确的人的性質，主張改称"巨人"，并推論"巨人"为"爪哇猿人"和"中国猿人"的直接祖先。一九五六年春，中国科学院古脊椎动物研究室广西发掘队在广西的来宾、上林、武鳴、柳州、崇左、大新、扶綏等县调查了二百多个山洞。在大新县櫬壚区正隆乡那隆屯的牛睡山里洞中发现了巨猿的一枚下第三臼齿，一枚下第一前臼齿和一枚上白齿。它的体积比现代人的牙齿約大三倍。其地質时代由其共生的动物群来判断，可以确定为更新世中期。所以就地質时代来說，"巨猿"决不可能是爪哇猿人和中国猿人的直系祖先，因为三者的时期是相同的。"巨猿"也不可能是人类进化系统上的一个旁枝，虽然"巨猿"的白齿有若干与人相近之处，但从整个上下齿列来看，则可肯定"巨猿" 非人，可能为猿的进化系统上趨近于人的一个旁枝。所以我們这里講 期的人类时，对"巨猿"就略而不談了。关于"巨猿"的研究，可参看吳汝 鎮所著中国古人类学 和古脊椎动物学的新发現(科学通报 1956 年 9 月 裴文中吳汝康所著华南新发現的巨猿牙齿化石(古生物学报 1956 年第 4 土期)。

形态发展的第二个阶段——"古人时期"。中国的"河套人"与德国的"尼安德塔人"就是这种人的代表。

河套人是在我国旧石器时代中期，約距今一二十万年以前的一种人类。因为他們的遺址发现在我們的河套地方，所以叫作河套人。主要遺址有两个：一在宁夏回族自治区銀川市东南的水洞沟，一在内蒙古自治区伊克昭盟的薩拉烏苏河两岸小桥畔村附近（薩拉烏苏河又称无定河或紅柳河，即楡林河的上游）。在前一地点，发见了很多石器；在后一地点，发见了很多动物化石，石器較少，但是其中有一枚人类的牙齿，据专家研究，認为是一枚左上側門齿，保存极好，毫无殘损，齿冠无磨蝕的痕迹，齿根尚未长成熟，是一个八九岁幼童的恒齿。另外还发见了三件肢骨。其中两件是大腿骨，一件是上臂骨。这三件肢骨，以前有些人主張是属于河套人的；近来經过科学家的分析，証明这与河套人是不同时的①。

一九五七年又在薩拉烏苏河滴哨沟灣村发现了河套人頂骨和股骨化石。发现这两件人骨化石的地址，同一九二三年法国傳教士桑志华发现的那枚河套人門牙化石的地址（大沟灣村），相隔仅两公里多；骨化石和牙化石的顏色也一样。据中国科学院古脊椎动物研究室专家鉴定，这块頂骨有四个角。每个角的平均厚度达六点八五公厘，比现代人頂骨厚度的平均数五点二公厘厚，比中国猿人头骨平均厚度薄。在这块頂骨化石的里层，还遺留着动脉分枝的痕迹，着重表现在前半部的中間——猿人的动脉分枝着重在中部，现代人又着重在前方。这些充分表明河套人处在猿人与现代人之間②。

---

① 見吳汝康賈兰坡：中国发现的各种人类化石及其在人类进化上的意义，载中国人类化石的发现与研究，科学出版社 1955 年版，第 39—52 頁。

② 見 1957 年 9 月 20 日人民日报所载新华社訊"河套人"的頂骨和股骨化石。

河套人所生活的环境,也是野兽出没的地域。从动物化石看,已知者有四十六种,以偶蹄类为最多,奇蹄类次之,食肉类更次之;其中有很多是已经绝灭的兽类,如巨齿象、披毛犀、巨鹿、巨驼鸟等;年代属于更新世。

这种河套人的文化,属于旧石器时代的中期,比中国猿人的文化高多了。他们制作的石器,是以石英岩的砾石,打成碎片,用作工具(参看插图6)。有尖状器、刮削器、斧状器等。尖状器做得很精巧,为河套文化的标准器。比起中国猿人的石器来,已经大大地前进了一步。河套人的石器已有了简单的类型,这表示河套人对于石器的使用有了更多的要求,所

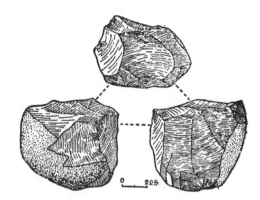

插图6 属于河套人的文化的石英岩石核(即打制石片的原料)。在甘肃庆阳发现。

以做出了各种不同的工具。以前有人以为"河套文化"相当于欧洲的"莫斯特文化"即欧洲的尼安德特人文化,因为这两种文化时代相同,并且都开始有了不同类型的石器——尖状器和刮削器等。但是尼人使用的工具大部分是火石制成的,和河套人的石器不甚相同。照我们看来,水洞沟遗址所代表的文化,应当是在中国土地上、在黄土时期的一种原始人类的文化,和欧洲旧石器时代的文化并无关系。

三 "資阳人"和"山頂洞人"

　　人类不断地坚持劳动，双手的运用愈灵巧，头脑也愈发展起来。他们活动的范圍扩大了，生活需要增加了。同时由于劳动的需要，思想意識也发展了，于是逐漸地創造了裝飾品和各种艺术品。人类到了这个阶段，在体质形态上，已經完全失去猿的性质，同现代眞正的人沒有显著的区别了。这就是人类体质发展史上的第三阶段，称作"新人时期"或"眞人化石时期"。他們生存在距今約五万年到十几万年期間，以在四川省資阳县发现的"資阳人"、周口店发现的"山頂洞人"和在欧洲法国发现的"克魯馬努人"为代表。

　　資阳人是一九五一年修成渝鉄路时在四川資阳县黃鱔溪桥基旁发现的。除了头骨化石外，还有一件骨錐。头骨中仅有上顎骨保存，顱底除左側顳骨岩部保存外，其余大部殘缺；上顎的牙齿全部脱落，仅保存上左第一前臼齿的一个齿根。經过学者初步鉴定，是一个十四五岁的男性个体。由头骨的一般性質判断，当属"新人阶段"① 。

　　山頂洞人是一九三三年我国考古学家为了追溯周口店洞穴的頂部，因而发现另外一个人类穴居遺址的人类化石。因为发现在中国猿人洞穴的頂部，所以定名为山頂洞人。

　　山頂洞人已經能够制作比較精致的各式各样的石器和骨器。石器有綠色砂岩打成的巨大敲砸器，石英、火石、燧石的碎片（参看

---

　　① 参看吳汝康賈兰坡：中国发现的各种人类化石及其在人类进化上的意义，载中国人类化石的发現与研究，科学出版社1955年版，第39—52頁。

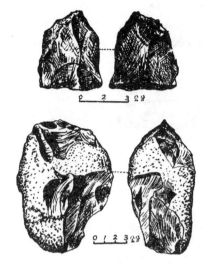

插图 7　山頂洞文化遺物　　　　　插图 8　山頂洞人使用的
　　(上)燧石石片　(下)砾石石器　　　　　　　骨針

插图 7)。骨器内有一件骨針,长八十二公厘,眼部殘破,是磨制而成的較精致的骨器(参看插图 8)。可以推测当时人类已有連綴兽皮作为簡单衣服的能力。

　　山頂洞遺址发现了很多晶瑩美丽的石器,可見这时的人类,对于工具的取材,除注意到实用价值外,同时又顧到顏色的美。而且他們已知道佩带装飾品,因为我們在洞中发見很多有孔的鹿、狐、獾的犬齒(参看插图 9);幷有带孔的石珠、鉆孔的美丽的小砾石、骨隊等一系列的装飾品(参看插图 10)。此类装飾物,大槪皆以皮革穿之,系于衣服或項臂之上。这說明当时的人已有一定的爱美观念;也反映出当时生产力的提高,所以人們的生活比較富裕了。

　　在山頂洞中又发現了一些异乡之物,如海蚶、厚壳蚌及魚卵状之赤鉄矿(即赭石)等。海蚶产于东南海中,厚壳蚌产于黄河之南,赤鉄矿产于宣龙地区(距周口店約有一百五十公里)。得来之法,

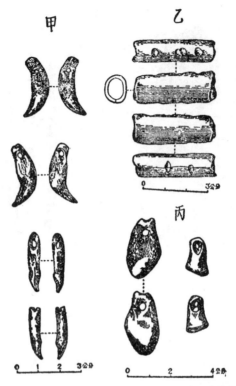

插图 9 　山頂洞人用作装飾品的有孔兽牙(甲、丙)和鳥骨骨管(乙)

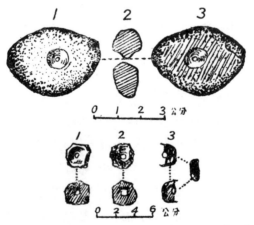

插图 10 　山頂洞文化遺物 　(上)鑚孔小砾石 　(下)石球

46

或与他族"以物易物"交换而来，或由他族掠夺而来，想必当时人类直接或间接地有些交通能力。考古工作者还发现他们已有埋葬死人的习惯，并将其生前衣飾用具，一并殉葬；尸体周围，散布赤色的鐵矿細末，这种习俗意味着当时已有氏族社会的萌芽了。

这一阶段的人类化石，除了上面所述的資阳人和山顶洞人之外，最近在吉林发现的"榆树人"和在安徽下草灣发现的人骨化石，大概也是属于同一时期的。

榆树人化石最初是在吉林榆树县的周家油坊屯发现的。这个地方处在丘陵地带的边缘，屯前有一条小河，含有粘土和沙砾累层。一九五一年夏天，經过大水冲打，地层露出地面，发现其中含有哺乳动物化石，有毛象、犀牛等許多零碎的骨胳，經发掘还得到几块人类头骨碎片和股骨。一九五六年八月間，中国科学院古脊椎动物研究室又派人前往调查。据专家从地层的研究上考察，所謂榆树人很可能是属于旧石器时代晚期的人类①。

一九五四年在安徽泗洪县下草灣发现的一段人类股骨的化石，系拾自地面，所以詳細情况还不知道，但是，这是华东地区第一次发现的人骨化石材料，在我国化石人类的地理分布上，是有一定的意义的②。

这个时期的人类，虽然能够制造比较复杂的石器，但还是属于旧石器时代的晚期。他們还不知道把石器磨得光滑滑的；不知道

---

① 見 1956 年 12 月 1 日光明日报所载新华社长春二十九日电；又見吳汝康賈兰坡：中国发现的各种人类化石及其在人类进化上的意义。

② 見周明鎮：从脊椎动物化石上可能看到的中国化石人类生活的自然环境，载中国人类化石的发现与研究，科学出版社 1955 年版，第 19—38 頁。

制造陶器；他们很喜好打猎，但不知道把野兽驯养成为家畜；他们会采集植物的果实，但不知道种植的方法。这就是那时候的人类生活。

自从山顶洞人被发现以后，人类体胳发展的三个阶段的代表人类，在中国境内都发见过。文化上的旧石器时代的初期、中期和末期都有代表性的材料。从出土的材料中，可以肯定以下四点：第一，当时盛行狩猎生活，兽骨的运用渐广，骨器普遍起来。第二，旧石器时期发明了用火，后来火的运用当更普遍，事实上狩猎生活愈进步，用火的机会就愈多。第三，这种原始人群的生活是很艰苦的，他们流浪在一定的食料区，共同生产，共同占有。这样初步的經济生活，不可能有任何的私有财产。第四，粉碎了"中国民族西来說"的謬論。

过去欧美帝国主义国家内有些带有种族偏见的"学者"們，总以为世界上只有西方的白种人的文化是悠久的，种族是优秀的。他們硬說中国沒有"史前"文化。例如德国地质学家李希霍芬曾到中国作过地质调查，他說中国在第四紀（即旧石器时代）时期，因为天气寒冷，不适宜人类生活，所以沒有人类。法国考古学家莫尔根著先史人类一書，其中有公元前八九世纪的中国文化，說到她的先史，吾人全无所知的話。又如美国汉学家洛佛尔的中国古玉考一書，在結論中也說中国虽偶有石器，然尚未见整个的遺址，所以即有石器时代，亦非中国人的石器时代。日本鳥居龙藏也有同样的論断。他們并且把这种謬論，推而广之，虚构出"中国民族西来說"的荒唐的說法。但是，由于近几十年来，我国境内远古人类遺址及骨化石陆續被发现，并且从骨胳特点上看，中国猿人、丁村人和河套人的上門齿的舌面，都呈現明显的鏟形，这是现代蒙古人种的征状；中国猿人的头骨的若干性貭和山頂洞人、資阳人与现代的蒙古

· 16 ·

人种也有若干相似之处，可見与蒙古人种是有一定的关系的①。我們已經有充分的事实証明，在我們祖国这块寬广的土地上，自古就有我們的祖先，在生息着、劳动着，創造了远古以来的輝煌文化。这鉄一般的事实，彻底粉碎了帝国主义的"学者"誣蔑我們的謠言。

四　我国古代傳說中的原始經济生活

我国古書中記載有不少远古人类生活的傳說。关于狩猎生活的傳說，有下列的記載：

"古者，丈夫不耕，草木之实足食也；妇人不織，禽兽之皮足衣也。"（韓非子五蠹篇）

"上古之世，人民少而禽兽众，人民不胜禽兽虫蛇，有圣人作，构木为巢，以避群害，而民悦之，使王天下，号之曰有巢氏。"（韓非子五蠹篇）

"古者，禽兽多而人少，于是民皆巢居以避之。昼拾橡栗，暮栖木上，故命之曰有巢氏之民。"（庄子盗跖篇）

"古之民……就陵阜而居，穴而处，……衣皮带茭，……素食而分处。"（墨子辞过篇）

"飢即求食，飽即弃余。茹毛飲血，而衣皮革。"（白虎通三綱六紀）

这一时期的人类，还不知道用火。正是傳說中所謂"未有火化"之时。关于用火的傳說，如：

"上古之世，……民食果蓏蜯蛤，腥臊恶臭，而伤害腹胃，民多疾病。有圣人作，鉆燧取火，以化腥臊，而民悦之，使王天

---

① 参看吴汝康賈兰坡：　中国发现的各种人类化石及其在人类进化上的意义。

下,号之曰燧人氏。"(韓非子五蠹篇)

"古者,民不知衣服。夏多积薪,冬则煬之,故命之曰知生之民。"(庄子盗跖篇)

我们看了上面这許多文字,象有一幅远古人类的生活图案,闪耀在我们底眼前。这种傳說似与地下考古上所知者不謀而合。大概上古巢居时代的观念,战国时相当普遍,所以孟子谈洪水,也有"下者为巢,上者为营窟"的話。惟其中"有巢氏""燧人氏"及"王天下"等詞,則系受了战国时人的想象及大一統观念的影响。礼記礼运篇就没有这类辞句,礼运篇說:

"昔者先王,未有宫室,冬则居营窟,夏则居檜巢。未有火化,食草木之实,鸟兽之肉,飲其血,茹其毛。未有麻絲,衣其羽皮。后圣有作,然后修火之利,范金合土,以为台榭、宫室牖戶,以炮以燔,以亨以炙,以为醴酪。治其麻絲,以为布帛。以养生送死,以事鬼神上帝,皆从其朔。"

这一节很清楚地把古人住、食、衣等生活方面的演进,归功于"修火之利",把火的利用看得很重。幷且没有"有巢""燧人"諸名詞,也不强分时代,或許更接近实际。

远古时代的原始人群,在"日与禽兽居,族与万物幷"(庄子馬蹄篇)的环境里,如果有人要离群索居,是不可能的。他们必须团结成群,才能克服危险,才能生存。那时的婚姻,可能还处在"聚生群处"(呂氏春秋恃君覽)的血緣群婚的阶段。他们中間无亲疏等級之别,也无尊卑长幼之分(礼記礼运:"不独亲其亲,不独子其子")。这实在是一种不固定的社会組織,易于解体。

稍后,原始人群由于劳动与生产的需要,渐渐开始了性别与年龄的分业。以前那种"无男女之别"的社会,分裂为一群男子与一群女子,男子从事狩猎,女子从事采集,他们在生产过程中,建立了新的关系。儿女虽然还不知道父亲是谁，但由于撫养吃乳的关系，他们已認識誰是母亲了。这时就是傳說中"民知其母，不知其父"（庄子盗跖篇）的社会阶段，就是所謂"彭那鲁亚"婚姻的家族制度。群居公社逐渐地轉变到原始氏族公社了。

五　顧乡屯遺址、札賚諾尔遺址与长城以北的細石器文化

以前我們談到的旧石器时代的人类，在几十万年漫长的岁月里，逐渐在改进着用石头和石头互相打击而制作的粗糙工具。不知經历了多少岁月，他们才逐渐地知道使用琢磨过的较精致的石器。这标識着石器文化的一大进步。这种新石器，有的还按上木柄，或者鑽孔穿繩；它也有了一定的形状；用途的分别也更加細密。并且这时人类发明了陶器，成为新石器文化主要特征。跟着生产力的提高，人类生活的领域扩大，他們就不再过着到处为家，以漁猎为生的流浪生活，而是比较安定地居住在平原上面了，因而使他們有了发展畜牧业和农业的条件。这时，人类也逐渐地不再完全依靠自然界的賜与，而是多少可以按照自己的意图，生产自己所需要的生活資料。这是新石器时代的人类和旧石器时代的人类基本上不同的地方。但是由旧石器过渡到新石器，不是一下子就完成的，而是經过相当长的一段过渡阶段。考古学上名之为"中石器时代"。中石器后期的人类，一般的发明了弓箭，这种东西不仅是一种武器，同时也是最主要的生产工具，有助于人类同自然界的斗爭。

关于中国境内的中石器时代遺址很少发現。根据现有的材料，在中国东北哈尔濱附近的顧乡屯及内蒙古自治区北部的札賚諾尔都发現有中石器时代的文化遺存①。

顧乡屯遺址在黑龙江省哈尔濱西南十华里的地方，自一九三一年至一九三八年間，这里共发掘了七次，最初是专門采集古生物化石，后来才发现了人类的文化遺物。石器有十八件，典型的石器有石核刮器、短刮器、圓刮器和大的石核等。这許多文化遺物是和第四紀动物化石共存的，因此有人根据动物化石認为此遺址是属于旧石器时代，裴文中先生才断定这个遺址属于中石器时代。第四紀动物化石与中石器时代文化遺物共存的原因，不是由于地层被混乱，便是由于寒冷性的第四紀动物（如披毛犀和猛獁象）在寒冷地带絕灭得比較晚。在苏联西伯利亚猛獁象生存到公元前一万五千年，与中石器时代阿奇利（Azilean）文化共生。我們不能不分别温暖和寒冷地区，認为上述两种动物的絕灭期，一律在更新統末期。这两种动物在中国东北的北部可能繼續生存到全新統时代，因而就会与較进步的中石器时代文化遺物共存了②。

札賚諾尔遺址是在内蒙古自治区的北部，滿洲里附近。一九三三年日本帝国主义者侵占我东北时期，札賚諾尔煤矿工人发现了一个完整的人类化石头骨；一九四〇年又发现一个；一九四四年又发现体骨及下颚骨。同一层位出土的动物化石，主要的有披毛犀、猛獁和原始牛等更新統晚期的动物，和顧乡屯遺址的动物化石是相同的。

这里所发现的文化遺物不多，石器中有一件流紋岩制成的方形石槌，面上有敲打和磨制的痕迹（参看插图 11 乙图）；另外，还发

---

① 广西武鳴县和桂林山洞发现了文化遺址，有人認为属于中石器时代，也有人認为是新石器时代初期的文化遺存，这里便不介绍了（参看安志敏：关于我国中石器时代的几个遺址，载考古通訊 1956 年第 2 期）。

② 参看裴文中：中国旧石器时代的文化，载 中国人类化石的发现与研究，科学出版社 1955 年版，第 85—86 頁。

现了大批的細石器，是非常典型的細石器文化中的遗物。角器中有一件鹿角槌，也是方的，用一段鹿角制成，中间穿一方孔（参看插图11甲图），这孔可能是用来穿插木柄，或穿插石斧用的；另外一件鹿角棒，中间有一条环形沟，可能是大的嚙齿动物咬成的，未必为人工制成。这个遗址从文化上看，也是属于中石器时代的。

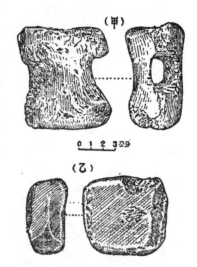

插图11 札賚諾尔遗址所发现的鹿角制的錘头（甲）和磨制石槌（乙）

以上顧乡屯和札賚諾尔两个遗址所代表的中石器时代的物质文化，考古学家定名为"札賚文化"。从遗物性质上看，它是属于中国内蒙古地区分布甚广的一种細石器文化的最早的一期。

中国細石器文化主要是在新石器时代。这种文化广泛地分布在长城以北地区：东北、内蒙古自治区、宁夏回族自治区和新疆維吾尔自治区等地①。一般的特征是存有細小精致的石器，所以称之为細石器文化。现在我们按时代的先后，举几个典型的細石器遗址，加以叙述：

① 中国科学院与文化部所組織的黄河水庫考古工作队在一九五五年到一九五六年間，在陕西的朝邑和大荔的砂丘地带，也曾发现过細石器。但和北方的"細石器文化"不同，不能归入細石器文化系統之内，所以考古学者暫称它为"沙苑文化"（参看安志敏执笔黄河三門峡水庫考古調查简报，载考古通訊1956年第5期；安志敏吴汝祚：陕西朝邑大荔沙苑地区的石器时代遗存，载考古学报1957年第3期）。

黑龙江省龙江县附近的昂昂溪遗址，发现的細石器有石核、小石片、圓刮器、短刮器、尖狀器、石鑽、雕刻器、石鏃等（参看插图 12）。其中磨制石器仅有斧、磷两种，数量很少，磨制粗糙，形状也不整齐；骨器工具有魚鏢、骨刀梗、骨錐等（参看插图 13）；陶器的数量不多，均为手制（参看插图 14）。因为已經初步地有了磨制

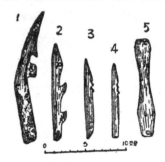

插图 13　昂昂溪出土的骨器
1.—4.魚鏢，5.葫蘆形带孔骨片。

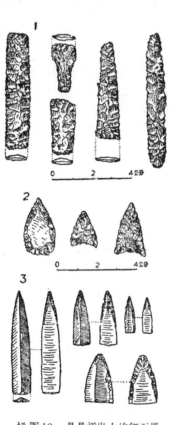

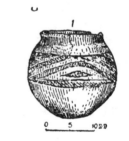

插图 12　昂昂溪出土的細石器
1. 短刮器、石叶、石鑽等，
2. 石鏃，　3.尖狀器。

插图 14　昂昂溪出土的陶器
1. 泥質淺褐色圜底罐，2.加砂深褐色
带流杯(右)和敛口圓腹罐(左)。

石器的技术，能够制作手制的粗糙的陶器，所以列入新石器时代的初期。考古学家定为細石器文化的“龙江期”① 。从整个文化遺物上观察，这时的人类对农业尙未重視。骨器中有骨枪、魚鏢及猎兽用的三角形箭鏃，并在遺址里发現有蛙、魚、鳥、猪、兎和狗等七种动物的骨胳，根据他們的用具特点和动物骨胳类别，可以推知当时人主要地是以漁猎为基础的氏族社会。

龙江期細石器文化，有一支繼續向南偏西一带地区傳布，到了內蒙古自治区的林西地方。林西遺址中細石器有石核、小石片、細长石片、圓刮器、尖状器、石鉆和石鏃等（参看插图 15 ）。另外还有打制成的柳叶形石犁，形状龐大，有經使用磨光的痕迹，据推测是耕种用的石犁（参看插图 16 ）。磨制的石器种类、数量很多，有石犁、石杵、石磨盘（参看插图 16 ）、有孔石硾、斧、半月形石刀等。因为其中有石犁、石磨盘、石刀等农具，可見当时的人已放弃了漁猎的生活，轉向农业生产。另外还发現圓礫石制的巨大石器和陶器，技术更为进步，石器已多为磨制。时代大約已到新石器时代的中期。考古学家定为細石器文化的“林西期”② 。

林西期的細石器文化，繼續向南扩展，到新石器时代晚期，在长城一带与南来的彩陶文化（詳后）相遇，形成一种混合文化。在同一个遺址和层位里面，旣含有細石器文化的因素，也含有“仰韶文化”因素。惟每个遺址中，两种文化因素有多有少，并不完全相等。典型的如內蒙古赤峰县的紅山后、河北張家口附近的高家营子、辽宁錦西县的沙鍋屯等地的遺址，都是属于这种混合文化的

① 参看裴文中：中国石器时代的文化，中国青年出版社 1954 年版，第 33 頁。

② 同上書，第 35 頁。

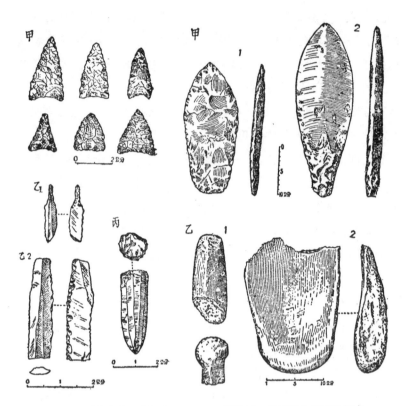

插图15　林西出土的石器(一)
(甲)石鏃,(乙1)石鈷,(乙2)石
叶(細长石片),(丙)錐形石核。

插图16　林西出土的石器(二)
(甲1)打制的石犁,(甲2)磨制的石犁,
(乙1)石杵,(乙2)石磨盘。

遺址①。

　　大致說来,細石器文化与彩陶文化,約以长城一带为界。长城附近多为二者的混合文化。以北为細石器文化,以南为彩陶文化。

----

　　①　过去有人把青海西宁朱家寨也归入这个文化系統內。近来安志敏先生認为朱家寨遺址的主要因素是仰韶文化,虽有极少量的細石器,在陶器上却毫无受細石器文化影响的痕迹。所以这里暫时不将该遺址列入(参看安志敏:細石器文化,载考古通訊1957年第2期,第36—48頁)。

这种細石器文化的主人是历史上的什么民族，由于材料的限制，现在尚不能完全論定。不过以地域及文化特点看，无疑的，它关系着我国北方兄弟民族的早期历史，和苏联西伯利亚以及蒙古人民共和国境内的新石器文化，也有着密切的联系。所以裴文中先生就認为中国細石器文化可能发源于貝加尔湖附近。因为受了气候的影响，人类逐渐向南移动，到了中国的北部和东北部，創造了中国典型的細石器文化；再向南到了长城地区附近，与南来的彩陶文化接触，而成一种混合文化①。但近来也有人不同意这种說法。他認为文化遗址的分布，不能和部族迁移混为一談。并强調文化分布是"同一种族社会生产不断发展的結果"②。我們認为古文化的分布，不能完全归结为部落或部族的迁移。但是，一种文化分布在不同地区，說是部落或部族移徙的结果，也不能說都是錯誤的，特别是具体到中国东北部的少数民族，他们在历史上西到新疆，北到西伯利亚，东到朝鲜，迁徙往还很频繁，我們对于远古时代細石器文化的分布情况，是可以从这里面得到理解的。

六　仰韶文化

在黄河中游新石器时期的遗址中，发现一种繪有酱色或黑色花紋的彩陶（参看图版一、二、三），与磨制的石器共存，某些考古学者叫这种文化为"彩陶文化"。因为这种文化遗存最初是在河南省渑池县的仰韶村发现的，所以考古学家一般地称作"仰韶文化"。

仰韶文化系统的文化遗址，以黄河流域为中心。大体上分布

---

① 参看裴文中：中国石器时代的文化，中国青年出版社1954年版，第29—38頁。

② 参看岑家梧：文化遗存的分布不能和种族迁移混为一談，载1956年6月7日光明日报史学。

在河南的西部北部和山西、陕西、甘肃、青海一带。一九五四年又在河北省曲阳县钓鱼台和正定县南阳庄队龙崗发现了彩陶文化遗址，这是一个重要的发现。仰韶文化遗址的范围一般都很广大，较大的常在数十万平方公尺左右，甚而有达到一两公里长的。分布的很稠密，如三門峽水庫区以内，就发现了六十九处仰韶文化遗址①。从这些情况观察，仰韶文化当是在黄河流域經过长期发展的一种土著文化。

仰韶文化系統遗址大都位于河谷的台地上，这现象在河南、山西和甘肃都沒有例外。人类社会发展到生产已有积余，才有可能改变过去的流浪式生活为定居的生活。仰韶期的人类已有了比較固定的住室。关于仰韶文化遗址中的住室情况，目前所知，河南西部广武县西北的陈沟和青台，都发现过长方形的燒土豎穴。这种洞穴长約四公尺、寬約三公尺，色质頗似未燒成的紅磚；四周还殘存立壁，高者約三公寸。山西的西阴村也发现过"壁立的袋状的灰色儲积"的现象。这方面的資料，在以往是极为缺乏的。解放以来，中国科学院考古研究所在西安半坡村仰韶文化遗址，曾前后做过两次大规模的发掘工作，发现了好几十座当时人們居住的房子，有的保存很完好，如一九五五年所清理的有第二、三、六号方形房子和第三、四、九号圓形房子。

方形房子分方形和长方形两种(参看图版四、五)。从它們的建造和結构上說，可以分成两类：第一类可以以第三号方屋为代表(参看图版四)。这是在原来地面上下掘深約〇·八公尺、长四·一公尺、寬四·七五公尺，东西长的长方形圆角坑。以坑壁作为墙壁，

① 見黄河水庫考古工作队安志敏执笔黄河三門峽水庫考古調查簡报，载考古通訊 1956 年第 5 期。

壁上涂抹一层厚约二·五到三·五公分的黄色草泥土。門开在南边。門道是长一·七公尺的一道狭槽，作阶梯形，共四級，寬仅〇·四公尺，仅能容一人出入。門道南端两旁各有柱洞一，当为遮盖門道棚架的支柱。門口有寬一·三、长〇·四二公尺的門坎。屋里面有燒火的灶坑（参看图版六），灶坑附近堆积有灰烬和木炭渣。居住面为細的黄色草泥土。在屋内中心偏西有一个柱洞，可能是原来支撑屋頂的木柱的遗迹。房屋周圍，尚未下掘，还没有发现象第一号方屋那样密集的柱洞。第二类以第六号方屋为代表，形状几乎成正方形。屋基和居住面保存较完好，南北长三·五八公尺，东西寬三·八九公尺。墙壁是用粘土夹木柱和木板筑起的。全屋四周和中間共十二根粗的大柱子，东西成三列，每列四根，排列整齐。除屋基有明显的柱洞外，在居住面以上还保存有高約〇·一公尺的粘土燒过的墙壁，其中即保存有明显的木柱痕迹。居住面与当时地面中間还隔厚約〇·三公尺的灰土堆积。居住面下部接近灰土部分，鋪一层木板，后然再在木板上涂抹一层厚約八到十五公分的草泥土；且每层都經过篝火燒烤，成为坚硬的紅燒土面①。

圓形房子，有近乎正圓的，也有作椭圓形的。墙壁当中夹有木柱，相当稠密地排列在居住面的周圍。屋頂也是由木柱支持的木板或木橼排列而成，上面盖以粘土。如一九五四年所发现的第一号圓屋，房基略呈正圓形，直徑約五公尺。周圍有殘留的立壁。立壁有垂直的，也有部分向内弯曲成弧状的，高度平均〇·二二公尺。西南部分保存的较好，高〇·三八公尺。房子中間是一个匏形的灶坑。灶坑两边有六个对称的柱洞，隔墙的壁中夹有长方形三角形

① 見中国科学院考古研究所西安半坡工作队：西安半坡遗址第二次发掘的主要收获，载考古通訊 1956 年第 2 期。

或多边形的小木柱作为骨架。这个房子，根据发掘的資料，能够恢复它的原形①。

仰韶文化的彩陶器，陶土經过精細淘洗，不含粗大砂粒。在陶坯将干未干时，将表面打光亮，然后用紅色（赭石）或黑色（錳化物）繪上各种編織紋、叶子紋或方格紋的花紋（参看插图 17 及图版一、二、三）；另外，在甘肃发现的彩陶中有人头形描彩塑象，陕西半坡

村发现的陶片中也有人头图形；有的在画花紋之前，还加涂一层白色或紅色的陶衣。最后放入封閉不很紧密的窑中去燒。火候一般的高至摄氏一千度到一千四百度。甘肃半山彩陶火候約在摄氏九百至一千一百度。陶器因氧化作用而变成紅色或紅褐色，彩紋附在陶器上，虽經洗刷也不会脱落。

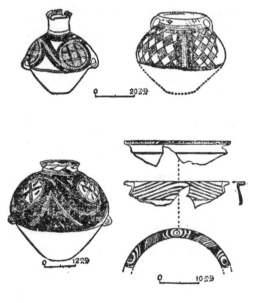

插图17　甘肃半山与馬家窑的彩陶

石器中有磨光的石斧、石刀、石杵、石磙、石砸、石鏃和石制捻綫用的紡輪。骨器以骨鏟較多。西安半坡村遺址发现的骨制魚鈎，

---

① 参看新石器时代村落遺址的发现——西安半坡，載考古通訊 1955 年第 3 期。

制作精巧。其中两件还有尖锐的倒钩，它的制作精巧合用的程度，可与今日之鱼钩相媲美（参看图版七）。

墓葬方面已有固定的葬法，都是长方形竖穴，以陶器和石器随葬。中原地区多是仰卧伸直葬，也有极少数的二次葬和俯身葬；还有专葬幼儿的瓮棺葬。西北地区则是屈肢葬和二次葬。

从遗址中所发现的生产工具来看，当时的人是以农业为主。主要的农作物是粟（小米）。西安半坡村遗址还发现一个大平底夹砂粗陶罐中，盛了已成壳子的粮食粒，经河北农学院鉴定为粟。这一发现对研究当时农业生产活动的情况，提供了非常宝贵的资料①。

当时家畜的种类还很简单，具有一定的原始性。渑池仰韶村遗址中有猪、狗两种骨骸，以猪骨为最丰富。狩猎、捕鱼也时常举行，但只是一种辅助的生产而已。

关于仰韶文化的年代问题。一九三一年在河南安阳后岗发现了三个文化的交叠层。上层是殷代文化，中层是龙山文化，下层是仰韶文化。相似的交叠层在豫西、晋南以及陕西都有发现。这意味着仰韶文化是早于其他两种文化的。这种说法，对特定的地区来说是正确的。但是根据我们现在的知识，仰韶文化是经过长期发展的，它可能开始于新石器时代的中期，下面一直伸延到新石器时代的晚期。所以我们也可以说仰韶文化后期，是和新石器晚期的龙山文化同时的。河南渑池仰韶村的遗址，据一九五一年中国科学院考古研究所发掘证明，在同一地层中，确含有仰韶与龙山两种物质文化因素②。这种现象，一九五五年在洛阳涧西孙旗屯的遗

---

① 参看新石器时代村落遗址的发现——西安半坡，载考古通讯 1955 年第 3 期。

② 见考古研究所河南省调查团：河南渑池的史前遗址，载科学通报 第 2 卷 第 9 期。

址里，也有发现①。豫西一带仰韶文化和龙山文化的共存关系更是相当的普遍。因此，有人把整个的仰韶文化的时代划在龙山文化之前，是不够妥当的。

七　龙山文化

一九二八年春天，吴金鼎先生在山东历城县东龙山镇城子崖发现薄黑有光泽的陶器与石器、骨器共存。考古学家就把这种特殊的文化，定名为"龙山文化"。前中央研究院历史語言研究所考古組

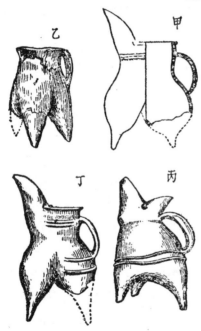

插图18　黑陶文化的三足器
甲、丙、丁是鬶（甲、丁在城子崖，丙在两城鎮发现）；乙是高足单耳鬲（在不召寨发现）。

于一九三〇年秋开始发掘，一九三一年秋又作了第二次的发掘。文化层約一公尺到三公尺。上层是古潭国的文化（春秋时灭于齐），已有銅器；下层据专家审定是新石器末期的文化。出土的陶器，以黑色陶为代表，其特点：(1)陶質甚細膩；(2)約皆为輪制；(3)表里光滑面有閃光；(4)陶壁甚薄，即所謂"蛋壳陶"；(5)表内皆为黑色；(6)陶壁之內部亦为黑色；(7)表面皆无装飾物（以精制者为限）；(8)陶器以扁足、舌足的鼎，高足的豆，前有扁嘴、后有把的三空足鬶和三足鬲等最为重要，最具

---

①　見河南省文物工作队第二队孙旗屯清理小組：浍阳澗西孙旗屯古遺址，載文物参考資料1955年第9期。

代表性（参看图版八 及插图18）。这种文化既是以黑色陶器为特点，所以某些考古学者也称之为"黑陶文化"。

龙山文化遗存中的石器种类很多，有石斧、石碎、石镰、石枪头、石凿、镰形石刀、双孔半月式的石刀（参看插图19乙）及各种形式的石镞等，这些石器都磨制得相当精致。骨器有骨凿、锥、针、梭

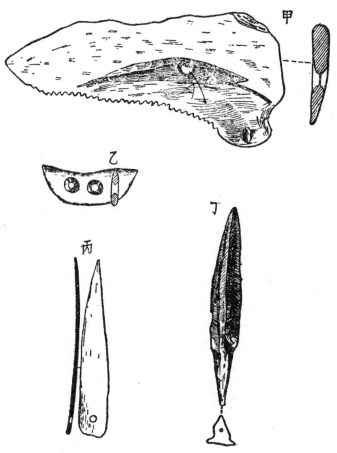

插图19　龙山镇城子崖发现的蚌镰（甲）、双孔石刀（乙）、骨器（丙）、蚌箭头（丁）。

・31・

等。角器多用鹿角作料,有錐、凿及斧等用具。蚌器多已破裂,有鏟、刀、环、鋸、箭头(参看插图19甲、丁)等。其制法大都經过打、磨、修三个步驟,其用途与石器同。另外,在遺存中还发現有卜骨,取材有牛、鹿及未知名动物的肩胛骨。制造得很簡陋,有的未經磨制,有的打磨得很粗糙。鉆灼的方法和河南安阳殷墟出土的殷代卜骨的順理凿痕不同。

象这类龙山文化系統的遺址,一九三六年又发現于山东日照县的两城鎮。在这以后的二十多年,河南山西陕西及浙閩苏皖等地,迭有发現。分布地区,大体上以山东瀕海地区为中心。龙山文化向西发展的一支,經过鲁西,西湖黄河下游,入豫北內黄、湯阴、安阳、濬县、温县、获嘉和輝县等不下四十多处,其中以安阳的后崗、濬县的大賚店最丰富;西南去的一支,由鲁西南的滕县临城,經豫东永城到郑州、滎阳、巩县及渑池的不召寨(安特生誤为彩陶遺址),甚或波及到陕西;向北曾到达辽东半岛;向南傳布的一支,曾达到杭州附近的良渚、太湖南岸的錢山漾、江苏的金山卫、江西的樟树鎮、福建閩侯的曇石山及台灣高雄的太湖桃仔园、台中的脚社等地。

龙山文化傳布的地区越远,它就越有变質的現象。象豫东、苏北交界地区和山东相去不远,因此該地出土遺物与山东的大同小异,还保存着龙山文化原有特征。至于杭县良渚的龙山系遺物,虽然陶器的形式上大体相同,但实質上已有出入,且已加上地方色彩了;再远一些的如江淮間地方紅砂陶文化较多,只因接受了来自山东的龙山文化影响,所以出現了龙山文化部分面目,但地方文化仍占主要成分①。又如一九五六年黄河水庫考古工作队在陕西东部

_____

① 参看尹煥章:华东新石器时代遺址,1955年学习生活出版社版,第59—67頁。

三門峽地区发现了所謂"龙山文化"遺址二十四处。但是当时亲身参与发掘的考古工作者已經感觉到它与山东、河南的龙山文化"有显著的不同，甚至竟把龙山文化中的典型产物——輪制黑陶都給失掉了，其他的差別更多。是否属于另外的一种文化，也很值得考慮"①。从这个情况看，我們認为很可以把它划在龙山文化系統之外。

談到龙山文化时代人类的居住地方，总的說来，往往是高于四周的平地，多靠近山麓，且接近河岸。当时人聚居在一起，逐漸形成村落。日照两城鎮遺址的面积达三十六万平方公尺，比现在的两城鎮还大得多。他們爱筑袋形圓的竪穴，多为一公尺到三公尺深。有的圓穴上涂一层四公厘薄的"白灰面"。有的白灰面曾加火燒，往往上下相压許多层。穴的直徑通常为四公尺，中心往往有圓形微凸的被燒硬的土灶。土灶为长方形，圓角，与长徑相平行的有一排灶眼，一端有火床。他們往往把殘破用具和灰士堆积在廢弃的小穴中②。

龙山文化中的人类生产工具以石器为主，蚌器、骨器、角器为副。从其类型上看，可以推测当时人們是以农业生产为基础的。山东龙山鎮遺址中发现了大批兽骨，經楊鍾健先生鉴定，認为有狗、兎、馬、猪、獐、鹿、麋、羊、牛等九种，其中以猪骨和狗骨为最多，馬骨和牛骨次之，鹿骨和羊骨較少，兎骨最为少見③。由此又可推知当时家畜的飼养也相当发达了。

关于龙山文化的相对年代，我們前面已經談过，一般地說，它是晚于仰詔文化的。特别是一九三一年在安阳后崗发现了三个交

① 黃河三門峽水庫考古調查簡报，載考古通訊 1956 年第 5 期。

② 参看尹煥章：华东新石器时代遺址，第 62 頁。

③ 参看城子崖（中国考古报告集之一），第 90—91 頁。

叠的文化层后，更清楚地証明龙山文化的相对年代是早于殷代而晚于仰韶文化。近年来郑州二里岡遗址的发掘，也是龙山灰坑被商代灰坑打破或压在下边。所以說龙山文化早于殷商是沒有問題的。

龙山文化系統內各地遗址的时代，从器物上及文化层堆积上看，一般的是山东沿海一带时代較早，豫东、苏北略晚一些，而良渚及淮河、长江流域的尤晚。

最后，我們再考察一下龙山文化与商代文化的关系。

龙山文化早于商代文化已成定論，勿須贅述。但这两种文化是否为同一根源，或者說龙山文化遺存是否为商族在商代以前所創的文化呢？关于这个問題，学者間还有着爭論。有人認为龙山文化与殷商文化在陶器的制法、器形和紋飾上，都有显著的差别。如龙山文化以輪制平底器为主，且鼎多鬲少，繩紋較少；而殷商文化却是以模制的圜底器为主，輪制的較少，并且鬲多鼎少，以繩紋为大宗[1]。我們認为虽然龙山文化与商代文化有这些差异——这或者是由于时代先后不同所产生的一点差异，但是从整体說来，两种文化有明显的相同之点：龙山与殷商遺存中都发现有使用卜骨，都有俯身葬的习慣，并且尸体放置的方式及方向，殉葬遺物之种类，都很相似；都曾利用淡水蚌壳制作蚌器与飾品。从陶器方面看，象豆、从盖以及紋飾方面都有共同傳統的风格，尤其是龙山的陶鬹和殷代的銅盉有共同特征；两种文化同有圈足鏤孔技术[2]。所以根据现有的材料分析，我們同意一般人所主張殷代文化是直接承襲

① 参看安志敏：中国新石器时代的物質文化，載文物参考資料1956年第8期。

② 参看尹煥章：华东新石器时代遗址，第74頁；尹达：中国新石器时代，三联書店1955年版，第46頁。

龙山文化发展而来的这一看法。尤其是近年来郑州西郊和南关外,所发现较"二里冈期"还早的殷商文化层①,就包含物的器形和纹饰看,和郑州的龙山文化有許多相近之处。如果我们今后再作进一步的发掘和研究,或者可以解决这个极为重要的关键性的問題。

八 其他的新石器文化

以上談到了我国北部几种主要的殷周以前的新石器文化。除此之外,还有一些具有地方性的文化或者是时代較晚、甚至延至殷周以后的我国少数民族的新石器文化,在这里作簡单的叙述。

(一) 齐家文化

"齐家文化"主要分布在甘肃的洮河、大夏河流域以及青海貴德等地。过去多誤从安特生之說,認为是属于仰韶文化系統最早的一期。一九四五年夏鼐先生到齐家文化遺址去調查。发现了齐家坪式文化遺存和仰韶文化的层位关系,知道齐家文化是成长在彩陶文化西面的另一种文化,而时代是晚于仰韶文化的。夏鼐先生說:

"这次我們发掘所得的地层上的証据,可以証明甘肃仰韶文化是应該較齐家文化为早。"②

尹达先生也說:

"齐家坪遺址确属另一系統的文化遺存,不得和仰韶文化混为一談;目前所知,它晚于仰韶文化。安特生把齐家期放在

① 参看河南省文化局文物工作队第一队: 郑州商代遺址的发掘,载考古学报1957 年第 1 期。

② 夏鼐: 齐家期墓葬的新发现及其年代的改訂, 中国考古学报第 5 册, 第 101 頁。

仰韶期前面是錯誤的。"①

尤其是一九五六年中国科学院和文化部所組成的黄河水庫考古工作队在結束了三門峽水庫的調査工作以后，于五月十一日到甘肃省永靖县刘家峽水庫进行考古調査，共发现了六十五处齐家文化遗址，又发现了"齐家文化遺存压在仰韶文化遺存之上的現象"②。这就更証实了齐家文化晚于仰韶文化这一論点。

齐家文化的特点：陶器是以敛口高頸深腹的双耳罐为主体，表面施白色陶衣，腹部印籃紋，所謂"安佛拉式"（希腊罗馬古代之Amphara，是一种两联底瓶）的双耳罐及陶鬲都較少；另外，器形較大的小口双耳罐和盂类、鬲类較多，也有斝、盉等殘片③。这些跟彩陶文化中的陶器毫无相似之处。

（二）辛店文化、寺洼文化、卡窰文化及沙井文化

过去安特生把"辛店""寺洼""卡窰""沙井"等文化，都归入仰韶文化系統之內。經过近年来我国的考古学者在甘肃大規模地发掘，証明这是同时幷存各自独立的四种西方少数民族的原始文化，和仰韶文化沒有先后繼承的关系；幷且由于已有銅器，可見时代必在殷商以后，可能延續到春秋战国。

刘家峽水庫区曾发現辛店文化七十九处，虽然它和仰韶文化有显著的不同，但确已受到仰韶文化的影响。所以它比其他三种最接近仰韶文化。其陶器质地粗糙，表面不甚光滑，甚而印有繩紋，幷有簡单的彩紋。

寺洼文化以馬鞍式口的陶器为主要特征、沒有彩陶；有火葬的

① 尹达：中国新石器时代，三联书店1955年版，第142頁。
② 参看1956年7月19日光明日报第2版新聞。
③ 参看安志敏：甘肃远古文化及其有关的几个問題，载考古通訊1956年第6期。

痕迹。夏鼐先生因此推定它是属于氐羌族的文化，是很正确的。

卡窑文化的特点，不见鼎和鬲，銅器的形状也和寺洼的不同。

沙井文化虽有相当数量的彩陶，但在陶質、制法、紋飾以及器形上看都和仰韶文化不同。

总之，以上四种文化是反映不同部族交錯的关系，显然是代表着我国少数民族早期活动的历史，是很重要的史料。不过时代大都在殷商之后，这里就不詳述。

（三）东南地区的台形遺址文化与印紋硬陶文化

长江下游包括皖北、淮南地区，有一种具有濃厚地方风格的土著文化。遺址突出地面自五公尺至十五公尺，最大面積有四万平方公尺以上。文化遺存以网錘、魚骨、螺蜘、蛤蜊、蚌壳等为最多。这說明当时的江淮間地势比較低，湖泊、河流較多，人們必須选择較高的地方居住以避潮湿，所以遺址多作台形，考古学者遂立名"台形遺址文化"。遺存石器有粗笨大石斧、石磋、磨光穿孔石斧、穿孔石鎌、石箭头等。陶器主要为灰砂陶和紅砂陶，輪制、手制都有①。近年来在治淮和基本建设工程中，又在安徽淮河区发现了这类遺址②。

在中国东南沿海广东、福建、台灣、江苏、浙江一带，特别是在福建的閩侯、光澤、武平、长汀、河田等地，发现了另外一种文化遺址，磨光石器都和拍印的几何紋的硬陶器共存。陶器有粗陶和細陶两种。顏色是褐色以至于灰色，火候較高，陶質坚硬，表面印有方格紋、菱形紋、雷紋、螺旋紋、波浪紋、条紋、繩紋等③。考古学者

① 参看尹煥章：华东新石器时代遺址，学习生活出版社1955年版，第68頁。

② 参看安徽新石器时代遺址的調查，載考古学报1957年第1期。

③ 参看尹煥章：华东新石器时代遺址，第70頁；胡悅謙执笔：安徽新石器时代遺址的調查；林釗执笔：福建光澤新石器时代遺址的調查；林惠祥执笔：福建长汀河田新石器时代遺址的調查——以上三文都刊在考古学报1957年第1期。

中国境内原始人及原始文化分期表

絕对年代（紀元前）	地质时代（地质上之现代或全新世…）	人类化石	殷周时期／新石器时代／旧石器时代	山东与河南	甘 肃	东南地区	东北细石器文化
1000	現代 或 全新世	現代华北人种	殷周时期	小屯文化			赤峰期
2000			新石器时代	龙山文化			林西期
3000				仰韶文化			龙江期
5000				仰韶文化（马厂期／半山期）齐家文化	辛店文化／寺洼文化／卡窑文化／沙井文化	合形遗址文化／印纹硬陶文化	
10000		札赉人种					札赉文化
50000	更新世晚期	榆树人（山顶洞人）、資阳人	旧石器时代	山顶洞文化			
100000		河套人		"河套文化"	萨拉乌苏		
150000		丁村人		丁村文化	水洞人		
200000	更新世中期						
300000		中国後期人		中国人文化			
400000							
500000				中国猿人文化			
600000	更新世初期（三門系）						

定名为"印紋硬陶文化"。

以上台形遗址文化和印紋硬陶文化的年代，现在还不甚清楚。从地层关系上和相伴出土物上初步观察，其时代都很晚，有的地方甚至晚到秦汉。其中印紋硬陶遗存，可能是春秋战国时代的吴越土著文化。

九　原始氏族公社

我們中华民族的历史，最晚在夏以前；还是原始公社的历史。那时生产資料为社会所公有。人們借以生活的工具，仅仅是石器以及后来出现的弓箭，生产力是非常低微的。部落酋长由大家公选，没有什么特别权利。沒有阶级，沒有剥削，完全是集体共同生产，共同分配。这一切适应着集体共同所有制。礼記礼运篇所描繪的夏以前的社会，还是如此：

> "大道之行也，天下为公，选賢与能（酋长公选），講信修睦。故人不独亲其亲，不独子其子。使老有所終，壮有所用，幼有所长，矜（鰥）、寡、孤、独、廢疾者皆有所养。男有分，女有归。货恶其弃于地也，不必藏于己（生产品共同所有）。力恶其不出于身也，不必为己。是故謀閉而不兴（不欺詐），盗窃乱賊而不作（不掠夺），故外戶而不閉，是謂大同。"

礼記是儒家的典籍，而儒家是极端拥护封建制度的，他們决不会无中生有，虚构一套"大同"的思想，这一定是得之于古代傳聞。

在原始社会經营采集經济之时，劳动分工，主要地是按照性别来进行。男子分头做些粗莽的工作，如佃猎、战争等；妇女多从事采集植物果实及可食的根茎，以及监守氏族财产，敎养子女等，由于她們的劳动在公社生活里起主要作用，据說农业即为那时的妇女所发明，所以那时是以女子为中心的母系氏族社会。在淺耕农业社会，粮食不足，男子仍须出外田猎，社会經济的經营管理权，还是在久居田园中的妇女手中。直到畜牧經济普遍，較高的深耕农业发明，男子在氏族中才占主要地位。因为深耕必用笨重的农具掘松土地，这不是妇女之力所能胜任。于是男子渐渐扩大其事业經营范围。更进一步，男子掌握了农业生产，妇女变为辅助者。于是男子长期居家經理财富，男子地位跃居首位；妇女反而退到第二位，父系氏族社会因而发生。大体言之，牧畜生活标志着母系社会衰替的开始，而深耕农业则結束了整个母系制度。

氏族社会是社会发展所必經的阶段，世界各民族都曾普遍地經历过。我們的祖先在古代分布在黄河流域，由于这一带是平原沃野，很容易定居下来，长期从事农业生产，从而由淺耕农业，逐渐过渡到深耕农业。可能始終没有經过一个純牧畜时期。中原人自古不食牛羊乳酪，这就充分地暗示着不曾有过严格的牧畜生活的鍛炼。我們的祖先，因为没有經过純牧畜經济时期，理应有过长时間逗留于母系氏族社会阶段的可能。

所謂母系氏族社会，是财产由妇女經营，世系按妇女系統傳递，子女随母而姓，子长则出嫁，女长则居家招夫。这个时期的婚姻即莫尔根与恩格斯所說的"彭邪鲁亚"群婚。男子是很多女子的共同丈夫，但这些女子之中，他的姊妹是除外的；同时，女子又是很多男子的公妻，而这些男子之中，她的兄弟除外。在这种情况下妇女所生的子女，当然只認知其母亲是誰，至于誰是他的父亲，是不能知道的；幷且原始人很容易誤認为生子女只需母亲而不需父亲。人类孳生的责任与能力，全在妇女身上，男子毫无所負。男子遂成为妇女的附属品。很自然的，社会就成为母系的了。

中国的古籍上有不少关于氏族社会，特别是母系氏族社会的痕迹，我們现在列举下面七点来申述：

（一）"知其母，不知其父"。吕氏春秋恃君篇：

"昔太古常无君矣，其民聚生群处，知母不知父，无亲戚兄弟夫妻男女之别，无上下长幼之道，无进退揖讓之礼，无衣服履带宫室畜类之便，无器械舟車城郭險阻之备。"

他如庄子盗跖篇也說神农时"民知其母，不知其父"。又如商的始祖契，史称其母为簡狄；周的始祖弃，史称其母曰姜嫄，都不知道他們的父亲是誰，这正是母系氏族社会殘遺的明証。

（二）族外婚。国語晋語四：

"黃帝之子二十五人，其同姓者二人而已。唯靑阳与夷鼓皆为己姓。……黃帝之子二十五宗，其得姓者十四人，为十二姓：姬、酉、祁、己、滕、箴、任、荀、僖、姞、儇、依是也。"

这一段关于黃帝之子的傳說，內容有矛盾，也有許多后来附会之处。但其中暗示着一种"族外婚"，却是符合于氏族社会的特征的。就是，本族的男子，一定要出嫁給他族的女子；同样，本族的女子又一定要招外族的男子来自己族內为夫。现在我們看黃帝之子，兄弟不同姓，是因为他們要出嫁，只看他們嫁到那一氏族去，他們所生的子女，便是以他所嫁的那一氏族的姓氏为姓氏。所以我們可以說兄弟倒未必不同姓，只是如果兄弟各嫁給一个不同的氏族，则兄弟的子女輩就各为一个姓氏了。"同姓者二人"就是因为兄弟中有两个人同嫁給一个氏族的緣故。

我們古代曾有过这种族外婚的现象，又可以从古的亲属称謂上看出来，尔雅釋亲說："男子謂姊妹之子为出；女子謂晜弟之子为侄。謂出之子为离孙；謂侄之子为归孙。"在母系氏族社会里，姊妹的儿子须出去与外族女子結婚，就其妻以居，所以叫"出"，犹如今日女子出嫁一样。兄弟的儿子，生于外氏族，可以与姊妹的女儿为婚。夫从妻居，则內至姊妹族而居，故謂之"侄"；侄者，至也。"出"

的儿子由"出"所生,不生于我族。然血統为"孙",故謂之"离孙";"侄"之子由归子而生,生于我族,故謂之"归孙"(参看下表)。

母系氏族社会通婚表

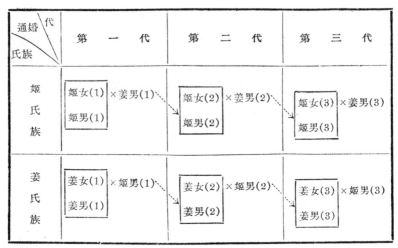

通婚 ＼ 代 氏族	第 一 代	第 二 代	第 三 代
姬氏族	姬女(1) × 姜男(1) 姬男(1)	姬女(2) × 姜男(2) 姬男(2)	姬女(3) × 姜男(3) 姬男(3)
姜氏族	姜女(1) × 姬男(1) 姜男(1)	姜女(2) × 姬男(2) 姜男(2)	姜女(3) × 姬男(3) 姜男(3)

（三）古时婿称岳父为舅,称岳母为姑;妇称丈夫之父为舅,称丈夫之母曰姑。尔雅释亲妻党:"妻之父为外舅,妻之母为外姑。"礼記坊記也說:"婿亲迎,见于舅姑。"郑注"舅姑,妻之父母也。"尔雅释亲婚媚又說:"妇称夫之父曰舅,称夫之母曰姑。"这种称岳父母为舅姑与称公婆为舅姑的现象,实际上也是往古母系氏族社会的殘余。我們看一看上表,姬男(2)为姬女(1)之子,而姬男(1)为姬女(1)之兄弟,则姬男(1)乃姬男(2)之"舅";再看姬男(2)的岳父又是姬男(1)。那就是說姬男(1)既是姬男(2)的舅又是岳父。同样,姬女(1)既是姜男(2)之姑,又是岳母。这就是所以称岳父母为舅姑的原故。妇称丈夫之父母为舅姑,就是由于他丈夫的父母,既是她的公婆又是她的舅姑。

象以上这种称謂,只有用母系氏族社会的现象去解释,也只有如此解释,才是正确的。所以我們說中国上古曾有过母系氏族社会的阶段。

（四）父子不相續相处，而祖孙相續相处。氏族社会的一个根本规则，就是氏族人員之中，任何人不得在氏族內娶妻。这一氏族的男性，只能和本部落以內其他氏族的女子結婚。这样，以氏族单位来說，是严格的族外婚；若以一个包括各氏族的部落来說，便是同样严格的族内婚了。所以每个部落必須至少包括两个氏族，以期独立存在。例如某一部落内，有姜与姬两个氏族。姜氏族男子，只能娶姬氏族女子；姬氏族男子，也只能娶姜氏族女子。但由于母系社会，子女都从母姓，信母亲氏族的图腾，所以姜男娶姬女所生之子女为姬男姬女，而姬男娶姜女所生的子女为姜男姜女。但又由于稍后渐变为妇从夫居（最初是丈夫来妻氏族住），所生之子女也养育于夫家，所以第二代居地互易，即居某氏族地者并不奉某氏族的图腾；至第三代居地始回原地，即居某氏族地者又即奉某氏族图腾之人，与第一代同；至第四代，居某氏族地者又不再系奉某氏族图腾者，但与第二代同。这样就成了相联两代不相同，隔一代后，形势又回复原状（参看下表）。

氏族社会內女子出嫁表

通婚氏族＼代	第 一 代	第 二 代	第 三 代	第 四 代
姬氏族	姬女姬男 ×姜女	姜女姜男 ×姬女	姬女姬男 ×姜女	姜女姜男
姜氏族	姜女姜男 ×姬女	姬女姬男 ×姜女	姜女姜男 ×姬女	姬女姬男

照此表看来，就是祖孙同图腾（姓），而父子则否。在我国古文献上所說的祭祀，实含有这种痕迹。礼記曲礼上："礼曰：君子抱孙不抱子。此言孙可以为王父尸，子不可为父尸。"曾子問篇："祭成丧者必有尸，尸必以孙，孙幼则使人抱之。"祭統篇也說："夫祭之道，孙为王父尸。"为什么祭祀的时候，"尸必以孙"，而子反不能为父尸呢？这正是往古氏族社会的一点殘迹遗存下来的。因为祖孙是同一图腾而父子反不属同一个图腾，这是祖孙相續之义。以往的經学家，不知道这种社会制度，当然沒法解释清楚。

此外，又如周人宗庙昭穆之制，祖昭父穆，子昭孙穆。这也是以孙承祖而子不承父的氏族社会遗存于后代的殘迹。

（五）古帝王称"毓"称"后"。甲骨卜辞中有"自上甲至于多毓"辞句，这是說自上甲以来的許多先王。"毓"为什么是先王呢？我們可以从文字上去分析，"毓"为說文"育"字之或体，所以"毓"即生育的意思。"毓"字甲骨文作 _象 或 _象，象一倒子形在母或人下，而有水液之点滴。此实象一女人正在产子之状。"毓"或作"居"，訛变为"后"①。"毓""后"实系一字之孳乳。中国古文献上往往以"后"代表古帝王，書經盘庚篇屢称"我前后""我古后""高后""先后"，詩經商頌也說"商之先后"，又詩下武以太王王季文王为"三后"，書呂刑以伯夷禹稷为"三后"。以毓或后称古帝王，实暗示着远古母系社会之酋长为女性，故以母之最高属德之生育以尊称之。又如傳說中的女娲氏是女酋，西王母也是女酋；其他乃至簡狄、姜嫄都可能是女酋。这不都是古时母系社会的孑遗嗎？中国古时有

---

① 甲骨文毓或作_象，盖古文字从人从女从母同意，訛变而为后，如下：

_象 ／ 司 · 后
　　　　　甲文无反正面，故司亦即后。至于"居"实即毓字。居住之居，古
_象 ＼ 居 → 居

文字应作"_尼"（尻），象人坐形。

女子称姓的习惯,而所有古姓,大半从女偏旁,如嬀、姚、姬、姜、嬴、姞、好、媿等几个最普通的姓都从女。这也暗示我国古代社会有过女性中心的一个时期。

(六)图腾痕迹。原始的社会单位,系依动植物或其他自然物的名称而区分,即以此种动植物为本族的族徽。属于各社会单位的氏族,相信其本身与该项同名之动植物保有亲密的关系;或認为他們的祖先是由作为他們族名的那种动植物轉变来的。这种动植物的名子或图画即名"图腾"(Totem, 此語原于印第安人的土語)。这样,图腾便成了全族的一种不可侵犯的具有維系氏族成员团結的魔力。

在中国古代傳說中, 图腾的痕迹不少。如左傳昭公十七年载郯子語曰:"昔者黄帝氏以云紀,故为云师而云名。炎帝氏以火紀,故为火师而火名。共工氏以水紀, 故为水师而水名。大皞氏以龙紀,故为龙师而龙名。我高祖少皞挚之立也,鳳凰适至,故紀于鸟,为鳥师而鳥名。"这里所謂云、火、水、龙、鸟都是当时氏族社会的图腾。此外如詩經商頌:"天命玄鳥, 降而生商。"玄鳥可能就是商氏族的图腾。国語周語下云"我姬氏出自天黿", 是周之图腾可能为黿。这种图腾主义是上古氏族社会的特征之一。所以从这一方面看,我国古时也必曾經过一段氏族社会阶段。

(七) 姓的性質。最后我們再从姓的性質来看看。姓的特征有六:(1)姓是出自同一祖先的团体;(2)姓有母系的形迹(如多从女);(3)姓为不能自相通婚的团体;(4)姓有图腾形迹(如风姓即鳳,卜辞伺假鳳为风;姜姓乃以羊为图腾);(5)姓可能有部分的共同墓地与祭典;(6)同姓相互支持。我們若拿这六点与美洲易洛魁人的氏族制度諸特征比较一下,就可以觉得,中国的姓, 实即氏族制的具体而微。这可以使我們理解到"姓"大概是氏族制度的殘余。

· 45 ·

把以上七点綜合起来观察一下，我們就可以知道中国在远古时候，一定有过一个女性中心的氏族社会的时代。

十　母系氏族社会向父系氏族社会的轉化

中国在远古时代，曾經有过一个母系氏族社会阶段。但是，什么时候又由母系氏族社会轉入父系氏族社会呢？我們从古傳說的記載上看，这一大的变革时代，恐怕是很长的，是逐漸的，大概是开始于虞夏以前，而正式完成于虞夏之际。

古代虞夏以前的神話和傳說里，最为人所称道的是黄帝与炎帝的故事。据說黄帝姓姬，炎帝姓姜（国語晋語），为了爭夺土地，黄帝族和炎帝族发生了三次大冲突，结果黄帝族打败炎帝族，黄帝也就成为当时黄河流域人民最重要的首領。古代学者認为黄帝是华族的始祖，因而把一些古代文物制度的发明，都推源到他的身上。

在傳說上我們知道，一直到尧舜禹的时候，似乎还是处在母系氏族社会傳統习慣还很深的时代。那时因为生产力很低，个人的生产品，大都仅足个人之所需，很少有剩余可供他人剝削，所以当时氏族酋长，其生活情形与普通人民无多大分别；酋长亦须在田中从事生产工作。我們且看看尧舜禹的生活：

"尧有天下，飯于土簋，飲于土鉶。"（韓非子十过篇）

"尧之王天下也，茅茨不剪，采椽不斫；糲粢之食，藜藿之羹；冬日麑裘，夏日葛衣。"（韓非子五蠹篇）

"（大舜）自耕稼陶漁以至为帝。"（孟子公孙丑上）

"禹亲自操橐耜，而九杂天下之川，腓无胈，胫无毛，沐甚雨，櫛疾风，置万国。"（庄子天下篇）

"禹之王天下也，身执耒臿以为民先，股无胈，胫不生毛，虽臣虏之劳不苦于此矣。"（韓非子五蠹篇）

尧舜禹的卑宫室和亲自耕稼，实因当时是氏族公社制度，生产力低，生产品贫乏，所以他們都和人民共同生活、共同劳作。

書經尧典等篇叙述尧舜禹时的王位更替，是实行一种"禪讓"制度，这还是母系氏族社会的傳統。当时社会本已轉变为父系，而以前母系氏族傳統的"禪讓"习慣，还在繼續，到启时才正式廢止。

禪讓傳說在古文献上不惟普遍記載着，而且流行甚广而入人心甚深。在历史的本身上，应該有相当的根据。

据傳說唐尧的帝位不傳給他的儿子丹朱，而諮詢四岳（姜姓）。四岳推举虞舜作繼位人。舜經受各种試驗后，摄位行政。尧死，舜正式即位。舜也照样不傳給他的儿子商均，而选出禹来摄行政事，舜死，禹繼位。禹在位时，本来也不傳其子启。当时众人是举皋陶作繼承人的；不久皋陶死；又举皋陶子伯益作繼位人（似乎已有父死子繼之意）。禹死，其子启夺伯益位自立，"禪讓"制度至此廢止。

这种禪讓的傳說，是代表一种什么内容呢？它的实質是什么？尧舜禹为什么不象后世帝王那样把王位傳給儿子呢？这并不是象后世儒家所說由于尧舜禹是大公无私的圣人，也并不是如傳說所渲染的由于丹朱商均都是十恶不肯的儿子。事实上因为在母系氏族社会里，儿子是属于他們的母亲的氏族，儿子与父亲不属于同一个氏族。父亲的"帝位"当然不能傳給异族的人。父亲死后，只有另从父亲的氏族内选举繼承人了。所以各地母系氏族社会里，酋长的更替都是通过选举，而不可能实行傳子。由此說来，尧舜禹的"禪讓"傳說，实际就是氏族选举制度。同时这个傳說又带有两头军务酋长制的痕迹，就是在尧未退位前是尧舜二头；尧退位后，是舜禹二头，这种氏族选举方式，在尧舜以前应該老早就有了。

尧舜时代的婚姻形态，从傳說上看，似乎是"对偶婚"。一个男子，在許多妻中間，有一个正妻；同样地，一个女子在許多丈夫中间，有一个主夫。关于尧的二女娥皇女英共夫舜的傳説，流傳甚广，不必多談。至于舜象兄弟二人共妻娥皇女英的故事，見之于孟子。万章篇説象使"二嫂"治其"栖"，又説"象往入舜宫"。天問称"尧不姚告，二女何亲？""眩弟并淫，危害厥兄"，这也是兄弟共妻的記载。而根据傳説，舜为二女的正夫，因为象明言"二嫂"，可見舜为正夫了。

上面已經説过，中国历史上由母系氏族社会轉入父系氏族社会可能开始于唐虞之世，或在这以前；父系氏族社会最晚到夏代必已正式成立。孟子称："至于禹而德衰，不傳賢而傳子。"傳賢是氏族选举首領，傳子是已經轉变到了父系氏族社会、并且氏族制度开始动摇的表示。

由母系氏族制向父系氏族制过渡，是生产力进一步发展的結果。这种过渡，需时很久，情况很复杂，它是伴随着新的婚姻和家族形式的产生而进行的。为母权制所特有的妻方居住，到这时已与男子所开始占据的經济、社会地位根本不可調和。现在男子把他的妻子带过来住在自己的家中，这样就实现了向夫方居住的过渡。这"虽为人类所經历的最急进的革命之一，但不须侵害到氏族中的任何一个活着的成員。它的全体成員，仍能与以前一样地保留下来。只要有一个簡单的决定，説从今以后，氏族的男性成員底子女应当留在本氏族以内，而妇女的子女离开本氏族，而轉到他們的父亲底氏族内，就行了。这就廢止了按照女系确定血統及依母权制繼承的办法，而确立了按男系确定血統及按父系的繼承权。"① 父系氏族的男子不出嫁；反之，而是女子出嫁外族，男子变为社会的中心，当然父子可以相承了。于是中国历史上开始有了

---

① 恩格斯：家庭、私有制和国家的起源，人民出版社1954年版，第53頁。

第一个自夏启以来的男系的夏代世系。

这种转变，完全是社会生产力已经提高而促成的。财富的大量增加，由氏族共有，渐渐出现了个别家族的部分私有。这时由于财产的生产者多为男人，于是财产也多由男人管理。这样，母权制更容易让位给父权制了。

在父系氏族社会里，除了财产依男系继承、女子出嫁代替男子出嫁以及家系依男系追溯以外，其他氏族制的特征如土地共有、共同墓地与祭祀、原有的权力机关仍然存在。家族方面则变为父系家长制的家族，这种家族是本族的成员和外族的俘虏在家长制的父权之下组成的。家长过着一夫多妻的生活，保存了对偶婚的一面——男子多妻；而取消其另一面——女子多夫。家长制的家庭没有自己的土地。但在家长制的氏族社会内，私有的动产（对畜群，对生产工具，对奴隶、妻与子女，对日用品、食用品、甚至奢侈品），却日益强固了。

第二节　氏族社会的逐渐解体——夏与前期的商

一　夏代传说

夏代的历史，我们知道的不多。夏族活动的范围，据文献记载上的传说，是在河南西部、山西西南部；到后期则是以洛阳附近为中心①。这一带所发现的新石器时代的遗址，主要地是属于仰韶文化系统，所以就有人认为仰韶文化是夏族的文化遗迹②。近来也有一些人又提出，以绳纹鬲为主的"灰陶文化"，很可能是夏的文化③。这种以绳纹鬲为主的灰陶文化的主要遗址是在山西、河南、陕西一带，也就是一些考古学家所说的"山西龙山文化"与"陕西龙山文化"④。这里所谓龙山文化与山东的龙山文化大不相同，沒有輪制黑陶,其他的差別更多⑤,显然不属于龙山文化系統。所以有人建議定名为"灰陶文化",弁疑为夏文化。这个意見,虽然还需要証明,但根据现有的材料看,是比較合理的。

根据傳說,傳子制度在夏代已經确立。傳子制的产生是从父系氏族社会开始的。所以有了傳子制,弁不等于原始公社的解体与消灭。不过这表示在"氏族内部已經有了特殊的显貴家庭底最初萌芽"⑥,也可以說是原始公社解体的一个先行步驟。

史記夏本紀記載的夏世系十七君十四世,世次分明;弁且所列諸王名,竟与数百年以后,晋人在汲家发見的战国时人所撰竹書紀年所記的,大致相合,可見司馬迁作夏本紀一定有所根据。周初人的心目中,一般都認为周以前有商、商以前有夏(如尚書召誥)。所以說中国历史上,的确有一个夏代,是不容置疑的。以前有些疑古学派的史学家,往往对夏代加以否認,恐怕是矫枉过正。

据傳說唐堯、虞舜的王位,都出于"禪讓"。到了禹的时候,始立家天下之局。关于禹子启繼承王位的傳說,也不一致。有的說

---

① 左傳昭公元年、定公四年,都說晋国被封于"夏虛",而周时晋国是在今山西的西南部的,可見夏都所在是在山西。不过在夏桀灭亡前已迁都河南的伊水与洛水之間。逸周書度邑篇:"自洛汭延于伊汭,居易勿固,其有夏之居。"史記吳起傳也說:"夏桀之居,左河济,右太华,伊闕在其南,羊腸在其北。"左傳僖公三十二年:"崤有二陵焉,其南陵夏后皋之墓也。"国語周語:"昔伊洛竭而夏亡。"从这許多傳說上看来,夏在晚年确在河南西部的伊洛两水流域之上。

② 見徐中舒:再論小屯与仰部,載安阳发掘报告,第3期。

③ 参看赵光賢:論黑陶文化非夏代文化,載1957年1月17日光明日报史学。

④⑤ 参看顧鉄符:晋南——文物的宝庫,載文物参考资料1956年,第10期;安志敏执笔:黄河三門峽水庫考古調查簡报,載考古通訊1956年,第5期。

⑥ 恩格斯:家庭、私有制和国家的起源,人民出版社1954年版,第102頁。

禹当时也曾举荐皋陶，皋陶先卒，又举其子益出来作繼承人，可是禹死以后，人民"不归益而归启"(孟子万章篇)；有的説禹的繼承人是益，后来"启与友党攻益而夺之天下"(韓非子外儲説右下)；有的説禹死后，"益干启位，启杀之"(晋書束晳傳及史通疑古篇引竹書紀年)。这些都是周末人所記，而不同如此。但有一个共同点，就是"公天下"变为"家天下"，是自启开始的。这却是古代一大变局。

这时候在經济方面虽然已經发生了新的变化，引起了"王位"私有的观念，可是旧的"禪讓"的傳统习慣为启破坏，一定有很多保守的人起来反对，經过一个較长时间的扰乱，而后安定。据説同姓氏族有扈氏当时即"仗义"起兵，反对启破坏旧制，因而展开新旧两种势力的斗争，也就是"傳贤"与"傳子"的斗爭。这正是母系氏族制度向父系氏族制度轉变的反映。結果启战败有扈，罰有扈氏做牧奴①。从此以后，虽然傳襲制度还不稳固，但以启一系相承的父系酋长职位世襲的夏朝，总算终于繼續了下来。

启死以后，繼位的太康、中康兄弟五人，都很荒唐，"不堪帝事"。一家人都到洛水附近去打猎。这时东方夷族有穷氏的酋长后羿知道人民不拥护太康兄弟，就取而代之，"因夏民以代夏政"，当了夏族的首領。不久后羿也因为荒于田猎，被其臣寒浞所杀，寒浞于是繼承了羿的妻妾和家业。

----

① 尚書有甘誓一篇，即为征伐有扈，大战于甘而作的誓师詞。然从文字很不易这点看来，可知决非夏代的作品。且有扈究竟是誰？征有扈的是誰？自古也先定説。今文家謂有扈为义而亡，并謂有扈为启之庶兄(淮南子齐俗訓高誘注)；古文家謂有扈为姒姓，并謂有扈为无道国(释文引馬融説)。或以甘誓为禹伐有扈而作(墨子明鬼篇引此文作禹誓)；或以此篇为启伐有扈而作(史記夏本紀及書序)；或以此篇为夏后相伐有扈而作(吕氏春秋先己篇)。以此篇为启伐有扈之事，則古今文書説并同。

太康失位以后，昆弟五人止于洛汭，作五子之歌。后来中康及其儿子后相逃到同姓部落斟鄩与斟灌（在河南巩县西南一带），寒浞来攻，灭后相，夏朝从此中絕。当时相妻后緡方娠，逃奔母家有仍氏（河北任县），生子少康。少康年长，做了有仍的牧正，又被寒浞所逼，逃到有虞氏（河南虞县）。虞君妻以二女，叫他在緡邑經营。到后来終于糾合同姓氏族，将寒浞灭掉，恢复故土。历史上称为"少康中兴"。这次夷夏之爭，至少有好几十年。夏朝經过了三世，当时的斗爭，在那时来說是相当地大了①。

上面这段故事，当然也跟其他的傳說一样，其中包含后代附会的成分。但其中也一定包含着部分眞实的历史。首先是启以下还是兄弟相及的，这可以說是母系氏族的殘迹。其次，羿是夷族，他可以作夏族的首領，好象成了两氏族的部落联盟的酋长。但这要获得夏民的同意，所謂"因夏民以代夏政"，足見当时人民还有很大的权力。其三，寒浞被其父所逐，羿收留他下来（見左傳襄公四年），这是氏族社会中收养义子的习惯。浞既已作为羿的本氏族成員之一，所以他可以篡羿之位，因为被收留的义子，其权利与本氏族成員完全平等。而他的篡位还是在"外内咸服"的条件下进行的。

从这件故事中間，我們所窥見的是原始公社虽在逐渐崩潰的途中，但还保留其基本的民主权利。

少康以后傳六世到孔甲，据說他好鬼神，事淫乱，諸侯多畔。又傳三世就到了夏的最末一代夏桀。桀是一个有名的昏君，到后世

---

① 关于夏太康、中康、后相与羿浞的战争及少康中兴事，因为司馬迁一字未提，所以以前有些史学家認为不可信（見古史辨中的一些論文）。惟先秦其他文献則有很多記載。我們不能以司馬迁不記之于夏本紀即怀疑其傳說必出于司馬迁之后。本节关于这个故事是綜合左傳（襄公四年、昭公二十八年、哀公元年）論語（宪問）楚辞（离騷、天問）及山海經諸书，而擇要叙述的。

· 52 ·

84

几乎把古今所有恶事都堆在他身上，其中必有附会之辞，但他决不是受人拥戴的氏族首领，则可断言。据傳說，人民咒詛夏桀早死。桀听了，笑着說自己是天上的太阳，太阳什么时候死，自己才死（呂氏春秋愼大篇）。于是夏民就指着太阳罵道："你什么时候才破灭呀，我們情愿跟你一同死亡！"（尚書湯誓："时日遏丧，予及女皆亡！"）这也說明夏的末年，氏族首領职务已轉化为統治权力，一族之长高于一切人之上，已經以統治者自居，甚至自比为永不消灭的太阳。不过桀的罪恶，也只限于夏邑而止。实在与别国或别的氏族沒有关系，更无关于天下。这时东方与夏同时幷存的商氏族的酋长商湯是利用夏民痛恨桀的心理，率众灭夏。易称"湯武革命，順乎天而应乎人"，就是指的这个意思。

　　大致說来，自启傳子以后，原始氏族社会便很明显地走向崩潰之路。礼記礼运篇述說禹以前的社会是"天下为公"的"大同"世界。到禹以后私有观念愈来愈显著，子孙繼承财产都漸漸被認为当然，于是为掠夺与保护财产的战爭不可避免地多起来。左傳昭公六年载叔向使詒子产書說："……旧先王議事以制，不为刑辟，惧民之有爭心也。……夏有乱政，而作禹刑；商有乱政，而作湯刑；周有乱政，

夏　世　系　表

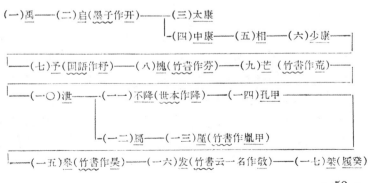

· 53 ·
85

而作九刑，……民知爭端矣。"叔向的話，虽然未必全可靠，但也在显示夏以前无刑法，到夏始有刑法，刑法出現是氏族社会行将消灭而国家将要出現的预征。

从禹至桀大概經历了四百多年①，約当公元前二千年前后。

二　商族的兴起

灭夏的商族，最初活动的地域是哪里？什么时候才形成为奴隶制的国家？典籍上幷沒有明确的記載。我們現在根据有关的神話傳說，及甲骨文中所发現的殷代先公先王的世系，再証之以考古学上的发現，可以約略地看出商族历史发展以及部族移徙的全部过程，即商族由新石器时代进到靑銅器时代的过程，亦即商族由氏族社会进到奴隶社会的过程。

商族最先的居住地，大概是在現在的山东半岛，这可以从下面几方面証实。

前面曾說过，我国新石器时代的末期，有一种黑陶文化，发达于我国山东一带，盛于"龙山时期"，其典型遺址是济南龙山鎮的城子崖与日照的两城鎮。考古工作者在城子崖遺址，发現黑陶与无字的卜骨共存。我們知道，卜骨为小屯遺址即殷商文化的最大特征。殷墟遺址已进入有文字的历史时代，那就是暗示着在河南建

----

① 有夏一代共有多少年，史記不詳。古本竹書紀年，一說夏代有王与无王用岁四百七十一年（裴駰史記集解卷二引，又太平御覽卷八十二及通鉴外紀卷一所引），然又說夏年多于殷（見晋書束皙傳所引竹書）；可是左傳則說殷年多于夏（宣公三年）。这些都是周末人的記載而紛歧如此。如果夏年多于殷年，则夏年又当不止四百七十一年，因为古本竹書謂殷用岁四百九十六年（裴駰史記集解卷二引）。又考汉人或說夏四百余年（汉書賈誼傳），或說夏四百三十二年（汉書律曆志），可見夏代年数久难考定。司馬迁于共和以前不記年数，是他愼重之处。

国的商族,有来自山东半岛的可能性①。

我們再看,商族有一种原始的傳說,就是自認为是玄鳥所生。詩商頌說:"天命玄鳥,降而生商。"史記殷本紀也說商祖契是簡狄吞玄鳥卵而生的。这个傳說的核心,在于祖先以鳥卵生而創业,也就是以鳥为图騰。我們可以看到另外很多部族的始祖,如夫余国(論衡吉驗篇)、徐夷(搜神記)、高丽(三国志魏志高句丽傳)、嬴秦(史記秦本紀)等,也都有类似的神話傳說。而这些部族,大抵发祥于今渤海灣一带,我們持此以証商族原先也是中国东北部的部族,固嫌不足;但持此以証商族的来源与东北地区有密切关系,至少是文化的深切接触与混合,则颇充足②。

我們看看商人远祖所活动的地区。詩商頌称:"相土烈烈,海外有截。"相土为商代很早的先公,在那时候竟能将势力伸展到海外,则其根据地必去渤海不远。其后王恒、王亥(商湯的七世祖)曾和有易有一段相杀的故事。根据楚辞天問、竹書紀年、山海經大荒东經等記載說:王亥曾带了很多牛羊,游牧于黄河北岸,有易部落的酋长緜臣杀了他,并且搶了他的牛羊。后来王亥的弟弟王恒及王亥的儿子上甲微两世兴师問罪,終究把緜臣杀掉,报了大仇。这个故事,各書所記大同小异。都說湯的先世在这时期屢次和有易斗爭,終于战胜有易。易水所在,古今未改,有易地望,当可推知。数世与有易有交涉的商族,当时必为有易之邻族可知,必在距河北易水流域不远的地区。近来,考古学家在易水流域之易州,发现了商代三句兵,又确切地証实了有一部分殷人,直到青銅器时代,还是繼續定住于易水流域一带。

---

① 参看本章第一节龙山文化。

② 参看顧頡剛史念海:中国疆域沿革史,第四章,第一节。

不过,商的先世,是一个流动的氏族。史記殷本紀称:"自契至湯八迁。湯始居亳。"正說明商族的祖先迁徙无定,据王国維考証,八迁实轉徙于蕃、砥石、商丘、殷、亳五地。此五地相当于今日何地,不能确指。以孟子所言,亳与葛(今河南宁陵县地,在山东曹县西南)为邻,则或不出山东、河北与河南之间。

商族正式进居中原,大概是在傳說中的湯时。孟子称:"湯一征,自葛始。"(梁惠王引書)詩称:"韦顾旣伐,昆吾夏桀。"大概在湯时,商族势力很强,与夏为东西相峙的两个大部落,其他四周的很多小氏族不属于商就属于夏。据說湯征葛的原因和經过是这样:葛族的首領不行祭祀之礼,湯去質問他不祭的理由。他說:"我沒有牺牲。"湯叫人把牛羊送去,葛的酋长自己吃了。再去質問的时候,他又說沒有黍稷,湯命本族的人到葛地去代为种地。少壮的辛勤耕种,老弱的往来送饭。葛的酋长又叫人把他們的饭食搶了下来。有一个小孩提了一籃黍和肉,不讓葛人搶,就被杀死了。因为葛族杀死了这个小孩,湯就出兵把葛族灭掉。那时各地人們听到这事,都称贊道:"湯这番举动幷不是貪占地盘,而是替人民报仇呀!"自此,他共用兵十一次,就成了那时同时諸部落中最强的了(孟子滕文公下)。

夏的末世本来是与商同时幷存的两个部落。两族的文化与生产力,都是不相上下。到夏的末期,可能商族的生产力,已經超过了夏族,这可以从小屯出土的遺物上追溯推测出来。在商湯时,夏的部落酋长桀,为人暴虐,人民都咒詛他早死。商湯以为有机可乘,于是带兵先攻灭了济水上游的韦(在今河南滑县东南)、顾(在今山东范县东南)、昆吾(在今河北濮阳县东)三个夏的同盟氏族,进一步便和夏桀开战。但当时商湯的军士們似乎不愿意,說:"夏桀暴虐,不干我們事。"商湯說:"我是受了上帝的命令而出兵的。你們肯去,我有大大的賞賜;不去,我連你們的妻子都殺了。"商的軍士在严格的要求之下, 把夏师打得一败涂地。桀逃到三朡（山东定陶）, 再南逃到了南巢（安徽巢县东北）。商汤成了諸夏的首領, 据說夏民大悦, 对于商就象对夏一样亲近①。

据傳說商自其始祖契到湯, 經历了十四代, 約四百年, 到湯时商的勢力可算是发展到了頂点。湯自号"武王"。当时西方的氐羌, 也都赶来朝貢, 承認湯在西方的宗主权（詩长发、殷武, 国語周語下）。

湯在位多少年,已无可考。湯有长子太丁早死。所以湯死后, 太丁弟外丙、仲壬相繼在位②。仲壬以后, 湯的功臣伊尹就立了太丁的儿子太甲。但是太甲不賢, 伊尹把他囚于桐宫, 自行摄政。过了三年, 太甲改邪归正, 伊尹就迎他复位, 自己退休③。太甲以后十五傳, 就到了盘庚。盘庚迁都到殷, 就是现在的河南

---

① 本段史事根据詩长发, 書湯誓、多士, 孟子梁惠王上, 書序及呂氏春秋慎大覽等叙述。

② 关于湯死后的年代問題, 書序在湯既殁之后, 即接以太甲元年; 惟据史記, 湯与太甲之間, 尚有外丙二年、仲壬四年。自此以后, 二說并立, 莫衷一是, 信書序者为古文学; 信史記者为今文学。皇甫謐宗史記(帝王世紀); 孔穎达宗書序(尚書正义)。今按史記之說較为可信。孟子(万章)及古本竹書紀年都說湯后有外丙二年、仲壬四年, 是湯后实經过外丙、仲壬二君。我們不应当舍弃去古未远的周人記載, 而反信汉人依托难凭的書序; 何况卜辞亦見外丙之名(卜辞作卜丙, 当即外丙), 自当以史記之說为可靠。

③ 此据孟子万章篇之說。然竹書紀年称: "伊尹放太甲于桐乃自立。"又称: "伊尹即位, 放太甲七年, 太甲潛出自桐, 杀伊尹; 乃立其子伊陟、伊奋, 命复其父之田宅而中分之。"(杜預春秋孔傳集解后序引)。可見二書所記不同。甲骨文中有"彤伊尹"(殷虚書契菁華第11頁), "岁于伊尹二牢"(殷虚書契后編上第22頁)之文, 是殷之列王于伊尹死后崇祀甚优, 可見追念其功之大, 則孟子之說似較近情。

安阳①。从此之后，他們就住定了。

商湯在位前后的商族是什么性質的社会，由于文献不足，我們不能做具体的分析与論定。不过我們知道夏代的氏族公社已处在崩潰的阶段，社会上已有了奴隶。商湯以后，应当依然是氏族公社的成分逐渐在消灭、而奴隶制的成分則逐步增着。我們看商湯要灭夏，商的軍臣还認为这事与他們无干；灭夏之后，夏民却大悦，亲殷如夏，就可推知当时氏族公社的成分还相当大。商代前期的帝王，如太甲祖乙等，还曾杂于"小人"行列，从事生产劳动。所以当时仍当处于父系氏族社会的末期②。自盘庚迁殷以后，由于农业生产有显著的发展，青銅器的发明与使用，更提高了生产力，于是才逐步地过渡到奴隶制社会。

---

① 竹書紀年称盘庚迁殷，殷在鄴南四十里（殷本紀正义引），据此，殷当在河北。史記称盘庚渡河南，复居成湯之故居，据此，殷当在河南。实則殷即殷虚，在洹水南（史記項羽本紀），即今甲骨文出土地之安阳小屯村，其地在黄河之北，而非黄河之南（見王国維說殷）。盖古文書序有盘庚"将治亳殷"之語，誤以亳殷为一地。实則書序"将治亳殷"为"将始宅殷"之誤（書疏引束晳說，壁中尚書作"将始宅殷"）。又按盘庚篇无"亳"字，是知"亳""殷"二字連用，于古无征。詩商頌中已有"宅殷"之語，故"亳殷"当作"宅殷"，殆无可疑。由是而知亳殷为二地，而非一地。則殷在黄河之北，而非黄河之南，与史記項羽本紀之殷虚正是一地。

② 詳見拙作試論商代兄終弟及的繼統法与殷商前期的社会性質，載南开大学学报（人文版），1956年，第1期。

殷 商 世 系 表

本表説明：

第一、本表以殷虛卜辞为主，参以史記殷本紀、三代世表，汉書古今人表，世本及竹書紀年諸書，綜合整理而成。卜辞多采郭沫若先生説。

第二、本表圓括弧（ ）內人名为典籍中所見之名，其未見于卜辞者，以方括弧〔 〕表示之。

第三、甲表为商族远祖的傳説时代；乙表为进入較可征信的历史时代，此在殷时已然，覌其祀典之有差异即可判知；丙表为殷商有天下之后的世系。

第四、丙表殷商有天下以后之君数世数，各書所記不同。据殷本紀則商三十一帝（大丁除外为三十帝）共十七世。世表以小甲、雍己、大戊为大庚弟（殷紀为大庚子），則为十六世。人表以中丁、外壬、河亶甲为大戊弟（殷本紀作大戊子），祖乙为河亶甲弟（殷本紀作河亶甲子），小辛为盘庚子（殷本紀作盤庚弟），則增一世，减一世，亦为十六世。今由卜辞証之，以殷本紀所記近是。

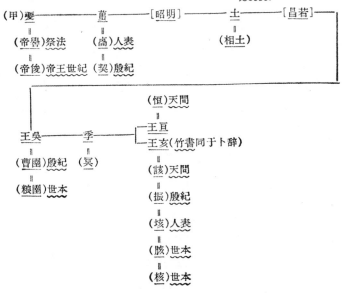

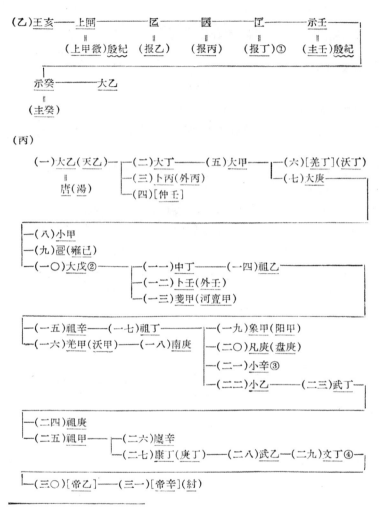

(乙)王亥———上�———————匚——————匜—————匸————————示壬———————
　　　　　‖　　　　　　‖　　　　‖　　　　‖　　　　　　　‖
　　　　（上甲微）殷紀　（报乙）　（报丙）　（报丁）①　　（主壬）殷紀

　　　　示癸———————大乙
　　　　　‖
　　　　（主癸）

(丙)

　　（一）大乙（天乙）—┬（二）大丁—————（五）大甲——┬（六）[羌丁]（沃丁）
　　　　‖　　　　　　├（三）卜丙（外丙）　　　　└（七）大庚———————
　　　　唐（湯）　　　└（四）[仲壬]

　┌（八）小甲
　├（九）ꀸ（雍己）
　└（一〇）大戊②　　┬（一一）中丁—————（一四）祖乙———————
　　　　　　　　　├（一二）卜壬（外壬）
　　　　　　　　　└（一三）戔甲（河亶甲）

　┌（一五）祖辛———（一七）祖丁————┬（一九）象甲（阳甲）
　└（一六）羌甲（沃甲）—（一八）南庚　├（二〇）凡庚（盘庚）
　　　　　　　　　　　　　　　　　├（二一）小辛③
　　　　　　　　　　　　　　　　　└（二二）小乙———（二三）武丁—

　┌（二四）祖庚
　└（二五）祖甲——┬（二六）廩辛
　　　　　　　　└（二七）康丁（庚丁）———（二八）武乙—（二九）文丁④—

　└（三〇）[帝乙]———（三一）[帝辛]（紂）

---

　　①　殷本紀誤置报丁于上甲微与报乙之間。又上甲至报丁，卜辞所作之口匸为盛主匣的象形，侧看作匸，正看作口，据說文讀如方。后世譯作"报"，又作祭名用。

　　②　人表以中丁、外壬、河亶甲、祖乙皆为大戊弟，非是。殷本紀又謂祖乙为河亶甲子，亦誤。

　　③　人表以小辛为盘庚子，誤。

　　④　竹書作文丁，卜辞作文武丁而殷本記誤作太丁。

第二章　商代奴隶制度的出现及
国家的形成

第一节　从盘庚迁殷看商代社会的轉变①

我們前面已經說过，商族在盘庚以前，是一个迁徙頻繁的流动部落。史称自契到湯凡八迁，自湯到盘庚凡五迁，見于記載的前后凡十三次②，实际上恐怕还不止此数。大概当时經济生活还很幼稚，为了生活的需要，不得不經常迁徙。

商族到盘庚时，将迁于殷，可是人民不愿意。貴族也反对，发生了一次反对迁都的政潮，盘庚命众人悉至于庭而曉諭之。象这种情况是以前所沒有的。自从此次迁殷之后，就改变了以前那种"不常厥邑"的习惯。一直"至紂之亡，二百七十三年，更不迁都"（古本竹書紀年）。很显然，商族在盘庚前后，已由流动的部落变为定居的部落。这种现象可以說明商族当时新的經济制度已战胜了旧的經济制度。

現在我們进一步把商在盘庚以前"不常厥邑"的原因，分析

①　本节主要是参考馮汉驥先生自商書盘庚篇看殷商社会的演变（文史杂志第五卷第五、六期合刊）一文的材料写成的，惟所得的結論与該文不同。

②　史記殷本紀将五迁归之于盘庚一人，謂"盘庚渡河南复居成湯之故居，乃五迁无定处"，与竹書紀年及書序不合。盘庚篇则称："先王有服，恪謹天命，兹犹不常宁，不常厥邑，于今五邦。"明言非盘庚一人。史記盖誤。

一下。以前注疏家多以殷人"不常宁"是由于河患,自然不正确③。近人多以游牧社会来解释,也是臆测。商不可能是游牧社会,有很多事实,可以为证。按游牧民族中,少有用陶器的,因为陶器脆弱,迁移搬运不易。可是商人有陶器,且非常精美,足见商人不是游牧者。其次以游牧为生的民族,多有飲乳或吃乳制品的习慣。而商人则未聞有食乳习慣,这也是商人非从事游牧的一个旁证。至于卜辞中累载祭祀时用牲有多至数百头者,这是一种家畜,而家畜亦为农业社会特征之一,所以不能因为有牛羊,便以为是游牧社会。

据文献记载,商人在盘庚以前,农业经济实已占了很大的比重。尚書盘庚篇說:"若农服田力嗇,乃亦有秋。""惰农自安,不昏作勞,不服田亩,越其罔有黍稷。"从这几句話里,就可以推测当时人的心目中,已经对农业很重視,这决不象以游牧经济为重心时的人們所說的話。

农业社会的人,是比較定居的,为什么殷人时常迁徙? 到盘庚时迁殷,人民何以又不肯迁? 盘庚篇里,都没有交代明白。我們所见到的,只是殷王一味把"祖宗"和"天"抬出来,用以威胁反对者。他說:"不只是我(盘庚)威迫你們迁徙,就是我的祖先成湯,以及你們的乃祖乃父,因为你們不肯迁移,也要降下灾殃来責罚你們。你們还为什么不迁呢?"幷且他还屡次地說他的迁都是順乎天命,或是为民众利益。所以他一则曰:"視民利用迁。"再则曰:"予若籲怀,兹新邑,亦惟汝故,以丕从厥志。"奇怪的是他始終不曾明白說出为他們的什么利益。既是为他們的利益,为什么他們又反对呢?

孔颖达正义以为居民反对盘庚迁都是由于居民"恋旧情深";又說:"以豪民室宇过度,逼迫贫乏,皆为細民弱劣,无所容居,欲迁

———————————
③　参看岑仲勉:黄河变迁史,人民出版社1957年版,第116--121頁。

都改制以宽之。富民恋旧,故違上意,不欲迁也。"这話不知是否有根据,但以情理度之,似乎多少有点近于事实。不过还需要加以解释才能明白。

我們为了深入地討論商人迁徙的原因, 不妨先举另外一个部族的历史,借以互相印証。这就是馬底夏斯戛西部山地之塔納拉民族①。因为这一族的经济状况、社会組織及其文化水准,頗与殷人相若,故可互相比较。塔納拉的社会組織,以父系宗族之大家庭为其基础。其下分各单独小家庭。約二百年前,其生产事业主要为刀耕火种之旱稻种植,也就是一种粗耕农业。根据当地土壤条件,用这种方法开垦的新田,第一年可得丰收;以后五年至十年之间,可有相当的收获。此后则必须放弃,任其荒蕪,俾其恢复地力,至少亦需要到二十至二十五年之后,方能再行种植。所以在这种情况下,每隔十数年或数十年,他们必须迁徙一次,从新开垦新田。其迁徙亦大概有一定的区域,在其中循环迁徙。如原来地方之地力已恢复,亦可迁返原处。当迁至一新地时, 族中之首領即将新村附近待垦之森林加以划分,分配与各家族开垦。

我們回过头来,看看商人是怎样的。他們在盘庚以前,情况和塔納拉人差不多。他們的"不常厥邑", 自然不是象古人所解释的由于河患,亦非近人所解释的由于游牧生活的需要,实际上这是粗耕农业社会的特征。其迁徙的地方,經傳不曾明言。后人的考証,亦言人人殊。大概就在蕃、砥石、商丘、殷、亳等地循环迁移, 总之不出山东、河南之间。游牧民族,往往一年数迁,决不能十数年或数十年才改换牧场一次。只有较进步的粗耕农业社会才如此。

盘庚以前的商代生产事业主要是粗耕农业經济, 故人民視迁

---

① R. Linton: The Tanala, A. Hill Tribe of Madagasgar.

徙为当然，一地之地力已尽，即行搬迁，毫无犹豫，因不迁则无以为生。但至迟到盘庚时，农业上想已有很大的进步，即由粗耕而进入比较精耕的阶段，这使得他们可在一地久耕，不必迁徙。竹书纪年謂自盘庚以后即不再迁，就是这个緣故。但我們所說殷商社会的变动，也并不是說自盘庚迁殷那一年开始，便从粗耕农业一下子变成了精耕；而是說从盘庚迁殷这件事，推测殷的社会至迟到这时为止，已經变了。自湯到盘庚约三百年間，只有五迁，大概人民逐渐趋于定居，迁徙逐渐不易。到盘庚时，可能社会变革已深，再想搬家，就必須加以威胁才可以做到。

我們再以塔納拉人为例。前已言塔納拉人原为燒耕、种旱稻及十数年一迁之部族。到后来，逐渐知道种植水稻。起初不过以水稻为副产品，各小家庭自行于低洼有水之处种植之，与全族无关。其所获亦为各小家庭自己留用，不交給大族中均分。不过水稻收获甚丰，并且可以长期种植，无地力已尽之患。利之所在，各小家庭逐各自尽力种植，收获物完全为个别小家庭之私产。因为受了土壤、水源等自然条件限制，能开垦为水田者，至为有限。故在其初，凡未自行种水稻者，以后也永无种水稻之机会。但所种之旱稻田，过一定之年限，地力已尽，即无法再种植，就是种植亦无收获。并且数十年一迁，为塔納拉族之根深蒂固的成法。无水稻田者需要迁移，而有水稻田者因其投資所在，则不要迁移。因水稻种植为一种精耕农业，垦种不易，当然不愿放弃而随人他迁。塔納拉社会至此时，若不迁移，则一部分人可以生活，一部分人不能生活。首領为照顾旧法种植者的生活，强迫全族都迁移。但此后精耕的水稻种植法慢慢地被全族人民所采用，从此以后就可以不必时常迁徙了。

盘庚时商的社会与此相类。盘庚見他所統率的部落，其中一部分仍为粗耕农业,不迁徙即不能生活,故盘庚不得不胁迫全族一齐搬家。可見当时一部分从事精耕农业的家族不愿搬,即所謂"富民恋旧,故違上意,不欲迁也"。或許盘庚为一守旧的君主,因为"不常宁"是祖宗的成法,当时虽然已进至精耕农业,和以往不同,可以不必时常搬迁,而盘庚还是守着祖宗的法规,一定要搬,故人民反对他。此二者,想来盘庚必居其一。

我們現在認为商代前期的生产,是一种流动村落的粗耕农业,一人的劳动仅足够一人之所需,很少有剩余可供他人剥削。所以我們可以想見那时的劳动者,縱使有奴隶参加,数目恐怕不会很多,不足以形成社会阶层。大体言之,从事田猎与粗耕农业、时常在迁徙的社会,都很少有大批奴隶。因为当时生产既有限,平时亦无固定工作,可使奴隶任之。倘有多数奴隶,则消耗者增多,反而成为累赘。生产技术必须达到固定村落的半精耕农业及精耕农业,或有相当之工商业时,一个人劳动所得,除去自身消费之外,还可以有剩余供养他人,于是奴隶的数目与重要性,才能逐漸增加起来。所以我們可以說在商的初叶,距离原始公社的末期还不甚远,应当仍是在原始共产社会逐步迈进奴隶社会的过渡时期中。至迟到盘庚时,生产技术已經改进,农村由流动变为定居,奴隶劳动的使用也随着加多,奴隶社会才正式形成。

第二节　商代奴隶制国家的形成

一　商代的奴隶情况

商人至晚在盘庚迁殷(河南安阳)以后,便进入了正式的奴隶制社会。我們有不少的根据使我們有这个断语。

自一九二八年以来河南小屯遗址和从一九五三年起郑州遗址

的发掘，使我们知道了商代的宫殿和陵墓的建筑和商代的青铜器的制作，规模宏伟，而且精美絕倫。可見当时的工匠劳动者所掌握的高度技术，已趋向专門化。絕对不是从事农业生产的农人所能兼做的。当时农业与手工业一定分了工，也就是說手工业者已脱离农业生产了。另外如当时的大批巫史，他们的职务是求神問卜、祭祀上帝或先公先王，同时他们还拥有当时的各种文化。只有他们才認識文字，才能刻写卜辞。古代社会生产力不高，一个人要想掌握这种文化，必在脑力劳动与体力劳动分了工的条件下，才有可能。所以这些巫史们，也都是不耕而食的人。

在商代社会中，这样多专业化的手工业者和巫史們脱离了农业生产，我们可以想象，一定有另外更多的人从事农业劳动，提供生活資料来养活这些脱离生产的人們。这也可以看出当时农业生产的提高，一个人劳动所获，不仅可以养活自己，还有很多剩余可供别人剝削。在这一基础上使多数劳动者隶属于少数剝削者，使劳动者变为奴隶。所以原始手工业和农业的劳动分工，实是阶級社会出现的一个特征。商代的生产情况，正好反映了这一事实。

当时那些从事农业生产的劳动者，是什么人呢？見于卜辞的，主要有二种，一为"众"或"众人"，一为"羌"：

"乙巳卜殸貞：王大令众人曰啓田，其受年。十一月。"（殷虛書契前編——以下簡称前——七，三〇，二）

"壬寅卜，宾，貞：王往以众黍于冏。"（前五，二〇，二）

"貞惟小臣命众黍。"（前四，三〇，二）

"貞王命多羌垦田。"（殷契粹編——以下簡称粹——一二二二）

"貞呼众人□粟。"（殷虛文字甲編——以下簡称甲——三五三八）

"辛卯卜，囝，贞：呼多羌逐麋，获。"（簠室殷契征文——以下简称簠——八、五九）

"多羌获鹿。"（前四，四八，三）

"贞王……众于（与）羌……"（铁云藏龟——以下简称铁——二三一，四）

"辛卯，命众，羊（羌）。"（天壤阁甲骨文存——以下简称天——八一）

以上所征引的这几条甲骨卜辞中的"众""众人"或"羌""多羌"，他们的身份是完全相同的。他们同时在王的监督或命令下去"眢田"或"坌田"，这当然是指的农业生产；又同时被用于"逐鹿""获麋"的田猎事件。这些人被用于生产劳动，还是被强迫的。所以他们有时逃亡，有时被执。这也见于卜辞：

"贞我其丧众人。"（殷契佚存——以下简称佚——四八七）

"其丧众。""不丧众。"（甲三八一）

"惟丙午，龜众。"（甲二六九一）

"乙巳卜，在今，惟丁未龜众。"（甲二五七二）

"……卜亘，贞：龜羌。"（佚九九三）

"率追羌。"（殷契遗珠——以下简称珠——四二三）

"执羌。"（殷虚书契后编——以下简称后——下，三八，七）

这种人的身分很明显的是生产奴隶。"众"这个名词，一直到周代有时还是指的奴隶。如有名的"眢鼎"，是周穆王以后的器皿（因原铭有"周穆王大室"语，郭沫若先生断定为孝王时器），铭文的第三段，载着有个名叫匡季的，在一次饥荒年辰，抢劫了眢的禾稻十秭。眢控诉匡季于东宫。匡季自愿以田五田、众一夫、臣三人来赔偿。可见众与臣是同性质的东西，象是可以任意转移物主的什物。"众"与"众人"就在周穆王以后，有时都还是指的奴隶。在商代的情形便可以由这儿逆推了。商代的农业生产者,既是很多的"众"或"众人",而众或众人是无人格无自由,和牲畜或物品一样,可以随便为主人出讓,这不是商是奴隶社会的有力的証明嗎?

如上所述,那时奴隶主是可以象牲畜一样地对待奴隶的。而商代在祭祀中用牲时,正是人畜幷用,如:"丁丑卜,貞:王宾武丁,伐十人,卯三牢,鬯,亡尤。"(前一,一八,四)这种伐祭的卜辞,据胡厚宣先生初步的統計,有一三一次,其中不記人数的八十次,記人数的五十一次,每次最少一人,最多百人①。而殷虚書契后編有一片,居然有"伐二千六百五十六人"(后下,四三,九)。这些和牲畜一起用作牺牲的人,毫无問題,就是商代的奴隶。

商代又有以人殉葬的风俗。这种风俗起源于原始社会,一直延續到奴隶社会及封建社会(周末已經用土木俑,但仍有用人的,見礼記檀弓)。許多人类学家說:古代希腊、罗馬、高卢、斯堪地維亚人、日尔曼人、斯拉夫人、印度人以及非洲、美洲的土人都曾經用人殉葬,殉葬者或是妻妾或是奴隶或是朋友或是仇敌或是武士,种种不同②。中国考古学家在河南殷虚进行发掘工作,发现武官村大墓非常豪华,殉葬物有人、馬、車騎,以及玩弄的狗、猴子,日用品,銅器、陶器、石器、骨器等,幷发现无头人骨架数十具,可见殷代杀人殉葬是当时的习俗③。大墓中的殉葬者有多至三四百人的。总計前后在殷虚发现的殉葬者数达两千以上,有蹲、跪、倒葬、乱葬、俯身、有首无身、有身无首者等。近年来在郑州商代遺址中,也

_____

① 見胡厚宣:殷非奴隶社会,载甲骨学商史論丛初集。

② Tylor: "Primitive Culture" Vol. 1 Ch. XI.

③ 参看郭宝鈞:記殷周殉人之史实,载 1950 年 3 月 19 日光明日报;郭沫若:讀了殷周殉人之史实,载 1950 年 3 月 21 日光明日报;郭宝鈞:一九五〇年春殷墟发掘报告,载中国考古学报,1951 年第五册。

同样証实了以人殉葬的事实①。商代这种大规模的数目众多的人殉，我們虽然不能断定都是奴隶，但其中必有一部分是奴隶。郭沫若先生說，以人殉葬数有数百，如果說是俘虏，临时去捉，不可能有这么多；如果說平时养着这么多消費者，也不甚可能。所以不如說这些都是生产奴隶，于义为长。

商代的奴隶中，除了农业生产奴隶以外，还有家內奴隶，名为"仆""奚""俘""臣"……等。甲骨文中仆字作 𤰈，郭沫若先生解释說："人形，头上有𩑔，臀下有尾，手中所奉者为粪除之物（箕中盛塵垢形），可知仆即古人所用以司箕帚之贱役。"②"奚"甲骨文作 𡭔 或 𡭔，象以手提发之形；"俘"甲骨文作 𠬝，象以手捕人状，与奚字相若，两者同为战争被掠之俘虏，强其服属为奴。"臣"字甲文作 𦣞 或 𦣞，說文云："臣象屈服之状。"左傳僖公十年說，国被灭后"男为人臣，女为人妾"。詩小雅正月云："民之无辜，幷其臣仆。"都可証这些字最初有奴隶之意。

根据上面所征引的各种史实，我們已經有充分的理由来断定商代是奴隶制社会。在中国历史发展到超越了原始氏族社会之后，我們古代的文明才开始放出了灿烂的光芒。

至于奴隶的来源，主要地是借战争使俘虏和被征服者变为奴隶。商代征伐各鄰族，意在俘虏。如与羌人战争，每有很多羌人被殷人所俘获。卜辞中有"不其获羌"（殷虚書契續編——以下簡称續——三，四二，七）等記载。大概俘来的羌人就使之变成奴隶，从事各种生产劳动或是作战。而当时的奴隶主阶级，已經悦离生产領域，度着奢侈荒淫的生活。所有高大富丽的宫室、房屋的建筑，

---

① 参看河南省文物局文物工作队第一队：郑州商代遗址的发掘，载考古学报 1957 年第 1 期。

② 郭沫若：中国古代社会研究，人民出版社 1954 年版，第 268 頁。

所有美裳、饰物、器用等手工艺品的制造，所有金属矿物的采凿，都应用奴隶劳动。

奴隶制虽然是人榨取人的一种很残酷的制度，但在初期是有它的进步性的。因为以前把战争俘虏简单地杀死，现在却保留下来做生产奴隶，增加社会财富。同时劳动者也就具备了分工的可能，手工业和农业因而分了工，这就大大提高了社会生产力。并且由于奴隶生产的出现，有一部分人就可以脱离农业劳动而作其他的活动，科学与艺术也得以发达起来，反过来又促使社会向前发展。

二　商代已具备了国家的特点

我们已经知道商代有了奴隶和奴隶主两个敌对的阶级。这两个阶级一出现，也就逐渐出现了国家。列宁在其国家与革命中写道："国家是阶级矛盾不可调和的产物和表现。凡是阶级矛盾在客观上不能调和的地方、时候和限度内便产生国家。"[1] 恩格斯说："为了使这些对立，这些经济利益相互矛盾的各阶级，不要在无益的斗争中互相消灭而使社会同归于尽，于是一种似乎立于社会之上的力量，似乎可以缓和冲突而把它纳于'秩序'之中的力量，便成为必要的了。这个从社会中发生而又高居于社会之上而且日益离开社会的力量，便是国家。"[2]

照卜辞的记载和小屯殷墟与郑州商代遗址的发掘材料上看来，殷族至迟在盘庚迁殷以后，阶级矛盾就达到了不可调和的程度。因此，我们估计强大的国家机构这时就形成了。

---

①　列宁：国家与革命，人民出版社1953年版，第7页。

②　恩格斯：家庭、私有制和国家的起源，人民出版社1954年版，第163页。

殷代的阶级矛盾及氏族内部經济利益的矛盾，使原来氏族赖以維系的血緣紐带廢弛了，个别的家族、宗族都可以离开原氏族的土地，或者到未开垦的新地区去，或者去和沒有血緣关系的集团杂居。又由于殷人的商业已經兴起（詳第三章第三节），劳动分工很細致，商賈和工匠在全国范圍内往来奔走謀生。氏族成员与一定地域的联系消灭，这就破坏了氏族在地域上的完整性，另外也造成了属于不同氏族的人們的杂居村落。这种新的社会联合是用"地域关系"代替血緣关系，是按地区来划分其管治下的人民，而不是按照氏族集团来划分的。沚、攸、盂、宋、奠等方国是地区的名称，而不是氏族集团原有的姓氏。其統治阶級中，可能还有旧氏族貴族，但多数更可能是新兴貴族，例如武丁的儿子虽則大都有領地，但有封爵者仅一两人，无封爵者居多，此即旧氏族貴族在政治上已退居于次要地位的証据；而得势者反而是从外来的象伊尹、傅說等新貴的人們①。这样以地域代替血緣来区分其治下的人民，是国家形成的第一个特征。

此外，商代的帝王具有强制权力，而且是和大众分离的社会公共强制力。所以商代的帝王已是古代国家的专制君主，而不是氏族社会中的軍务酋长。尚書盘庚篇中的"王"即表现得十分明白。盘庚向反对迁都的人民說：

"乃有不吉不迪，顛越不恭，暂遇奸宄，我乃劓殄灭之，无遺育，无俾易种于兹新邑。往哉！生生！"

"凡尔众，其惟致告。自今至于后日，各恭尔事，齐乃位，度乃口，罚及尔身，弗可悔。"

象这样一人专断的訓斥，不是一个专制国王的口吻嗎？ 殷王又慣

① 参看李亚农：殷代社会生活，上海人民出版社1955年版，第80頁。

自称"一人"或"余一人"①。"以天下之大，四海之内，惟天子一人为至高无上，惟我独尊，这便充分代表了这种专制暴君的口吻。"②典籍和卜辞上这些材料，一方面表现着国家的"强制权力"，另一方面也表现着当时的帝王，已經可以把人民的生命自由，放在其权力支配之下。

商代的王是当时特权阶級的最高者，为了鎮压人民和奴隶，必須擁有强大的武装力量。我們从卜辞中可以看出，当时已有征兵制度，卜辞說：

"戊辰卜，宝貞：登人，呼往伐𠭟方。"（續三，四，四）
卜辞中"登人"，殆即征兵之义。登人三千、五千、一万，是常見的③。需要登用才能够成为士兵的人，可知其平时不是士兵。显然，这是临时的征兵而不是常备兵④。商人征兵的数目是很大的。例如武丁二十九年三月丁酉得沚𢧄报告，殷都西北之敌土方𠭟方同时入寇，商王即日下令"登人五千正土方"。三十年春夏之交，商人对土战方酣，𠭟方复出兵来侵，于是武丁大怒，于七、八、九三个月之間，連續征兵。計自七月己巳至九月丙午，三十八日之内，"登人"之命七下，总数达二万三千人之多⑤。商王除了征兵之外，还有常备兵。常备兵多以奴隶任之。卜辞中有"以众伐𠭟方。"（后上，一六，一〇）"勿呼多臣伐𠭟方。"（龟甲兽骨文字——以下

---

① 武丁时卜辞："貞其于一人田。"（甲二一二三）祖庚祖甲时卜辞："余一人亡田。"（金璋所藏甲骨卜辞——以下簡称金——一二四片）尚書盘庚篇："不惕予一人。"国語周語引湯誓云："余一人有罪。"

② 胡厚宣：釋"余一人"，载历史研究 1957 年第 1 期。

③ 見董作宾：殷曆譜下編，卷九，武丁日譜。

④ 見李亚农：殷代社会生活，第 84 頁。

⑤ 見董作宾：殷曆譜下編，卷九，武丁日曆。

簡称龟——二，二七，七）这是不須"登"，要用就有的常备部队。由此可知商代統治阶級用以压迫奴隶及自由民的武裝力量是很大的。

商代国家的强制力量，除了兵队以外，还有刑罰牢獄等暴力的强制机关。这也是以前所沒有的。在原始社会中，社会秩序是由氏族道德或习慣来維持着，絕无用暴力强制执行体罰肉刑之事。但到商代则不然，各种刑法与刑具都具备了。左傳昭公六年謂："商有乱政，而作湯刑;……"湯刑内容，已不可考。韓非子說殷之法，弃灰于公道者，断其手（内儲說上七术篇）。史記殷本紀說：

"于是紂乃重辟刑，有炮烙之法。"

"九侯有好女，入之紂。九侯女不熹淫，紂怒杀之，而醢九侯。鄂侯爭之疆，辨之疾，幷脯鄂侯。"

大概商的刑法有"断手""炮烙""醢""脯"諸种酷刑。甲骨文有"执"字，作 等形，"𢦏"为刑具，执字象一罪人跪地受刑之状，最末一形之"□"象牢獄，叶玉森氏释，謂象一罪犯"执置于圉，仍梏其手"。甲骨文也有"圉"字（前四，四，一），說文謂："圉，囹圄，所以拘罪人也。"可見商代确有監獄的存在。

由上所述，则知商代公共权力，不仅有軍队，而且有实体的附属物，如監獄及刑具等。这种公共权力的創設，是国家形成的第二个显著的特征。

商代在盘庚迁殷前后，国家已正式完成，因为那时它已具备了成为国家的两个最大的特征。

第三章　商代的社会經济

第一节　耕地的区划与土地占有的形式

　　商代中叶以后，基本上已进到奴隶制社会，有很多的奴隶从事生产，使得农业、手工业都远远超过了夏代。现在我們进一步考察一下商代經济的具体情况。

　　商代的經济，主要表現在农业的生产上。但是我們在談农业生产之前，应当先将土地条件及經营方式弄清楚。前面已經說过商族是从山东半島进入中原的，他們的土地大致奄有今山西、河南、山东、河北四省之地，位于黄河流域的中下游，而以河南为其中心。这一带地方，大半是原生厚黄土区。黄土性質軟脆，沃度很高，便于耕作。河南的洛水流域尤为富饒，一直到后世，尚号称"天府"。故商族自山东西迁入河南后，有了优越的地理条件，农业生产就迅速发展起来，終于征服夏族，慢慢地建立了古代的农业国家。

　　土地的重要性幷不是自古就是如此的。在漁猎經济的时代，土地、池沼、森林有如今日的空气，幷无被人占有的現象。到畜牧生活开始或种植知識发明以后，人类才漸漸感到需要一定面积的牧地或耕地。所以說土地占有，大致說来，可能滥觴于畜牧时代，而大盛于农业时代。不过在原始氏族社会里，畜牧地带也还不是个人私有，而是氏族共有。

　　商代中叶以后，农业已很兴盛，氏族制度已經解体，經营农业生产时,是按公社"邑"为单位的。不过,以前是氏族共同耕作公共所有的土地,而现在是分配給原来的公社首长及本氏族貴族。分配土地时,自然需要把土地划分成若干块。卜辞中关于农田記載,有如下例:

"己巳,王□駛坚田。"(粹一二二一片)

"王佘多□坚田。"(粹一二二二片)

"坚"字象双手在土上操作形,徐中舒、胡厚宣两先生釋为"貴"字。胡先生說:"貴田者,盖犹言耡田。"① 卜辞中"畾""田"等字,正分明是划分为井字形的一些方块田地。甲骨文中还有"田""井""畴""疆""圃"(囿)等字,一看其形,就知道商代农田区划是十分整齐的。至于土地丈量分界之法,商人大概已經知道。甲文中的疆字作"𤲒"(后下,二),表现得很清楚。疆字从弓、从田,二田相比,自有界限;从弓,据叶玉森氏謂古代本以弓紀步,原始民族拿弓作为丈量土地的尺度,分田划界,是可能的。至于弓的长度尺寸,现在无法知道,因而商代田亩的大小,也就不得而知。

在商代,全部耕地所有权都被認为是国家的财产。所有最高的权力都集中在国王之手。馬克思在一八五三年六月二日給恩格斯的信中写道:"正确地認定东方一切現象底基本形式是在于那里沒有土地私有制之存在。这一点甚至可以作为了解东方世界的眞正的关鍵。"② 商代的土地沒有私有制的痕迹。当时的土地,一种是"王田"。卜辞中有"我田"(殷虚文字乙編——以下簡称乙——下,六三八九;殷虚書契菁华——以下簡称菁——二),"我"是商王

① 参看徐中舒:試論周代田制及其社会性質,載中国的奴隶制与封建制分期問題論文选集,三联書店1956年版;胡厚宣:說貴田,載历史研究, 1957年第7期。

② 見馬克思恩格斯論中国,人民出版社1954年版、第20頁。

的自称。这些田由王直接命他的奴隶——"众"或"众人"来耕种；另外的田地则由較自由的农村公社成員耕种①，以貢納方式，剝削其剩余劳动。甲骨卜辞中的"邑"即公社遺制。公社成員通过他所属的那一公社而分到一块份地。依照馬克思的意見，农村公社对于公社土地也只有承襲的占有权，作为一切公社之父的专制君主才是全国土地之唯一的所有者②。馬克思說："在亚細亚的 形 态下……单独个人从来就不能成为财产的所有者，而只不过是一个占有者。所以事实上他本身即是财产，即是公社的統一体人格化的那个人的奴隶。"③

　　商代的土地还没有进到自由买卖的私有制时代。当时仍为公社制所約束。土地只能由王或公社那里分配，縱使是富有的大家族，也不能自由扩展其土地面积。富家在私有财产的积累上旣受到限制，当然就沒有收容大量奴隶的余地，所以不能成为象希腊罗馬那样自由发展的大奴隶主或大土地所有主。这一限制使得商代的奴隶制不可能象希腊罗馬那样地自由发展成为典型的成熟的奴隶制度，而是象古代东方其他国家一样，其发展是很緩慢的，殷商一代，始終停滯在奴隶制低級阶段，后来很快就走到奴隶制的末期。这一点是我国社会經济形态的一个特征。

---

　　①　殷虚遺址发現一种小墓，其中无棺槨。身下只有席紋遺存，尸骨旁有灰色繩紋陶盆。这些小墓，旣不象豪华的大墓，又不象俯身葬式杀头葬式那样完全无殉葬物品的奴隶。这表明死者的身份是属于当时的自由民。

　　②　馬克思：資本主义生产以前各形态，人民出版社 1956 年版，第5—6頁。

　　③　同上書，第30頁。

108

第二节　农业成了主要的生产事业

商代的土地区划,既是已被重视,可以推想农业的經營,必已提到重要的地位。从文献上看,商代特别是在盘庚迁殷以后,农业已經成为人民生活所依赖的主要生产。这一經济的轉化,正是人类历史由野蛮时代过渡到文明时代的基本条件。

甲骨文中关于农业的文字,有"农""田""畤""井""疆""圃""禾""黍""麦""粟""米""稻""耤""果"等字。特别是"艺"字作"埶"(前六,一五),逐漸变化而成 埶 埶 埶 等形,象一人持禾,弯腰曲膝种植黍稷之状。以上这些文字,只能出現于农业社會。卜辞中还有"我田虫(有)来(麦)""我田有黍"等語句,这就說明了当时黄河南北广大的原野上,正有很多开辟成一块一块的田畤,分別种了五谷。这田是麦,那田是黍,分的非常清楚了。

蚕桑也应当是农业社會之事。中国傳說中以为黄帝之元妃螺祖敎民养蚕,其說无可征信。山西西阴村出土之新石器文化中,有經过人工割裂的半个蚕茧,是否那时的人就知道养蚕,还不能論定。不过这种技术到商代,确已发明。甲骨文中之絲字、蚕字以及从系之字不少,就可以知道商代蚕桑及絲織工业一定很盛。又郭宝鈞先生所著一九五〇年春殷墟发掘报告中,講到武官村大墓的守卫者,他的用戈援面还殘留着絹紋或絹帛,这也是蚕絲业已很发达的实証。蚕这种东西一定被当时人所重视,所以有祭祀蚕神的記載:

"□牢□五牢,蚕示三牢,八月。"(后上,二八)
这片卜辞中所謂"蚕示三牢",就是祭祀蚕神,用三牢之意。蚕絲业已盛,也足以为农业发达的旁証。

和农业发展有关的曆法，这时已經相当严密(詳第五章 第二节)。例如"年"字作"♠"象人負禾，也象征一年的收获。春夏秋冬等季节名称的起源，虽然說法很多，未能一致，但商代确是有了。又在年終置閏称为"十三月"，系为調整以十二月計之太阴曆与以四季計之太阳曆而設。

农业旣已成为人們日常生活所依頼的主要資料，为帝王貴族聚斂的重要資財，农作物的丰收与荒歉，有关国計民生，有关統治秩序，因此国王和貴族对于气候、风雨、季节、时令以及天文、曆数等非常关心，总希望能預先知道年岁吉凶或丰歉。但是当时生产力低，科学不发达，人們不能掌握自然的規律，不能有效地控制和战胜自然界，因而崇拜自然，迷信神灵，对于农业生产有关系的水、旱、风、雨等，作出宗教的貞卜与禱告。龟甲卜辞中有"令雨""求风""荦年"的貞卜記录，如：

"貞于兒，荦年，帝令雨足年；貞荦年于 盃 ；貞帝令雨，弗其足年。"(前一，五〇，一)

"今二月帝不令雨。"(鉄一二三，一)

"貞翌丙子其屮(有)鳳(风)。"(前四，四三，二)

卜之得吉，是年风調雨順，是"足年"；反之，則"弗其足年"。大概"帝令雨"太多，会成水灾。如果大旱，則望云雨。一面向祖先和上帝貞問吉凶；一面就用谷物牛羊牺牲祭祀上帝，或向祖先祈求下雨。

王和貴族早已脱离生产領域。他們貞卜风雨，是为了能在农业方面，取得更多的剥削。他們还貞卜各地諸侯伯属地属国的年岁，因为这些是向中央貢納一定稅物的农业地区，这些地区丰收与否，对王室的稅收，有莫大关系。如：

"癸卯卜……(受)卫年。"(佚、八六七)

"己卯田□……址不〔其〕受年。"（續，二，二八）

"貞：我□奠受年。"（鉄云藏亀拾遺——以下簡称拾——
一〇，二）

"辛酉貞：犬受年。十月。"（粹八八三）

这些卫、址、奠、犬等，均为商邦畿外之諸侯。商王为他們貞卜年
岁，当均为农业区域。王畿內的年岁当然更是他們所关心的。所
以有"今岁商受年"（容庚編殷契卜辞——以下簡称契——四九
三）。当时商王为鼓励人民努力耕作，加紧生产，时常亲自出外巡
察，并設置农官以监督生产。此种卜辞很多：

"貞：王勿往省黍。"（契四九二）

"庚子卜，貞：王其雀耤，叀往，十二月。"（后下，二八）

"己亥卜，令*耤臣。"（前六，一七）

这是商王亲自巡察农耕情形之卜辞（"耤"上之字作*，暫从罗釋为
观察之"观"字），王或者亲自出馬，或派其农官*去视察。

商代农业的发达，还可以从商人好飲酒及祭神多用酒鬯推知。
酒是农产物的再制品，沒有发达的农业是不能想象的。所謂酒是
黍制的，鬯可能是糯米做成的一种酒，商代的酿酒知識已很丰富。
当时不仅活人要喝，死去的祖先、神鬼和天帝等，也被認为都喜欢
喝，所以祭祀时用酒待鬼神。其例卜辞中不胜枚举，如：

"戊午卜，宾貞：酒，萃年于丢、河、夒。"（前七，五）

"丙子卜貞：酒丢，三小牢，卯三牢。"（前七，二五）

这是用酒祭祀他們的远祖的卜辞。

当时商王宫廷需要大量的酒来供应。如果黍的收成不丰，酒
的酿造就受到影响，于是担心黍的收成。商王时时有关于黍的貞
卜，希望上帝能多多降福，可以多酿酒醴来孝敬鬼神。因此，"受黍
年"的貞卜很多，例如：

"甲子卜，𣪘貞：我受黍年。"（續二、二九）

"弗其受黍年，二月。"（后一、三一）

商代到了末年，嗜酒几乎成了一种风尚，先秦文献上記載頗多。尙書微子篇謂"我用沈酗于酒"，又說"方兴沈酗于酒"，这是商人自責之辞。周公認为商族之所以亡国，和商人好酒有重大关系。所以周初以商余民封康叔为卫君于殷墟之后，周公特作酒誥以教諭康叔，內有謂商"民罔不衋伤心，惟荒腆于酒"，"庶群自酒，腥聞在上，故天降丧于殷"；又有訓誡謂"群飲汝勿佚（縱也），尽执拘以归于周，予其杀"。周公畏酒如此，可見他以为酒为商亡国之重大原因。詩大雅蕩篇："咨汝殷商，天不湎尔以酒，不义从式，靡明靡晦，式号式呼，俾昼作夜。"韓非子說林称紂为长夜飲，惧以失日，問其左右，一国皆不知。問箕子，箕子也辞以醉而不知。此說或亦太过，不过商人好酒成俗，則当为事实。周初金文，也有同样的文辞："我聞殷墜命，唯殷边侯甸，粤殷正百辟，率肄于酒，故丧师。"（大盂鼎）周人因鉴于商亡于酒，于是乃自为警惕，"王曰：父厝……毋敢□于酒。"（毛公鼎）除此之外，商人好酒之証，还可以从殷墟出土的酒器作証。据在安阳发掘的各期报告，殷墟出土的飲酒器很多，如卣、爵、斝、盉、觚、觶……等，都是飲酒用的，制造的非常精美。卜辞祭祀所用之酒，自六卣以至百卣。商人用酒之多，于此可以想見。同时并由此可見当时剩余农产谷物，为量一定很大，故有酿酒事业的盛行。史記殷本紀說，帝紂时聚斂谷物有"盈巨桥之粟"，也可以看出当时农业早已很盛了。

商代农业很盛的原因，与生产工具的改进很有关系。当时的农具有耒。甲骨文"耤"字的結构作𤔲（前六、一七，五），象一人执一柄两股叉的工具在操作，这两股叉的工具就是耒。汉代武梁祠石刻中的夏禹手中也拿着这个东西。甲、金文"耤"字均象人側立推耒,举足踏耒刺土之形。不仅商人如此,其后周秦以来,仍多沿用耒耕地。淮南子主术訓:"一人跖耒而耕,不过十亩。"盐鉄論未通:"民跖耒而耕,負担而行,劳罢而寡功。"这都是說明农夫是如何用手推耒,举足踏耒,入土掘土耕作之状。

除耒之外,甲骨文中有"㠯"字。按此即"目"字,乃"耜"字初形,亦为当时农具之一。耜的形状頗类今日之鋤,或系用以碎土垦草的一种农具。

甲骨文中的"方"字,作"㞢"(前五,一一)作"㦴"(前五,一三),徐中舒先生耒耜考謂"象耒的形制,……古者乘耒而耕,刺土曰推,起土曰方"。証之詩大田"旣方旣皂",生民"实方实苞",则"方"为农器当属可信。

甲骨文又有字作"㣙"(前六,二二),有的从牛作"㹂"(前六,四)若"㹝"(后上,三),或釋作"物"。徐中舒先生謂亦象耒的形制。按此字实为"犁"字。証之古籍所云:"以物地事"(周礼地官載师),"则物其地"(周礼地官卅人),"物士之宜"(左成二年傳),"刉沟洫,物土方"(左昭三十三年傳),这些"物"字,实为"犁"字之譌变,甲骨文中"犁"字,实象用耒启土之形,虽然多假借为犁牛之犁(黑色),原文是指农具则是毫无問題的。另有与耒相近的"乂"(力)字,甲骨文中的"㘝"(男)字,就象用这种工具种田的动作。但这些耒耜鋤犁,是用金属制还是用木制,还无从断定。商代沒有鉄器。青銅器的耕具,在中国不曾发现。郭沫若先生以为两叉的耒,就是木叉,所謂"斫木为耜,揉木为耒"。而犁鋤之类或用尖石与海蚌做成,即所謂"刬耜而耕,摩蜃而耨"(淮南子汜論)。由"农"字从"辰","耨"字从"辰"等看来,"辰"当是耕器。"辰"即是"蜃"之初文。卜辞"辰"字极多見,其字形,上部或作曲綫,弯曲形象蚌,或作直綫之磬折形象石。可知商代耕具确曾經过蚌制与石制两个阶

· 81 ·

段。这些农具是不是下了舞台，我們还不敢断言①。考古方面关于商代农业生产工具的发现，一九二九年秋在殷墟进行第三次发掘，一次出土了上千的石鐮；一九三二年秋第七次发掘，在一个方窖内出土了四百四十四件石鐮和几十件蚌器②；解放以后，一九五二年秋在郑州二里崗发现六十五件殘片石鐮③，这都可以証明殷商时农业生产工具还在石制阶段。当时用金属作农具的可能性是不大的。因为銅在当时为"善金"，主要用以作兵器、装飾品及貴重之飲食用具（如鼎彝等），不能用作农具而大量普遍地消耗；尤其是因为当时的农业劳动者为奴隶，时常为了与奴隶主斗争而破坏农具，奴隶主更不能拿銅质的耕具交給奴隶。

商人耕田，除使用人力外，是不是已經使用牛耕，沒有直接的証据。甲骨文犁字从牛，但均用作"犁牛"（黑色的牛），不知道什么是它的本义。又"牛"字每于角上加横画以示梏，常見"告"字，即系"梏"之初文，牛当然已經被服用了。世本、竹書有殷先公王亥服牛的記载，但不知道是用来耕田，还是用来拉车。郭沫若推断說："牛既用以拉车，当然也可用以耕田，这或者也就是使殷人农业能够发展的另一个重要因素吧。"④甲骨文中"丽"字，象两耒幷耕；二鹿幷行亦曰"麗"；"麗"字又有从两犬的，作"𪊽"（后上，一四）。两耒、两鹿或两犬幷耕，古代耦耕就是这个意思。不过商代虽然已知利用

① 見郭沫若：古代研究的自我批判，載十批判書，人民出版社1954年版，第15頁。

② 参看安阳发掘报告，第2期，第249頁；第4期，第594頁、第722—723頁。

③ 参看安志敏：一九五二年秋季郑州二里崗发掘記，載考古学报，第8册，第85頁。

④ 郭沫若：古代研究的自我批判，載十批判書，第17頁。

兽力耕田、但并不一定普遍，因为一直到周秦时耕田还是以人力为主的。

綜观上面所述，可以想见商代农业生产是十分发达的。以前有一些人以为商代还停留在渔猎时代或畜牧时代，现在看起来，当然都有修正的必要。因为时至今日，甲骨卜辞資料的研究，比以往已有长足的进步。根据这許多的新資料看，我們很可以論定，商代已是以农业为主要生产事业的农业时代了。

第三节 商代手工业的成就和商业的萌芽

商代主要生产已不是渔猎畜牧，而是相当发达的农业。与此相适应的衣、住、行等手工业的制作，一定也相当进步了。房屋的建筑，据在河南安阳发掘的报告，遗址中发现了很多版筑遗迹（参看图版一一）。如第七次发掘，发现长六十公尺的版筑堂基，基上有排列匀整的柱础石。在小屯村北六百公尺的面积内，有数处版筑基址，看去好象是殷代宗庙宫室的所在①。第八次的发掘，又发现版筑房屋基东西两座，东长三十公尺，寬九公尺。除石础外，尚有銅柱础十个。西长二十公尺，寬八公尺②。遗址上有穴居遗迹，郭宝鈞先生以为商人居穴在先，住堂基在后。居穴之中为灰土层，无穴之处均黄土③。并且版筑居室筑于"跨填平之居穴"之上，是穴坑久已廢弃，而在上面另营宫室。在一九五〇年春发掘殷墟时，还发見了一条人行的路徑，是石子路。方向正东正西、长六·三公尺，寬一·三六公尺，厚〇·二公尺、用鵝卵大的石子密鋪而成，周边

---

① 参看胡厚宣：殷墟发掘，学习生活出版社 1955 年版，第 68 頁。

② 同上書，第 69 頁。

③ 見郭宝鈞：B 区发掘記之二，載安阳发掘报告，第 4 期。

都是夯土①。殷代建筑的基址,我們可以借助于地下发掘而得知。至于它的屋頂墙垣,以及当时房屋的样子,惟有从甲骨文关于房屋的象形文字中去推測。甲骨文中"宫""室""宅""家""宗"等字,其所从之"宀"即屋的样式。屋頂是草还是板盖的不詳細。殷墟从未有瓦发現。又有"高"字作"𩫖"(后上,三,六),"京"字作"𩫕"(前四,一〇),"𩫕"字作"𩫠"(前七,二)或作"𩫙"(前八,十一),看来象是在地面上筑台子,台子上再盖房屋;"高""京"又象是楼房。周礼考工記匠人說:"殷人重屋,堂修七寻,堂崇三尺,四阿重屋。"这虽然是战国时人的傳說,就殷墟发現的銅砧形态与銅砧安排的行列观察,可以推想商代的宫室楼房,决不是以前那样茅茨土阶的簡陋样子。史記殷本紀說"紂为鹿台",集解:"如淳曰:新序曰:鹿台其大三里,高千尺。"其說或不免夸大。但商末紂王曾大兴土木,筑傾宫,大概是有的。我們可以想見,当时土木建筑的技术必已相当高了。

那时人們日常生活所必須的用具,或以石制,或以骨制,或以銅制,或以木制。其所制者,或为武器,或为用具,或为飾品。木制的用具有床,甲骨文有"疾"字作"𤕫"(鉄云藏龟之余——以下簡称余——十六,三片),象人躺在床上。卜辞中有"𢀖"字(鉄二四七),丁山和胡厚宣先生釋为死字,以为"井"乃棺;唐立厂先生以为甲骨文中另有死字作"𣨛",那么这字并非死字,唐先生以为是"刑"字。无論是"死"是"刑",其"井"必系人作的东西可知。从"車"字"舟"字的形构,我們可以想見其制作已很复杂,而是已經有了专門化的工匠。殷代的車,不但存在于卜辞文字中,并有实物出土。抗战前在殷墟进行第十二次发掘,有一处发現了二十五辆車。第十三次发掘,发現了五辆車,埋在相近之处。一九五三年考古研究所在大

① 見李亚农:殷代社会生活。上海人民出版社 1955 年版,第 111 頁。

司空村进行发掘，一个車坑内埋了一車、二馬、一人。車廂虽由于年久，已經腐朽，但仍能看到一些痕迹。車輿若大籤箕形，前曲后張，門向后开，人是在輿后上下的；輿下一軸貫两輪，輪各十八輻，样子很精致。此外，甲骨文中出現"絲""帛""巾""衣"等字，說明当时有专門从事紡織与縫緻的工艺。

商代的冶銅术已达到高度的技术水平。所制器物又坚固又精美，尤其是形式美观，不論兵器如戈、刀、鏃等，礼器和食器如鼎、鬊、尊、毁、卣、角、斝、盘、壺、爵等，无不精致。陶器的制作也大大进步了。殷商陶器，大部分都是輪轉制成。仰韶期的陶器，大多数是手制，也有完全用輪制的。但都是寬口大腹的鉢，沒有象殷墟所出深而精致的尊罍形物体。最特出的有刻紋白陶①，花紋极美，最完整的一件，已被美帝国主义者盗去，現陈列于美国弗立尔艺术館（参看图版一二）②。在安阳殷墟还发現有涂一层黄色釉的陶片。一九五三年在郑州二里崗的殷代遺址里，又发現一件敷豆青釉的布紋陶尊，質地坚硬，內外都有人为的釉。这一件珍貴的古陶器，曾于一九五四年在全国基本建設工程中出土文物展覽会上陈列出来。这件陶尊已是一种原始瓷器。以前学者認为我国原始瓷器，发明于公元后一百年間，从現在的材料看，应当提早到商代。

石工与骨工，大概都是从事于装飾品和奢侈品的制造。殷墟出土的象牙雕刻，和石雕的人体，花紋細致，饕餮紋、魚紋、雷紋相

---

① 过去考古学家認为刻紋白陶是殷虚文化的特征。但是解放后，在晋南新石器时代的灰陶文化遺址中，也找到了同样地以高岭土为原料的白陶，只是沒有刻紋。这种白陶在郑州也有大量的发現。

② 見王世襄：記美帝搜括我国文物的七大中心，載文物参考資料，1955年，第7期。

錯，足証石工工艺的兴盛。石制的用具有刀、斧、杵、臼等，礼器有瑗、琮、璧、戚等，乐器有磬。并有石作猪、鸟、人象，以作祭礼、建筑或装飾的应用。

总起来看，商代的手工业，充分表现出高度的成就。这都是当时奴隶手工业者的劳动成果。制作上的丰富多采，表明了劳动者的智慧和創造能力。

从上面所述，可知商代手工工艺是何等的繁荣。精美的制作，說明劳动者有专門的技艺，絕非普通人所能做到，也不是农人所能兼作的。据郭宝鈞諸氏的安阳发掘报告，殷墟不仅有冶炼工作坊、铜器工作坊的遗址，而且还有骨器工作坊、石器工作坊、兵器工作坊等的遗址。商代手工业已有各种分工，可見已相当发展。

手工业的发展，是商业发展的直接前提。商代的手工业如此发达，就必然引出交易的行为。最初，大概是以物易物。到后来进而使用作为等价形态的貝貨，这由貝字在甲骨文中屡見，即可証明。如有一片卜辞："庚戌□貞易多女之貝朋。"（后下八、五）从貝之字如寶、腰、貯、得（卜辞从貝）等字、都从貝旁，盖由貝义之孳乳。郭沫若先生以为貝朋用为通行货币之事，即起源于商人。这种貝为海貝，决非黄河流域中部所能产。惟其初因数量尚少、仅用作颣飾、入后始化为一般之货币单位。其事当在商周之间、然其来源則必出于濱海民族之交易或搶劫①。这种海貝既非当地所产，来之不易，所以后来遂改用挑制，其后又以骨制、更后又以铜制。一九五三年考古研究所，在安阳大司空村发掘殷墓，曾获随葬的青铜貝三枚，很可能是货币。春秋、战国时楚国所通行的蟻鼻錢，是銅貝

---

① 見郭沫若：中国古代社会研究，人民出版社1954年版、第238—240頁，

中最为晚的。最初之貝，大概是用作装飾品，用綫穿很多貝名曰朋，甲骨文"朋"字作"𡊄"或"𡊄"，正象用綫穿着的貝。商时有錫朋事，数目不大。大抵在十朋以下，足見貝值很貴。

由上观察，商业行为大概在商代已經出現了。

第四章　商代的政治制度

第一节　商代的統治机构

中国历史到了商代，国家的本质已逐渐明朗化，社会上已經分成奴隶主与奴隶两大阶級，并且公共的强制的統治机构已經成立。統治机构当然都属于奴隶主阶級。統治者里面又可分成好几个等級，最高的是"王"，其次是貴族、邦伯等。现在我們逐一加以討論。

商代最高的首脑是王，他是最大的土地与奴隶所有者，最高的軍事首长，又是最高的政治权力掌握者。商代的王和以前原始氏族社会的首长有着重大的区别。氏族的首长是由氏族成员会議选举出来的，同时也可以被氏族成员会議所罢免，他对于市民的生命自由沒有任何处置权。例如傳說中的尧舜禹等，就是由氏族联盟会議民主选举出来的。可是商代的帝王則不然，他不是經过选举，而是为男系的当然的世襲，人民无权罢免他。并且商王对于市民的生命自由和财产有着絕大的处理权。举例說吧，如盘庚时因要迁都，当时一部分自由民、奴隶和貴族表示反对，盘庚于是对他們发表一篇很严厉的演說，其中竟然說到，假若他們不遵从命令，他就杀戮他們。商王对人民有生杀之权，不是很明显嗎？全国人的自由财产当然更操縱在王一人之手了。

在王之下，有三种特殊阶級：一为王本族的子弟姻亲等的血緣貴族；一为掌握貞卜祭祀的巫史、貞人等；一为服属的各族邦伯酋长。

商王嫡子們(正妻所生的儿子)有王位繼承权(詳后)，其他庶出及姻亲們，則有分封权；他們受封充任各地方上的管理人，据有国家的經济、政治、軍事权力。他們一般分为侯、男、子、伯、小臣、师等。大概在商代，国王把自己的土地和人民分給他的子弟和姻亲。这个制度起于什么时候，已不可曉，但从商人遺下的甲骨文看来，至迟在武丁之世已經有了。武丁把有功的武将封出去，封在什么地方叫做什么侯，如封在攸的叫攸侯，封在𠀠的叫𠀠侯；又把自己的儿子封出去，封在什么地方叫什么子，象封在毕的一个儿子叫毕子𡡋，封在𡧊的一个儿子叫𡧊子肃。

其次，我們来看掌握貞卜祭祀的巫史、貞人一流的人。他們和原始社会中司符咒、魔术的巫史等一脉相承，他們是人与神之間的中介人。他們懂得一些天文、气象及占卜、魔术之类的技术，假借天意，愚弄人民；有时甚至还欺騙王和貴族，取得政治权力，成为輔佐王和貴族的属僚。卜辞中的貞人，就是专为商王及貴族占卜的人物。这种人物也就是上古的史官。武丁时之殸、亘、永、宾、㞢……等，祖庚祖甲时之大、旅、即、行等，廩辛、康丁时之逆、卬、宁、狄……等，都是。这些人平时侍从王側，取得商王之信任。遇重要国事，大半都得取决于他們的占卜和解释。

再其次是許多服属于商的邻近部族的首領們。他們屈服于商朝的威力，承認了商朝的宗主权。商王也就依照他們原有的族名，給他們一个侯或伯的封号。例如井方受封为井伯，虎方受封为虎侯，犬方受封为犬侯，周族受封为周侯。侯、伯是他們的爵位。另外还有一个"男"字，从字形看来，可能是管理耕种的农官。例如武丁时的侯雀，到了武乙、文丁的时候，忽然改称为雀男，足見这个雀族之君的职务变动了。这些分封的部族，特别是侯、伯，对于商王的义务，大約有五种：一是防边，有外族来侵略时便向商朝报告；二是征伐，遵从商王的命令去攻伐那些反叛者；三是进贡，把自己土地内出产的象龟、骨、牛、馬、陶器等物，送到商朝去；四是納稅，把稻、麦、黍等农产品、提出几成送到商朝去；五是服役。这样看来，在商朝的后半期，已經有了分封制度的雛形了①。

商的統治阶級，如前所說，有与国王有血緣关系的貴族，有貞卜、巫史等术士及服属于商的邻近各族首領三种。这三种人构成上层統治阶級。侯、伯、男、子等不同的称呼也各有其含义：所謂"侯"，最初本是"射侯"的意思。射侯便是射箭的靶子，是在兽皮上画了熊、虎、豹、麋鹿等形象，树立在远处作为目标，以比較胜負用的。射箭本来是当时貴族最要紧的本領，在打仗时不用說了，就是在宴会时也作为一种游艺，所以少不了它。王在許多武臣中，选出几个最会射箭的，封他們为"侯"，叫他們建国于王畿之外，替王守着四边的疆土。这是当时最大的职务。因为侯在畿外，所以到了周代又称之为"边侯"，如大盂鼎："惟殷边侯田（甸）零殷正百辟。"称"男"的大概是"侯"的附庸。周人又称为"侯甸男"，如周公子明保彝："眾諸侯、侯甸男、舍四方令。"又見尙書康誥酒誥顧命等篇。"侯甸"就是侯国的疆域。"男"主要的任务为管理种田。"伯"是兄弟中最长的，后来用来称国家的官吏。侯一定建国在王畿之外，因为畿内自有王师，用不着他来保护；至于伯，无論是諸侯或是王朝的卿士，在畿内或在畿外，都可以使用这个称号，不受什么限制。"子"可以称王的儿子，也可以称侯的儿子。所以伯和子最初是亲属的称謂，而不是爵位的名称。因为使用日久，漸漸有爵位的意义。如此說来，侯和男是一个系統，都是封国的专号；伯和子又是

① 参看董作宾：五等爵在殷商，載历史語言研究所集刊第六本第三分；甲骨文断代研究例，載蔡元培先生六十五岁生日論文集。

一个系统，乃是由家族名称轉化来的①。这些侯、伯、子、男等官，只是由于职务及出身不同，而不象周代那样等級分明。

殷代的官名，見于卜辞的，約有二十多个。举其重要者，有："臣"（鉄一七五，一；前六，一七，五），"臣正"（乙六四一四），"小臣"（乙二八三五），"多臣"（龟二，二七，七；甲三四七七）；武官有："多馬"（乙四六一五；前四，四五，五），"多亚"（鉄五一，三；甲三〇九八，三三七〇），"多箙"（乙四二〇八，四二一二），"多射"（鉄二三三，一），"卫"（甲二八二七），"多犬"（續二，二四，一）；史官有"尹"（乙一一五五，二〇四四），"多尹"（續六，一七，一），"乍册"（前四，二七，三），"卜"（佚五二七），"工"（甲一一六一），"多工"（粹一二八四），"史"（甲二九〇二），"卿史"（前四，二一，七），"御史"（珠一一四），"御吏"（前七，三一，三）。以上这些官名，其具体的职掌及其相互关系，还不很清楚。

总之，商代的官吏是很多的，尚書盘庚篇提到"百执事"，周初铜器上也有"殷正百辟"（大盂鼎），尚書酒誥篇說"百僚、庶尹、惟亚、惟服、宗工"，其内容虽不尽可曉，但亦可見其机构已不簡单。这些脱离生产劳动的人，构成一个統治集团、进行殘酷的阶級統治。

从上面看来，商代的統治机构已經相当繁复，周人灭商以后，就繼承了商人的这一切組織，而且更向前演进了一步。

第二节　商代的神权观念与政治

商代的統治阶級，对人民是怎样統治的呢？除了經济的、政治的有形压迫以外，最特殊的是利用鬼神的信仰，形成一个統治

---

① 参看顾頡剛：上古史講义周室的封建及其属邦。

系統。

灵魂或鬼神的观念，大概早在原始氏族社会就有了。我們知道所謂鬼神世界，是人类现实世界的反映。在氏族社会里，一切成員都是平等的，当时的人便認为生活在鬼神世界的一切成員，也都是平等的。但是，到了商代，已由氏族社会过渡到阶級社会，有了統治人民的机关。当时人的意識形态，也随着而发生了大轉变。他們認为鬼神世界也有阶級。統治者死了以后，在天上仍做統治者，奴隶死了以后在天上仍做奴隶。

商代統治阶級中最高的是王，于是商人想象鬼神世界也有一个至高的神，当时称之为"帝"或"上帝"。他們以为王是上帝所生；王死后其魂升天也作上帝，或者在上帝左右。王和上帝既是这样分不开，所以在商的后半期，王也叫帝。在商人的心目中，上帝創造了宇宙万物，当然成了万物的主宰，他派下他的代表"帝王"来"替天行道"，因此现实社会的帝王是受命于天，直接代表上帝到下界来管理土地和人民的。

当时的人以为上帝的威力是很大的。一切人間的吉凶福禍，都归他管。如雨水的多寡、岁收的丰歉、征伐的胜败等等，都在他的支配范圍之內。

商王以为祖先之德可以"宾帝"，祖先的灵魂也有很大的威力，也可以降灾降福。因而对祖先的祭祀是很重視的。甲骨文中常见殷先祖、先妣的周期性的祭祀，每祭必用多少牛羊或酒鬯等，就是明証。

上帝和先祖既有如此巨大的威力，所以当时的人要处处听从他們的命令。但上帝是人們所看不見的，他的意志怎样会知道呢？那时的人以为可以由占卜得知。占卜的过程很麻烦，把龟的腹甲（兼或也用背甲）或牛肩胛骨刮磨得平滑了，先在反面用凿子凿成一个椭圆的坑，再用钻子钻出一个正圆的坑（参看图版一三）。这样一来，钻凿处薄了，在火上一灼，甲骨的正面，就裂出绽璺，这叫做"兆"。上帝就在这些兆上表示出他的意见。人们据兆璺判断吉凶祸福。每事正面问了反面问，有时一件事情占卜二三十次。最后将占卜的经过，用当时的文字刻在兆璺旁边，这就是现在我们看到的甲骨文（参看图版一四及图版一五）。

占卜是一种专门技术，只有一般宗教巫祝们才会，当时的人认为只有这些巫祝才会探知鬼神的意思。这类人物见于卜辞的很多，现在我们称之为"贞人"。他们的任务，是"天人之际"的媒介。上帝的命令，由他们传达；下面帝王及人民的要求，也由他们上闻。这类人物由此成为当时统治阶级中王以下的主要角色，构成了当时神权政治的指导集团。

当时的人既然认为上帝掌握着人间祸福，对于上帝当然是很畏惧的。趋吉避凶是人之常情，他们要想生活得好，就必然听从上帝的命令。所以商代的统治阶级在发号施令的时候，把上帝抬出来就成了。如盘庚要迁都于殷，臣民们不肯迁，于是盘庚就借上帝和先王、先祖的神灵来吓他们，他说："先王有服，恪遵天命，……今不承于古，罔知天之断命，……天其永我命于兹新邑。"这就是说他的迁都是受天之命。谁敢违背上帝的命令呢？只有跟着搬家吧。卜辞中也有"帝其降堇"（卜辞通纂——以下简称通——三七一），意即天老爷要降下饥馑来吗？"勿伐𢀖方，帝不我其受又"（前六，五八，四），意即不要出兵征伐𢀖国，天老爷不会给我们以保佑。反正兆璺的吉凶是由统治者解释，统治者尽可把自己的想法解释成神的主见，一切人间压榨都能解释为上帝的意旨。如果不信，有龟甲兽骨上的兆璺为证。这样，老百姓还哪敢不服从呢？

那时候的人以为在人间是什么样的人，死了之后灵魂升天仍要做什么样的鬼。統治阶級更大力宣傳，使人們坚信，地面上王国里的君臣奴隶，死了之后到天国里依旧是君臣奴隶。因此，做奴隶的总是做奴隶，他們生时要为奴隶主奴役、死了之后也逃不脱。这条索子捆得这么紧，使得当时的奴隶們，只有死心塌地作奴隶，沒有非分之想了。

由于有着这一套古代的鬼神观念，帝王貴族便成为社会的主人，人民群众就变成了奴隶。

宗敎迷信起源甚早，在阶級社会里却常常被剝削阶級利用，作为压迫劳动人民的精神武器。这也就是說，宗敎在一定的历史条件之下，是与剝削阶級的利益相結合着的。

第三节　王位的繼承

商代的最高統治者是王。王位的傳授，商代有一套特殊的制度，不但和商以前不同，就是和商以后的周代也不同。

在氏族社会里，氏族首領位置的更替办法是禪讓，也就是氏族选举制度，如傳說中的唐尧虞舜夏禹时就是如此的；夏禹以后王位的繼承，采取了傳子制。到了商代，特别是商前期的情形、与前此不同。礼記礼运篇說：“大人世及以为礼。”郑注孔疏以为“世”是父死子繼、“及”是兄終弟及。这两种办法，在商代都实行过。大概前期实行“兄終弟及”、末期实行“父死子繼”。据史記和甲骨卜辞所载，商湯以后的王位繼承，是实行“兄終弟及”制度。如商湯的儿子大丁未立而卒、不繼續下傳大丁之子、而傳于大丁之弟卜丙；卜丙傳弟中壬。中壬死，才傳給大丁子太甲。象这样兄弟相傳的事实，使商代三十个王（大丁除外）、仅有十七世。直接傳子的只有十二王、叔侄相傳的四王、而兄弟相傳的、却有十四王。所以王国維說：“商之繼統法，以弟及为主，而以子繼为輔，无弟然后傳子。"① 这是很正确的。

商的前期（盘庚迁殷以前），这种"兄終弟及"制度是怎样来的呢？从世界各民族的远古历史上，可以看到在母系氏族社会里，氏族的一个成员死掉以后，他的财产是由同族的人繼承的。因为当时构成财产的物品数量并不多，所以在实践上，它大概总是落在最亲近的同族人的手中。以当时的首領而論，最亲近的人是自己的儿女与自己的兄弟。在母系氏族社会中，儿女与他们的父亲不属于同一个氏族，当然就沒有繼承权。那么，死者的财产只有他的兄弟姊妹們有繼承权了②。至于氏族酋长职位的繼承，也是与财产关系相一致的。恩格斯說，易洛魁人及其他印第安人底酋长职位繼承，都是出于选举。但原酋长的兄弟或姊妹底儿子，渐渐地享有了优先权③。现在我們拿这种情形和商代的"兄終弟及"制比較起来，觉得其中有截然不同处，但也有相同或相近处。母权制在殷商时已經成为过时的东西，这是沒有問題的。因为自商始祖契以来，已不是按女系血統計算，而是按父系計算。酋长的职位已不是出于选举，而是兄弟的当然世襲，这是和母系氏族时代很不相同的。其相同或相近的是：首領的职位，兄弟有优先繼承权；儿子则否。也就是說，从亲疏方面講，至少在形式上，父子关系反不如兄弟关系密切。这种很不相同和相同的两种现象同时存在，显然是意味着商代的前期，已由母系氏族过渡到了父系氏族社会。商

---

① 参看王国維：殷周制度論，載观堂集林卷十；殷卜辞中所見先公先王考，載观堂集林卷九；古史新証(来熏閣影印原稿)。

② 参看恩格斯：家庭、私有制和国家的起源，人民出版社1954年版，第53頁。

③ 参看同上書，第101—102頁。

代的繼統法即是母系氏族制的一些殘余形式被保留在父系氏族社会中，而父系氏族的特色，又深深滲入了它的内部（如儿子固然没有优先权，但已經可以繼承），从而形成这种"兄終弟及"的繼統方式。

商代的"兄終弟及"制在湯以后，史文明备，已如前述；并且已說明，这是父系氏族社会下的制度。但是在湯以前傳位是用什么方式的呢？曾否兄弟相傳？史記載湯以前自契起祖孙父子一系相承，沒有兄弟相傳的迹象。按湯以前也是父系氏族社会，也应当是兄弟相傳才合乎发展规律。第一，在原始社会里，只有由兄弟相傳逐渐变为父死子繼，未有相反的现象。在理論方面講，商人不应与之相反。第二，天問旣說"該秉季德，厥父是臧"，又說"恒秉季德"，王国維証恒系王亥的弟兄①。卜辞另有王吳，亦当为王亥之兄弟。王恒、王吳史記均未載。足証史記所載湯以前商之先公世次虽全，而人数不备。由契至湯十四世，但曾为君者，固不止史記所載諸人。从甲骨卜辞上看，武丁以后有大示（宗）之祭，只祭其所自出之先王，而非所自出之先王則不与。一代只以一人为代表，而略其余。史記所載，或即据湯以前諸大示的祀典名单（一代只有一王）記录的。由此再看天問"昏微尊迹，有狄不宁"之昏微，或系二人。昏当系微的兄弟，此人也見于卜辞。此外如天問的"恒秉季德"之季与史記的冥，可能也是兄弟。而史記皆不詳。所以我們猜想，湯以前也是兄弟相傳，不是沒有根据的。

商的前期还处在父系氏族社会末期，王位是"兄終弟及"。盘庚迁殷以后，才进入奴隶社会。这种社会制度的变革，反映为王位繼統法的改变。所以商的后期，王位变为嫡长子繼承。不过，由于

---

① 王国維：殷卜辞中所見先公先王考，载观堂集林，卷九。

政治是上层建筑,总是老远地落在社会经济关系之后,所以武丁以后,社会虽已变革,可是还有两世的兄弟相传。这就是前期的习惯,保留于奴隶社会的一些残余。并且武丁以后的王,都是前王生前预立的。王位的继承,由兄弟的当然世袭,变为前王生前的预立,传子自然易于成为常制。所以商的末叶康丁以后,便都是父死子继了①。

商代已有嫡庶之制,是没有问题的。因为商王婚姻是一夫一妻制,实际上是一夫多妻制(如武丁的合法配偶和妃妾至少有六十四个),每个王的儿子一定很多。但是自汤至纣三十王,继承王位的最多不过兄弟四人。这就是因为商有嫡庶的区别,嫡妻是正式的妻,而庶妾的身分则无异于奴隶。嫡妻所生的嫡子们才有资格继承王位,庶子是不得继承的。殷末纣继位的故事,表明得最为显著。吕氏春秋当务篇:

> "纣之同母兄弟三人,其长子曰微子启,其次曰仲衍,其次曰受德。受德乃纣也,甚少矣。纣母之生微子启与仲衍也,尚为妾;已而为妻而生纣。纣之父、纣之母欲置微子启以为太子,大史据法而争之曰:'有妻之子,而不可置妾之子。'纣故为后。"

史记殷本纪亦有类似而稍有出入的记载:

> "帝乙长子为微子启,启母贱,不得嗣;少子辛,辛母正后,故立辛为嗣。"

由此看来,商代虽有妾妃之子于前,不能传位,必需传正妻之子,是商代已有立嫡之制了。

---

① 关于商代"兄终弟及"制的具体分析,详见拙作试论商代"兄终弟及"的继统法与殷商前期的社会性质,载南开大学学报(人文科学)1956年第1期。

第四节　商代奴隶制末期孕育着的封建因素

商代后半期的奴隶制度，由于受到了当时土地占有形态的束缚，很快就遇到它发展的界限（見第三章第一节）。商的末年，这种制度，已变为那时社会向前发展的障碍。生产力不断提高，但奴隶制的剥削形式却束縛着生产力的发展。奴隶主不能尽量扩大其土地面积，当然也就不需要扩大他们的奴隶的队伍，不能够进行最大规模的奴隶生产。同时又因为奴隶们感觉到終年辛劳所得的农产品全部属于主人，他们对生产当然毫无兴趣，更无兴趣改进。所以奴隶制的生产是很低的，而且是不进步的。奴隶们很自然的反抗手段，就是消极怠工或逃亡。商代奴隶制国家內的阶級斗争是很激烈的。这可以从甲骨文里找到很多材料。卜辞中有"执羌"的記載：

"五日，丁，在享，□（执）羌。"（前七，一九）

"□□卜，王乎执羌，其□。"（前八，八）

这大概是指羌奴由于逃亡而被执。此外在武丁、武乙、文丁时又有"丧众""不丧众"的記載：

"辛巳田□貞：〔不〕丧众。"（前六，三九）

"貞：我其丧众。"（佚四八七）

"貞：肇其丧众。"（佚五四九）

"壬戌卜，不丧众。""其丧众。"（甲三八一）

"众"是奴隶，这就是奴隶主占卜他是否要丧失奴隶，也就是占卜他的奴隶逃亡与不逃亡的記事。卜辞中又有"告众"（后上，二四，三）。根据甲骨卜辞里的"告"例，常是因为方国背叛，商王出兵討伐，向鬼神祝告请求保佑。以此推之，"告众"大概是奴隶暴动。左傳引太誓也有"商兆民离"的話（成公二年），这就是說商的奴隶們叛离了。

从上面所举几項記載，可以知道商代末年，奴隶和奴隶主間的斗爭是很尖銳的。奴隶用怠工与大批逃亡，或者暴动的办法，来反对奴隶主，使得奴隶制經济逐漸解体。

商代末年军事力量低落，不能进行掠夺奴隶的战爭，劳动力益感不足，奴隶来源枯竭。在这种情形下，要想使生产力繼續向前发展，只有想法打破这种旧有的生产关系。

这时一部分的奴隶主，为了維持其經济利益，不得不改变其剝削形式。他們把一块一块的田地，出租給穷困的自由农民，自己只每年抽取收获物的几分之几。努力劳动的农民，收获多，自身也可以多得一些，这就鼓励了劳动者努力生产。这是一方面。但这时大部分的奴隶主的田地仍然叫奴隶耕种，不过为了鼓励奴隶自动生产，为了使奴隶不逃亡，不怠工，不暴动，奴隶主有时也往往划定一小部分田地，讓奴隶占用。在奴隶占用的一小部分土地上的收获，全归奴隶所有。奴隶便有了自己的私产，他們就这样地得到解放。这时，奴隶們当然很愿意替奴隶主努力耕种了，因而也就大大提高了生产力。这就是孟子所說的"殷人七十而助"。可是我們仔細推敲一下，奴隶旣然有了私产，便不能称之为奴隶，其实是"农奴"。这便是漸漸地从对奴隶的剝削，变成对农奴的剝削。这一部分奴隶主，实質上已經向封建主轉化，从而产生了封建的生产关系的因素。

从上面的叙述，可知商代末年，封建制度的因素，已在奴隶制的腹内萌芽了。分封的侯、伯、男、子的等級制逐漸严密。其他如立嫡制及宗法制等，也都逐漸改变为維护封建的生产关系的上层建筑。

第五章 商代的文化

第一节 商代的青銅器

商代的文化，最突出的是青銅器，因为这种文化使得商代从野蛮走向文明。殷商以前还是处在石器时代，生产力很低。自从有了冶銅技术，特别是青銅的制作发明以后，銅器多少地代替了石器，生产力大大提高，当时的社会經济必然会发生重大的变化。所以青銅器文化的出現实是人类历史上的一件大事。

关于商代的青銅器，最近几十年来，在殷虛有大量的发現。現存的銅器，由銘文能确切断定为商器的，也有一打左右（郭沫若先生語）。所以商代无疑已进入青銅器时代了。

殷虛是商代中后期盘庚迁殷以后的都城（約从公元前十四世紀到十一世紀）。殷虛出土的銅器，鑄造技术已很純熟。其中工具有各种形式的刀、斧、錛等；兵器有戈、鉞、鏃等；烹飪器有鼎、甗等；食品器有簋、豆等；酒器如尊、罍、瓶、壺、盉、卣、爵、觚、斝、觶等；水器如盘、盂、匜、鉴等；还有复杂的車馬飾。諸器的制作都非常精巧，紋飾敦厚富丽（参看图版一六）。大的銅器如近年发現的"司母戊鼎"（参看图版一七、一八），重一千三百八十市斤（現存南京博物院），庄重偉大。据科学家說，商代的青銅器制作技术之高，就是用现代最进步的科学知識去制造也很难超过。所以我們可以說商代的冶鑄技术，确已达到极高水平。

一九五〇年又在河南郑州城郊，发現商代文化遗存。一九五三年起,配合基本建設,开始有計划地进行以商代遺址为重点的发掘工作。曾发现炼銅場所,有銅鏃、銅鑣、銅刀、釣魚鈎、銅錐等。并发现有炼銅坩鍋、銅器范、銅渣等物①。

这种青銅是銅和錫的合金。純銅太軟,加錫可以增加硬度,但錫的成分超过一定的分量则太脆,所以配合要有一定的比例,配合的比例又因器具而不同,这就需要有丰富的經驗和熟練的技术。商代的青銅器,都是在本地制造的,因为在殷虛的遺址中曾經发現过鑄銅器的手工业作坊,有紅燒土块、木炭、将軍盔、炼煝、銅范和未冶炼过的銅矿砂,銅范出土逾百、銅鍋数十,一九二九年秋还发現一块較大的孔雀石銅矿,重一八·八公斤②。这些銅矿冶炼遺址或遺迹的发見,使我們可以想見郑州和安阳附近一带有多少炼銅作坊,在成天从事于青銅原料的生产。

商代是青銅文化时代,并且已达到全盛时代。这也可以从殷虛发掘出来的矢鏃来証明。殷虛的箭鏃,石制的不多,而銅制的数目只次于骨制的。考古学上說,金属原料只有到了最便宜时,才能用作箭鏃;也就是說用銅的时代不一定完全用銅作箭头。因为箭头不象別的武器,可以长久的用,多半只能用一次就算消耗了,要是銅料价格不到低廉的程度,社会的經济决不允許这种质料如此消耗。所以欧洲到青銅器文化时期,大部分的箭头仍旧用骨制或石制。这种經济原則,在中国早期文化,当然也不能例外。在殷虛出土的矢鏃中,从数量上看銅制的仅次于骨制的,这是青銅文化全盛时代的一个很大的証据。

殷虛出土的青銅器,既然已經不是低級水平,而是高度发展的

---

① 参看河南省文化局文物工作队第一队:郑州商代遺址的发掘,载考古学报 1957 年第 1 期。

② 参看刘嶼霞:殷代冶銅术之研究,载安阳发掘报告,第 4 期。

青銅器,这就不是短時間所能作到的。易言之,殷商的鑄銅业,如果沒有長期的发展历史,決不能达到这种境地。可是在中国的地下发掘上,可以証明为商以前的,作为前驅时代的器皿却还不曾发现。所有的商器,均属于商的中期和末期(郑州二里岡的下层,可能早于殷虛)。青銅器冶鑄的技术,一开始便这样高、这是古代社会研究上一个重大的悬案。那种更早期的器皿依旧埋藏在黄河流域的地下未被发现呢?还是根本沒有,而那种冶鑄技术是从別的区域傳来的呢?这个問題只能等将来的地下发掘来回答。但从銅器的形制上看,如句兵和祀器都是中国的特产,那末,冶銅技术似乎是士著的。假若我們肯定这种技术不是从別处輸入的話,则中国的青銅器时代的开端,決不能晚到盘庚时代,而是应当在老早以前。

最后我們談一談我国的旧金石学家对于商器及商以前器物認識的錯誤。自北宋以来所有业經著录的銅器已有七八千件,百分之八十以上是周器。宋人所謂夏器,近已証明不是伪器便是春秋末年的吴越器。夏器迄今尚无发现。至于商器,他們判定的标准是所謂"以日为名"。古傳說商人以生日为名,故名中多見甲、乙、丙、丁等字样,于是凡彝銘中有祖甲、父乙、妣庚、母辛或兄壬、妇癸者,在以前便一律認为是商器。其实这个标准是靠不住的。近年来发现周穆王时的"遹毁",有"文考父乙";懿王时的"匡卣",有"文考日丁",足見"以日为名"之习至迟在西周中叶还存在,而且已被証明不是生日而是死日了。这一条例被打破,于是举凡以前的著录中所标为商器的都成了問題。而尤其象罗振玉的殷文存一书,完全根据"以日为名"而搜集的七百种以上的器皿,除了很少很少的一部分外,差不多完全靠不住①。

① 参看郭沫若:古代研究的自我批判,载十批判书,人民出版社1954年版,第6—7頁。

第二节　商代的历法

任何一种科学，都产生于社会实踐与物质生产的需要。科学观察与概括的对象，首先是那些多少总与社会物质生活和生产有关的自然现象。生产实踐促使人们認識这些现象，如日夜的交替、四季的循环、天气的变化以及河流的泛濫等。天文历数的产生，就是由于实际上需要四季循环规律的知識，需要夜行时辨方向的知識。古代埃及与巴比倫，农业与河流泛濫密切相关，因此便需要有天文学来推算河流的汛期。中国历法的开始，也是受了农业生产发展的需要所推动。

我国古代的原始历法，大概是在进入农业社会以后，为了保証农业能够及时进行而发明的。商代已经是以农业为主要生产事业的时代。何时下种，何月当收，是当时农人必不可少的知識。我们从商代遺下的卜辞中，可以看到在三千年前，商代的历法已經很完备了。他們已經知道一年一月及一日的时间。这三者的配合，就是年包十二个月，月包三十日或二十九日。这种依照天文的知識所創立的历法，是体验多年的日月运行的规律所得出来的总结。

天文上最易令人觉察的是月的圓缺，使人得到一种有规律的时间观念。商人历法上一月的时间，就是根据月亮繞地球一周的时间定的。但是一个正确的朔望月的日数，现在我们知道，不是整数，而是二九·五三〇五八八日。因此在实用上說，小月二十九天不足，大月三十天有余。于是人们将大小月相间排列，一年六个大月、六个小月，共三百五十四日。

最初"年"的发现，大概是由于感觉到每隔一段时间，就有一次大热，一次大冷。慢慢地就发觉由这一次热时到下一次热时，或这一次冷时到下一次冷时，时间的长短，总是一致的，从而古人知道这一段一段的时间就是一年。以月亮圆缺来算，往往相当于十二次月的圆缺，于是就拿十二个月，也就是拿六个大月、六个小月来配合这一年的时间。

但是我們現在知道，一年就是地球繞太阳一周的时间，比十二个月要长。一个回归年为三六五•二四二二一六日，减去三五四日（即六大月、六小月），余十一•二四日。那就是說以月亮繞地球的时间配合地球繞太阳的时间，每年短少十一天多。若經两年半就几乎短少了一个月。为使两者很好配合，就必需每隔两年半多即在年終附加一个月，这一年便成了十三个月，这就是閏年。从甲骨文上看，这种精密的历法，商代巳經有了。

現在我們根据近人对殷历研究所作的結論①，摘要叙述于下：

一　紀日法

（一）以干支紀日：甲、乙、丙、丁、戊、己、庚、辛、壬、癸十干，和子、丑、寅、卯、辰、巳、午、未、申、酉、戌、亥十二支相配。如甲与子相配成甲子，乙与丑相配成乙丑。这样依次輪流，配合至癸亥为止，恰恰配成为六十日。商人就以这六十日为一周。不过商人虽以干支配日，但也有例外，而是以干为主，如"己丑卜，庚雨。"（前三卷一八叶）"乙卯卜，翌，丙雨。"（前七卷四四叶）至于以支記日，更是极少数的例外。

（二）以当日为"今日"（前三，一七，二），以当晚为"今夕"（戩寿堂所藏殷虚文字——以下簡称戩——二七）。昼则日見故称日，夜则月見故称月（月与夕为一字）。

　　①　关于殷代历法的研究，可参看：董作宾：卜辞中所見之殷历，载安阳发掘报告，第3期（本节叙述以此文为主）；殷历譜；刘朝阳：殷历質疑，载燕京学报，第10期；莫非斯：春秋周殷閏法考，载燕京学报，第20期。

（三）称次日或再次日为"翌"（前五，二六，四）。凡在一旬内之未来日统称为"翌"（前五，四，七）。在一旬外之未来日统称为"来"。如："壬午卜，来乙酉，雨。"（前三，二六）按壬午在由甲戌至癸未一旬之内，而乙酉则在由甲申至癸巳下一旬之内，故曰"来"。

（四）称过去的日子为"昔"。如："昔甲辰，方正（征）于𢦔，孚（俘）人十业（又）五人。"（菁六）

二　纪旬法

（一）以十干一周为一旬，即自甲日到癸日的十天为一旬。商人每旬必卜，卜必于旬之末日，卜旬则卜下旬自甲辰至癸丑之十日。

（二）后世计算日数是把日数系在月份上，从一日到三十日或二十九日为月。但商代是以日数系于旬，并且不系于甲日，不从甲日算起，而系于癸日，从癸日算起。就是说以癸为一旬中的第一日，甲为第二日，乙为第三日，……壬为一旬中的第十日。不过也有例外，如："……甲子，允业来自东，……四日庚申，亦业来嬉自北。"（菁六）甲子的前一日为癸亥，是卜旬的一天，理应为第一日；可是又说"四日庚申"，庚申若为第四日，则癸亥就不是第一日，而是庚申的前三天——丁巳——为第一日了。

三　纪月法

（一）大月为三十日，小月为二十九日。

（二）十二月为一祀。一祀中大小月相错，但也有频大月的。为了要与太阳年合，不得不设置闰月，所以有十三月。这十三月是年终置闰，即后世所谓"归余于终"（左文元年）。殷的晚期，才有年中置闰。

四　纪祀法

（一）以一岁为一祀，如"隹王二祀"（前三，二七，七）。商人尚鬼，以祀为重，盖取义于四时祭祀一讫，故名年为"祀"。有人认为殷代紀年除了称"祀"以外，还有"年"与"岁"二称。这种說法未必可信①。

（二）紀时的方式，是以祀居紀时之末，首列日之干支，次列在某月，末列王之几祀。例如："癸未，王卜貞：酚日，自上甲至于多后，衣，亡卷自畎。在四月，隹王二祀。"（前三卷二七叶）

总上所述，可以看出商代历法，已相当发展。这种科学，我們已經說过，是由于农业上的需要而創造的。因为农业生产与天时极有关系，尤其在远古，自然条件对人类生活还有很大的支配作用。商代劳动者为了生产的需要，特别注意日月的运行与寒暑的推移，世世代代，积累了多年的經驗，才有这样輝煌的成就。

最后我們再談談关于学者間对商代历法看法上不同的爭論。董作宾、吳其昌都認为殷代已經知道平年十二月，閏年十三月，大月三十日，小月二十九日。但刘朝阳、孙海波两先生则以为殷历一年十二月，无閏年。月亦无大小，通常皆为三十日，惟在特殊情形下某月可附加十日或二十日，故紀日干支与每旬日次比較固定，即逢一日为甲，逢十日为癸。两說很不相同。其关键在"一甲十癸"說之能否成立。胡厚宣先生根据几片有月日記載的甲骨卜辞，加以考証，謂卜辞中一日未必都为甲，十日又未必都为癸，则刘孙之說不能成立②。

---

① 李亚农先生所著殷代社会生活談到殷代历法时說："至于紀年则名称多了，称年，称祀，或又称岁。"（第97頁）这种說法是值得商榷的。在卜辞中，岁、年与祀三者是有分别的。年字前加数字的，如"今十年业元"（續一，四四，五），据近人研究，这不是紀时，可能是紀着干今收获季节。岁大多数是关乎年成的。

② 参看胡厚宣："一甲十癸"辨，载甲骨学商史論丛初集。

第三节　商代的文字

文字的运用，是文明时代最主要的标志之一。人类在还未发明文字之前，往往用許多記号来帮助記忆。这种記号其实是文字的先驅。其中結繩記事，在埃及、秘鲁、日本及我国的古代傳說里，都有所反映。在各国的历史上，文字的出现是較晚的事。人类自从有了文字，便可以把生产斗争和阶級斗争的經驗和知識記录下来，傳达給后代。这样便使文化可以得到更快的发展。所以文字的发明与它的应用于記录，意識着文明时代的开始。

最早的文字，应是以簡单的图画来表现思想，記载事实。在象形图画中，"牛"字就是牛的写眞，"馬"字就是馬的写眞。他们所描繪的事物或现象，都很逼眞，所以在任何人眼中，都能得到同样的認識。这种图画与眞的图画区别之一，在于其目的不在美感和形肖的抒写，而在观念的表现。故繪法也比图画为簡单。这种画实介乎图画与文字之間，故可称为"文字画"。

我们今日所能見到的中国最早的文字，是自一八九九年以来，在河南安阳小屯村殷虛所发现刻在龟甲兽骨上的文字。商朝后半期的統治王朝，由于迷信鬼神，經常用龟甲或兽骨占卜吉凶。占卜之后，就把占卜的原委和日后的应验，用当时的文字写刻在甲骨上，所以叫作"甲骨文"，又由于它十之八九为貞卜的記录，因之学者又称之为"殷虛卜辞"。这些文字，从字的結构上看，虽然还存在一些原始性，但确已超过"文字画"的阶段。

甲骨文从文字学上看，大致可以分三类，即象形、会意与形声。象形出现的时代較早，其后逐渐孳乳而有会意，最后而有形声。至于假借字，在甲骨卜辞中虽然已很普遍，但它并不能算另一类新字。从文字形体上說，它仍是原有的象形字（或会意字或形声字），不过只借用其音而表示同音的另一意义。脱离了音，文字就不存在。如甲骨文表示羽毛的"羽"，本象羽毛，是象形字；由于它的音与当时語言中翌日的翌同音，于是也借用它来代表語言中翌日的"翌"字，便又成为假借字。所以甲骨文中实际上并沒有假借字，只有象形、会意与形声三类。拿这三类字来与埃及古文字演进三阶段相較，实为暗合。世界各国古文字之演进，大多不出此三阶段。下面按此三类作一些說明：

（一）象形：甲骨文字虽然距初創文字时期相当远了，但还保存一些图画文字。例如人字作"⺈"（菁二），魚字作"⻗"（鉄二三一），象字作"⻝"（前三，三一），馬字作"⻗"（前四，四六），鹿字作"⺧"（前三，三二），犬字作"⺉"（前四，一七）。此外还有象征的图画，就摄取对象的一部分以代表全体，意在节省时间，趋向儉約。如羊字只画一羊头，作"⻗"（后上，五，一）；牛字画一牛头，作"⺌"（后上，二八，二）。

（二）会意：文字演进到象形，虽然可以表达一些事物；但有时无論用完全的或部分的图象，都不能充分表现的事物也很多，于是不得不創一种更深刻的象征图形，以暗示那种观念。如見字作"⻗"（前四，四五，二），象一人，头向前，而故大其目，此即表明看見之意。如聽字作"⺶"（后下，七），象一人特大其耳，表示听状；由"冭"变为"聒"，后加"恿"即今聽字。又如身字作⻗（新获卜辞写本二六四片），象一人特大其肚腹，表示其身子。又如戍字作"⺶"（龟一，廿，九）或"⻗"（前四，四一，四），象一人荷戈戍守。保字作"⺶"（唐兰藏骨）或"⻗"（庫方二氏藏甲骨卜辞——以下簡称庫——一〇二八），象抱子形——保字有保护之意。又如耕（耤）字作"⺶"（前六，十七，五），象一人持耒而耕形。又屯（春）字作"⺌"（鉄一五一，二）或"⺌"（鉄

· 108 ·

140

一八四，三），叶玉森释为春字（殷虚鈎沈）。唐立厂先生以为是說文中之"屮"字，草木生也。变化而成春字。字本作"屮"变而成"屮"，再变而为"屯"，即成屯字。魏三字石經春字作"屯"，犹近古。薛尚功鐘鼎彝器款識有"商鐘"（实为越王鐘），其春字作"春"，又作"屯"（屯），均为菁（春）字。甲文屮实象草木初生，象征春天来了。甲文龜（秋）字作"龜"（前五，二五，一）或"龜"（后下，四二，三），唐立厂先生释为龜，即龜，亦即秋字。大概每年到秋天即有許多龜出来，故以此字代表秋天。其他最普通的会意字，如上、下、千、儿、邑等字都是。

（三）形声：中国文字演进到象形、会意字的时候，普通的事物已經可以表示了。但是任何一种文化，都是随着社会前进而繁衍的。社会前进了，人类生活变得复杂起来，事物亦愈繁多，需要进一步加以分别。于是名辞逐步增多。如从馬之字，甲骨文中有驪、騽、馮、騜……等等；从水之字，有洹、洋、淮、沉……等；从木之字有藁、树、杷等；从隹之字，有雇、雅、雖等；从宀之字，有寓、牢、寢等皆是。凡这类字均为复合体。一部分为音，一部分为形。表形部分为"定意号"，我国名之为"偏旁"。一个形声字最初只有声符半边；但后来为确定其意义，乃加一个意符，形声文字于是形成。

看了上面甲骨文的三类字，就可以了解甲骨文已經不是原始文字。它已經由文字画演进成为一种符号了。按各国文字发展的规律，形声字是文字发展到高級阶段的产物，而甲骨文中具有丰富的形声字，这表明甲骨文已經經过了长期演进的过程。我們假定在盘庚迁殷以前五百到一千年之间，为原始文字演进到杂有許多形声字的甲骨文的期间，则中国汉字的产生，当在商族未灭夏以前的先公时代。

至于甲骨文的文法結构，据学者的研究，已經具备了现代汉語語法的基本形式。句子的組織，主要地是主語在前，謂語在后。謂語中的劲詞，一般都在宾詞之前。其順序是主詞、劲詞、宾詞。有时宾詞也可以移置于劲詞前，可以是短句。一个劲詞句中，可以有一个以上的宾詞。間接宾詞之前，常有介詞。

卜辞中的詞类，近人有分为九种的，也有分为十二种的。分九种的为：名詞、量詞（或称单位詞）、代名詞、劲詞、形容詞、数詞、指詞、連詞和介詞、助劲詞；分十二种的多出时地詞、系詞、感叹詞，而不及指詞①。

甲骨文在語句上尽管很簡单很質朴，有一定程度的原始性；但从句子結构和詞类来說，它已具备了我們今天汉語語法的基本形式。

甲骨文自一八九九年（清光緒二十五年）开始被考古学家注意以来，搜集与研究的人很多。王懿荣是第一个搜購的人，前后得有一千四五百片。王氏死后，他的甲骨大部售与刘鉄云。刘氏前后得五千片，选千余片，印为鉄云藏龟一书，这是甲骨文字著录的第一部書。一九一〇年（清宣統二年）刘鉄云以庚子买卖仓粮得罪，被流放新疆以死，所藏甲骨大部分归罗振玉。罗氏自一九〇六年也开始搜購甲骨，到一九一一年前后，他竟搜集至两三万片以上。其前后所拓印行世之書，为：(1)殷虚書契前編八卷（一九一三年），(2)殷虚書契菁华一卷（一九一四年），(3)鉄云藏龟之余一卷（一九一五年），(4)殷虚書契后編二卷（一九一六年），(5)殷虚書契續編六卷（一九三三年）。这些書在研究甲骨文字方面都有一定价值。

前中央研究院历史語言研究所于一九二八年开始在殷虚做科学的发掘工作。一直到一九三七年，十年之间、共发掘了十五次。

① 参看管燮初：殷虚甲骨刻辞語法研究，中国科学院1953年版。

所获甲骨，由董作宾編为殷虚文字甲編一册 及 殷虚文字乙編上、中、下三册。前中央研究院所发掘出的甲骨，至此全部著录刊出。

这一批甲骨，实是研究商代历史的第一手資料。罗振玉曾著殷虚書契考釋一卷（后增訂本改为三卷），开始对甲骨文字 进 行 考釋。王国維旋著殷虚卜辞中所見先公先王考和殷虚卜辞中所見先公先王續考，由文字的考釋，进而以之考証历史，并改正了司馬迁等人对殷史記載的錯誤。卜辞的史料价值，因之大大提高。不过这些著作是在"山川效灵"、"天启其衷"这种封建观念之下所整理出来的成品，有很大的局限性①。用科学的观点和方法来研究中国古代社会的，实始于郭沫若先生，他的卜辞通纂及卜辞通纂考釋二書，对于卜辞由零星的考釋，进而至于有系統的綜合性的研究，他所作出的貢献是更有价值的。

甲骨文在中国历史及中国古史研究上都有很大的意义。举其要者，有以下三端：

（一）商代的历史，春秋时候的孔子已經感觉到文献不足。生在二千多年以后的我們，对之当然更感棘手。自甲骨文出土，却使商代由蒙昧的傳說时代变为信史时代。所以甲骨文的出现，成了中国历史研究上划时代的里程碑。

（二）甲骨文是公元前十一世紀以前的文字，它本身已說明了中国文化的悠久。

（三）甲骨文是我們今天所見到的我国最古的 文 字。有了这样丰富的文字，我們祖先长期积累的經驗才得以記录并流傳下来，这对于灿烂的古代文化的发育成长，起了相当作用。

---

① 参看郭沫若：卜辞中的古代社会，载中国古代社会研究，人民出版社 1954 年版，第 207—215 頁。

第四节　商代的艺术

中国社会发展到了商代，已經有了体力劳动和脑力劳动的分工。有一部分人脱离体力劳动，专門从事于艺术的研究。在当时生产力水平的条件下，中国艺术由此就可以突飞猛进了。当时貴族之奢侈要求，如宫殿的建築，装飾品的制造，更扩大了艺术活动的范圍。另一方面，商以前艺术上已有相当的成就，商人在这个基础上繼續向前推进。所以商代的艺术，很快就发展到很高的水平。

商代艺术，主要地表現在靑銅器的制作上，其次是陶器，再次为骨器、石器与玉器。

商代靑銅器的形制是变化多端的，其著者如鼎、鬲、甗、盤、豆、簋、匜、爵、卣、斝、觯、觚、盉、罍、壶、戈、鉞、鏃、刀等，不下二三十种。这些銅器上，大都刻鏤着富丽而細致的花紋（参看图版一六），最习見的有雷紋、饕餮紋、蟬紋、鳥紋等。其中雷紋，据郭沫若先生說，盖脱胎于指紋。古时陶器以手制，其上多印有指紋，后来仿刻而成雷紋，所以雷紋最初多作圓形如◎，漸变而为方形如回。这些雷紋，大多用在器物的腰部；其次是腹部下或口下，均作带条状，上下用平行綫条，充滿神秘意味。饕餮紋是由一个人头或兽头展开，鋪在一个平面上，大口張开，象吃人的样子，两眼突出，狰獰可怖，使人不敢正视。饕餮是古代傳說中的怪兽，食量很大，貪餿无厌，其状有首无身。呂氏春秋先識覽："周鼎著饕餮，有首无身。食人未咽，害及其身。"日本住友友成藏銅饕餮食人卣（見容庚：海外吉金图录），整个器身象一怪兽；口中銜一人头，作将咽未咽的样子，大概就是按想象中的饕餮做的。所以銅器上的饕餮紋充滿了神秘、恐惧的气氛。

商代白陶的形制也与青銅器一样雄偉，紋飾也一样精工。紋飾的母題有动物形与几何形，还有介于二者之間的符号化了的动物形（参看图版一二）。

其他雕刻，有骨笄、骨匕、骨柱、骨板、象牙片、大理石等器物；玉器中有玉鏃、玉魚、玉盃、玉龟和玉蟾蜍等；石器中有蹲身半截人象，有石鴞、石饕餮等。有的銅器、骨器上还有鑲嵌以貝、玉或綠松石的，使整个器物益显得晶瑩可爱。

总之，商代的造型艺术，不但是中国古代艺术的精髓，即在今日，还被艺术家們公認为是世界古代艺术少見的宝貴遺产。

商代的音乐艺术也有了高度的发展。据傳說在商湯时即有了"大护""晨露""九招""六列"等乐章①。商紂时有大鼓、鐘、磬、管、簫之音②；商紂幷命师延"作新淫声，北里之舞，靡靡之乐"③。可以推想当时的音乐水平是不会低的。

殷虚所发現的乐器，有陶塤、石塤、骨塤，形如鴨卵，頂上有一吹口，前半腹四孔，后半腹两孔。还有銅鈴、銅鐃。其中以八十多公斤重的鑄着兽面紋的青銅大鐃④，最为鉅制。一九五〇年春天，在殷虚洹北武官大墓里出土一件极完美的石磬（現藏故宫博物院太和殿），长八十四公分，高四十二公分，正面雕刻一似虎形动物，綫条剛劲而和柔（参看图版一九）。微微敲击，音韵悠揚清越，近于銅

---

①　見呂氏春秋仲夏紀古乐。

②　見呂氏春秋仲夏紀侈乐。

③　見史記殷本紀。惟师延史記誤作"师涓"。清梁玉繩云："案韓非子十过、釋名、水經注八、拾遺記皆作师延，是也。此与人表幷誤作'涓'。师涓出于晉平公、卫灵公之世。"（史記志疑卷二）

④　参看唐兰：中国古代艺术品的菁华，载1955年1月23日光明日报。

声。这是中国最古最完整的一件乐器①。

从上面各种艺术奢侈品上看，已可推想当时贵族阶级锦衣玉食的享乐情形了。社会經济基础的发展，决定着艺术的发展。当时的劳动人民，是在阶級斗爭的影响下，以及在各种各样的观念形态底影响下，发揮他們的智慧和艺术天才，創造了各种各样輝煌的作品。所以这种高度的典型艺术发展起来，不是偶然的。艺术思想是与經济基础相适应的，相統一的。

---

① 参看郭宝钧：一九五〇年春殷墟发掘报告，载中国考古学报第 5 册，1951年出版。

第六章 西周"初期封建国家" 的建立与发展

第一节 周族的兴起与灭商

商族在中原所建的奴隶制王国,曾一度威震四方。但到末世,阶级矛盾日趋严重,而奴隶主及部分"国人",天天"飲食醉飽",骄奢淫泆。經济制度,已临崩潰的程度。帝乙、帝辛时又倾全国之兵攻东夷,于是国力益空虛。"螳螂捕蟬,黄雀在后",立国在今陕西中部的周族,乘机东征,就象秋风扫落叶一样,把商王国一下子就灭掉了。

周是一个古老的部落。傳說始祖名弃,弃的母亲叫姜嫄。詩經大雅生民說:"厥初生民,时为姜嫄。"这是周人的始祖母。"知其母,不知其父",那时大概仍处在母系氏族社会的阶段。

詩人歌咏的事迹,大意是說姜嫄因为沒有儿子,去祭祀禱告。在野地上看見一个大人的脚迹,她踏在上面,就觉得肚里怀了孕。生下一个儿子就是后稷,又名弃。后稷自幼小的时候,就懂得种植的方法,长大后敎育人民耕种,在有邰地方建立了氏族。

周弃的时代,史記周本紀以为与尧舜同时,恐不可靠①。按左傳昭公二十九年:"有烈山氏之子曰柱为稷,自夏以上祀之。周弃亦为稷,自商以来祀之。"国语鲁语說:"夏之兴也,周弃繼之,故祀以为稷。"礼記祭法承用鲁语的話,但"夏之兴"作"夏之衰",当以夏衰为是。因为夏衰而周弃才繼之以兴。总以上諸条,则知周弃本为商之稷官，时代大概在夏末商初。周語与周本紀又說自后稷至文王为十五世。现在我們再以与文王同时的商紂上推到十五六世，则弃略与商初成湯同时。如此，可以断言周弃之兴起确在夏商之际。

周人最早活动的地方，傳統的說法是在今陕西一带。后稷所居的邰据說是在今陕西武功县。公刘时迁居豳地（今陕西邠县），改良农业，部落逐渐兴旺起来。詩經公刘篇說当时周族"彻田为粮"，朱注以为"彻通也，耕则通力合作。收则計亩而分"。可見当时还是原始公社的生产方式。

公刘后十世到古公亶父。由于狄人的侵略，他乃带着家族和原始奴隶，离开豳地，迁居到岐山下的周原（据說即今岐山县）。豳地的人民，扶老携幼地来归附他。古公亶父改革旧俗，使"陶复陶穴，未有家室"的原始文化的部落，变为有城郭宫室的部落了。所以古公亶父被追尊为"太王"。詩小雅綿称"周原膴膴"，岐山附近，自古即为膏腴之地。周族在这里，获得了农业上之进一步的发展，給周族的兴起，奠定了物質基础。詩称太王"居岐之阳，实始剪商"，大概周太王时因为經济与軍事力量的充裕，才有了灭商的大志。

太王有三个儿子。长子泰伯，次子虞仲（即仲雍），幼子季历。太王迁到岐山的时候，泰伯、虞仲没有跟着一起迁徙，因而也就没有

---

① 史記周本紀說后稷与尧舜同时，又說自弃至文王共十五世，其說极为矛盾。毛詩正义謂"外傳称后稷勤周，十五世而兴；周本紀亦以稷至文王为十五世。計虞及夏殷周有千二百岁，每世在位皆八十許年，乃可充其数耳。命之短长古今一也。而使十五世君，在位皆八十許载，子必将老始生，不近人情之甚。以理推之，实难据信"（詩公刘篇正义）。按商共历十七世，夏也有十多世，夏商合約三十余世。为什么經历相同的时間，而周的世数独少？所以史記的两种說法，必有一誤。若后稷至文王确为十五世，则后稷决不能与尧舜同时。

能嗣王位。他俩在山西的南部，作了虞的始祖①。他俩或者他俩的子孙不知道在武王克商前后的什么时候，也不知道为了什么，又从山西的虞迁到大江的下游，作了一个部落的君。同时他们把山西原来的地名也带了过去，而名曰"吴"（古音"虞""吴"相通，所以虞仲吴越春秋又称吴仲），作了吴的始祖。太王死后，季历做了王，称为王季。傳説他不但有很好的"德行"，而且屡次成就了煊赫的"武功"。他几次的从事原始的部落战争，曾起兵伐西落鬼戎，俘虏了二十个翟王；伐燕京之戎，失败；过了两年，他又伐余无之戎、始呼之戎和翳徒之戎，都胜利了。这許多狄，大概都在今的山西境内②。周人的势力，看看已进展到商的附近。商王文丁再也忍耐不住，趁王季没有留意的时候，就把他杀了③。

王季死后，子昌嗣位，是为文王。文王时周族已成了西方的伯主。据説文王非常勤劳，亲自耕种。当时周的农业得到很大的发展。文王开始了对四周諸族的战争，先后征伐昆夷、密須（甘肃灵台）等族。虞（今山西平陆县）、芮（今陕西大荔县）两族也来归服。文王更渡河东征，攻克黎（或作耆，今山西黎城县），伐邘（河南沁阳县），进逼商的王畿。拿现在的省区来看，这时周的势力，已跨有陕西山西甘肃河南四省之地。此后灭崇侯虎，而作丰邑（今陕西鄠县），自周原徙都于此。周人声势这样急剧发展，很快便成了西北部的强大部落。

殷商末年，社会上阶級斗爭已很剧烈，秩序混乱。恰于此时东

---

① 左傳僖公五年載晉献公将要借道于虞以伐虢，宫之奇諫虞君說："太伯、虞仲，太王之昭也，太伯不从，是以不嗣。"可知山西南部的虞国是太伯、虞仲之后。

② 見古本竹書紀年。西落鬼戎即鬼方，当在今山西南部，見拙著鬼方考(华中大学国学論文专刊第一輯之三)；其他諸戎，参看周初地理考，載燕京学报第10期。

③ 晉書束晳傳引竹書紀年，"文丁杀季历"。

夷（即甲骨文中的人方）又背叛了，商帝辛十五年至十六年傾全国之兵去征伐，最后把东夷打败。这是商末最大的一次战争，虽然取得胜利，却耗费了許多財富，死亡了許多兵士。从此商的国力便一蹶不振，而西方的周族却"三分天下有其二"，經济和政治各方面，都具备了灭殷的一切条件。

　　但文王还沒有完成他的伐商事业，便得病逝世。他的儿子武王繼起，为要完成他父亲的事业，自称"太子发"，在坒地祭了天，奉文王木主，出兵东征。他行到孟津（河南孟县），四方的小部落也都带兵前来参加东征。但他体察情势，似乎商的实力还不可輕视，深恐一击不中，反而损了自己的威信，所以即命班师。又过了两年，大約在公元前一〇二七年，也就是武王嗣位的第四年①，他觉得时机到了，就率領战车三百乘，虎賁三千人（見孟子），还带着友邦庸、蜀、羌、髳、微、卢、彭、濮等部落的军队，浩浩蕩蕩，直奔商郊。他們从氾水边上（成臯）渡过黄河，一气走到商都郊外的牧野（在朝歌南七十里，今河南淇县南）。第二天一早，武王召集了所有的军队誓师。那时商的军队重重迭迭，数目相当多，不过他們大多是从东夷俘虏来的，怀着二心。周的军队直冲过去，紂的十几万大兵，一齐溃退。后人形容这次大战，說杀死商人之多，"血流"可以"漂杵"。紂王看看大势已去，于是奔到鹿台上，放火自焚死。

　　周武王克商以后，对东方如何处理，仍是一个大問题。周和它

---

　　① 文王"受命"七祀崩。文王八祀武王即位，未改元；九祀武王嗣位二年，东观兵于孟津；十一祀武王克商，即武王嗣位之四年。日人新城新藏作周初之年代推算克殷年为公元前一〇六六年。董作宾四分一月說辨正及殷历譜定为公元前一千一百十一年。最近唐兰先生中国古代历史上的年代問題考定为公元前一〇七五年（1955年3月份新建殷）。近人又有依据竹书紀年考定为公元前一〇二七年的，較可信，现在暫取此說。

所率領伐殷的諸部落，是处在原始氏族公社制度解体向家长奴隶制过渡的阶段。而殷是一个具有千年历史的大国，經过了奴隶制弁已走到奴隶制崩潰的时期。周虽然在軍事上战胜了殷，一时却沒有能力把殷整个地消化掉。它旣不能把大量殷人完全收容到氏族組織里来，又不能用氏族組織去統治他們；周的武力又只是把商的政府摧毁，而商的东方其他領地，周的势力弁沒有达到。因此，周武王决定命紂的儿子武庚① 留在商地称王，而分其地为三②，周只領有宗主权；同时命自己的兄弟管叔、蔡叔、霍叔带兵在附近监視，称为"三监"③ 。这样，商就成了周的保护国了。东方安置已定，武王于是收兵西归，把国都迁到鎬京去。

———————————

① 周本紀作祿父，魯世家作武庚，管蔡世家作武庚祿父，尚書大傳以为是二人，白虎通义以为是一人，白虎通說是。

② 旧說武王克商后，分殷地为邶鄘卫，最早见于汉書地理志。逸周書作雒解仅言建管叔于东，建蔡叔、霍叔于殷。而未言武庚之封地所在。国語、左傳、史記亦无邶鄘卫之說。迄今未知汉志所言根据何書。而邶鄘卫三地之关系，遂成千古聚訟。郑玄詩譜謂自紂而北謂之邶，南謂之鄘，东謂之卫。而依汉書地理志之說，则邶卫为旧殷，而鄘在其东。清末孙詒讓作邶鄘卫考，以郑說为非，以汉書为是，而以鄘为庸，以卫为康，此外亦无他解。是自古至今均以邶鄘卫为紂都附近之地。前人所以謂邶鄘卫三地为在紂都邻近者，实因詩經内邶鄘卫三国詩篇目次相接之故，此外并无他证。然詩内只有卫詩，实无邶鄘二国之詩。或二国詩久亡，而后人以卫詩充之。然决不可因此而謂邶鄘与卫接近。清光緒年間，"北伯鼎"、"北伯卣"等器，均在河北涞水县出土。然則古河北当有北国，而逸周書作雒解所謂"祿父北奔"者，或即奔北之伪。王国維作北伯鼎跋謂北即邶，其地在燕，鄘即邨，其地在鲁，其說頗是。

③ 汉志称武王分殷地为邶鄘卫，封武庚于邶，使管叔尹鄘，蔡叔尹卫，以监殷民。据此监殷者为管叔蔡叔二人，故說者以管叔蔡叔及武庚为三监，恐不确。据逸周書作雒云："建管叔于东，建蔡叔霍叔于殷，俾监殷臣。"所以今人多以管叔蔡叔霍叔为三监。

武王克商之后二年即逝世（見尙書金縢及史記封禪書），他的儿子成王年紀还小。这时周人以西方新兴的部族，东向以爭中原，虽能一举灭商，但周在东方的政治势力还沒有巩固。而商人盘据中原已久，它与在今山东河北江苏境的諸族，由于种族与政治上亲密的关系，故其潜势力还很大。因此，武王虽进入中原，后来还是退回陕西。在这样的局面下，武王忽然死了。成王的叔父周公旦为了暫时支撑大局，只有代成王而践天子位①。武庚看到武王去世，認为有机可乘，联絡了旧日东方的与国徐、奄、淮夷等，揭起反周的旗帜（見逸周書作雒解，呂氏春秋察微篇）。同时管叔、蔡叔也在妒忌周公摄政。因为文王的儿子伯邑考居长，早死；武王行二，繼立；管叔行三；周公行四；蔡叔行五。武王死时成王年幼，若按武王諸弟的次序来摄政，应当輪到管叔，现在却是周公。所以管叔不服，造謠說"周公将不利于孺子"。以管蔡为首的周族，与以武庚为首的殷貴族殘余势力，他们在反抗周政府这点上，取得了一致的步調，于是爆发了历史上有名的"管蔡以武庚叛"的反动局面。当时东方的势力，实在不小，計有殷、东、徐、奄、薄姑（按周本紀作"薄"，而左傳昭公九年、二十年俱作"蒲"，二字古音相通）、淮夷、徐夷及

---

① 礼記明堂位說，周公践天子位，朝諸侯，七年致政于成王；此說又見于文王世子，謂周公摄政践祚而治。此外又見于荀子儒效篇、韓非子难二、淮南子齐俗、尙書大傳、韓詩外傳、史記周本紀、魯世家、燕世家等書，則周公践祚摄政似有其事。尙書大誥中之"宁王"，旧說即武王非是。据吴大澂說"宁""文"古文形近，"宁王"乃"文王"之誤。大誥篇中之"王"，既称文王为"宁考"，当为文王之子，惟又非武王，必为周公无疑。是周公称王之强証一。又康叔封卫之命詞康誥云："王若曰：孟侯，朕其弟小子封。"康叔乃周公所封（康叔所封即殷虚，此地在武王时尚为武庚所有，故康叔封卫必当如史記等書所說在周公时），則此"王"自是周公。是周公称王之强証二。

熊、盈之族十有七国，其中尤以殷、东、徐、奄为大国（多方所謂四国，或即指此）。战争一起来，周人亦頗惊惶，其情状可以略見于尙書大誥篇，大誥屢称"大艰""大戾""西土人亦不靜"，形势之严重可以想見。周公这时一方面要对付外患，一方面要稳定內部，处境非常困难。結果他亲自率領大軍东征，打了三年的仗，一直打到海边，灭了五十个国家，杀了武庚和管叔，囚禁了蔡叔，才把这场大乱平定①。这是周人第二度克商。这一次不但克商，而且連帶征服了商的許多属国和与国。这时周的武力扩張到沿海地区，黄河流域便完全归周人所統治。

周公东征胜利以后，在东方大封同姓和功臣为諸侯，借以鎮压商民②。周公的弟弟康叔封本封国在近畿的康，现在打下商都，就把他改封到那边，立了一个卫国③。周公的长子伯禽，本国封約在今河南省的鲁山县，现在打下了奄国，就把他改封到那边，連"鲁"这个名称也带了过去④。其他如齐国、燕国最初原在山西，现在亦改封齐于山东营丘；改封燕于薊丘⑤。又殷宗室微子启是降周的，

---

① 此段根据尙書大誥、金縢，逸周書作雒解，詩緯破斧、东山，孟子滕文公等篇叙述。

② 左僖二十四年："昔周公吊二叔之不咸，封建亲戚，以蕃屏周。"定四年："昔武王克商，成王定之，选建明德，以蕃屏周。"

③ 尙書康誥正义引馬融曰："康，圻內国名。"康誥云："肆汝小子封在茲东土。"是指康叔徙封于卫之事。而篇題犹为"康誥"。史記卫康叔世家云："康叔卒，子康伯代之。"父子均以"康"称，足見"康"是国名而非諡法。大概他們封地虽迁而国名未改，犹鲁迁于奄，而仍称其国为鲁。卫之本字作"鄁"（吕覽），鄁讀为衣，即"殷"。疑康为其国之正名，而卫则沿襲其地之旧名。

④ 据近人考证，鲁原封在今河南鲁山县，及周公平奄，乃改封于曲阜。

⑤ 按齐本国为吕，故太公名吕望，其子曰吕伋。其地当在山西，从山西改封山东（我別有考）。燕国初在山西北部汾水流域，其后始迁河北。

周公封他于商丘，国号为宋。一时新兴的国家星罗棋布。宋卫两国所占的都是殷商的旧地；鲁是徐奄的故墟；齐是奄的同族蒲姑氏（即薄姑）的故墟；燕则是邶国故地；宋卫鲁齐燕五国占据了殷商徐奄的旧土。这样安置了之后，东方之患才告平息。周公又把一部顽抗的殷贵族迁到洛阳，又把一部分商官吏迁到镐京附近。这样可以由周人就近监视①。有些殷贵族还被发遣给新封的诸侯作了奴隶②。周公并营东都于洛邑，把政权奉还了成王③。他自己长期留守东方。周朝七百多年的统治，就这样地奠定下来。

第二节　西周的封建經济

一　初期封建制度的形成

周族原是西北的落后的部族。他們自己認为是夏族的后裔，而且在較原始的文献中，他们常常自称为"夏"或"有夏"（尚書君奭篇、立政篇）。大概他们是夏族的一支，而兴起于夏商之际。周对商的关系好象是叛服无常。殷王武丁时的卜辞里，常見"周"或"周侯"的文字。武丁伐鬼方，周曾参加，并且"有賞于大国"（易未济）。根据甲骨文与詩經的記載，还可以知道，这两族还是互通婚姻的。

周族虽然也是个古老的部族，可是一直到文王时，似乎还处在原始公社制度逐渐解体的阶段。所以有关周文王的一些故事，带着濃厚的氏族制社会生活的色彩。据說文王的生活，辛勤节儉，

① 尚書多士序云："成周既成，迁殷頑民。"逸周書作雒解云："俘殷献民，迁于九毕。"孔晁注："献民，士大夫也。"

② 左定四年記祝佗之言，謂成王分鲁公以殷民六族，分康叔以殷民七族。

③ 史記周本紀："周公行政七年，成王长，周公反政成王，北面就群臣之位。"尚書洛誥："予小子其退，即辟于周，命公后。"

艰苦异常。他自己恶衣恶食，亲自去种田（尙書无逸）。又亲自披着蓑衣拿着鞭子放牛羊（楚辞天問）。可見周文王还是一个没有脱离生产劳动的氏族酋长。当时周人的社会，仍停留在氏族制轉向家长奴役制的阶段。

在周人灭商之后，周族旣不能把大量商人吸收到自己氏族組織里来，强迫商人倒轉历史来过氏族制的生活；又不能用原有的氏族組織去統治他們，尤其不能襲用殷商的奴隶制度。因为商在亡国以前，其奴隶制已經頻临崩潰。奴隶們怠工、逃亡、暴动的结果，使奴隶制度的剝削已无利可图。于是周人才因时制宜，把得到的殷人的土地，分封給同族兄弟亲戚及同盟的氏族，运用其军事組織和正在发展中的宗法制度，結合殷商境内已出現的封建因素，来維繫和統治这个国家。殷商領土上的封建主义萌芽，由于旧政权的倾复，更得到了正常的发展。这样，便发展了初期的封建所有制。

斯大林在苏联社会主义經济問題里告訴我們："封建制度的基础，幷不是經济外的强制，而是封建土地所有制。"① 我們研究西周的社会性質，看它是不是封建制度，应当从这一經典的指示入手。所謂封建土地所有制，就是"封建主占有生产資料和不完全占有生产工作者，这生产工作者便是封建主虽已不能屠杀，但仍可以买卖的农奴。……农奴有自己的經济，有自己的生产工具，具有为耕种土地幷从自己收成中拿出一部分实物繳給封建主所必需的某种劳动兴趣。"② 根据现存有关西周土地所有制的材料，都可以証明封建土地所有制确实普遍地存在着。当时是大小封建領主向农奴征

---

① 斯大林：苏联社会主义經济問題，人民出版社1952年版，第37頁。

② 斯大林：辯証唯物主义与历史唯物主义，苏联外国文書籍出版局1950年中文版，第30—31頁。

收地租。馬克思在資本論劳动地租一节中說:"地租的最簡单的形态,是劳动地租。在这塲合,直接生产者以每周的一部分,用实际上或法律上属于他所有的劳动工具(犁、家畜等等),用在实际上属于他的土地上面,并以每周的别几日,在地主的土地上,无代价地,为地主劳动。……直接生产者为自己做的劳动,和他为地主做的劳动,在空間和时间上,都还是分开的。"同节又說:"它(封建經济)和奴隶經济或殖民地奴隶經济是从这一点来区别: 奴隶是用别人所有的生产条件来劳动, 不是独立的。所以这里必須有人身的依赖关系,有人身的不自由(不管其程度如何),有人身当作附属物而固定在土地上的制度, 有严格意义上的隶属制度。"① 这里把农奴和奴隶的区别,說的很清楚。

根据我们对封建制的理解, 可以說西周社会基本上已不是奴隶制度, 而是初期封建制度。現在我们看一看西周社会的具体情况,是不是已經具备了馬克思斯大林所指出的封建制的特征呢?我們的答案是肯定的。

第一,劳役地租: 封建地租在历史上有着各种不同的形态——有劳役地租、有实物地租、有货币地租。其中第一、第二两种,是封建生产方式的最大特征。馬克思把三者視作封建地租发展中的三个递进阶段。劳役地租是最簡单最原始的地租形态。原始的剩余劳动形态——地租,是跟剩余劳动相符合相一致的。西周的农民每年必須在領主的土地(公田)上, 无报偿地做一定天数的劳役。"公事毕, 然后敢治私事"(孟子滕文公篇), 耕完公田, 才得归耕私田、詩經說:"雨我公田,遂及我私。"(小雅大田)孟子說: "惟助为有公田,……虽周亦助也。"(滕文公篇)所以耕公田, 实是一种劳役地

---

① 馬克思:資本論第三卷, 人民出版社 1953 年版, 第 1030 頁--1033 頁。

租。当时生产劳动者耕种的田地，有公田、私田之分，有租供的負担。这种生产劳动者，当然不可能是奴隶。因为奴隶本身是属于奴隶主的，他們的整个时间是为貴族耕作，他們一来沒有領受私田的資格，二来也沒有耕种私田的时间，一切生产都是为了貴族，怎么还会有租供呢？可見当时的耕种者是农奴，而不是奴隶。

第二，生产劳动者有私有的观念：斯大林指出农奴的特征，是"有自己的經济，有自己的生产工具"。周代的农夫已有私有观念，如"言私其豵，献豜于公"（詩七月），意即把小猪儿自己私有了，把大猪送給公家。又如"駿发尔私"（噫嘻），这个"私"若不是农夫所分到的私田，即是他們私有的耕具。"有嗿其饁，思媚其妇，有依其士。"（載芟）意即老婆送飯上地，孩子跟在一起，吃飯吞咽有劲，好讓老婆看了欢喜。"或来瞻女，載筐及筥，其饟伊黍。"（良耜）意即你老婆快来看你了，她拿着筐子，盛着黍米飯給你吃。农夫在田里耕作，吃着自己的飯，这就是农夫有自己的經济。"王事靡盬，不能艺黍稷，父母何食？悠悠蒼天，曷其有极！"（鴇羽）农业生产者有赡养父母的負担，这当然不是奴隶而是小私有的农奴。"命我众人，庤乃錢鎛，奄观铚艾。"（臣工）意即命令我的农夫們：准备好你們的耕具，还得多准备些割器。这不是农夫有自己的劳动工具吗？国語周語說西周之法，"民无悬耜，野无奥草。"可見农民平时可以悬其耜，这也表明农民自己有生产工具。这个"民"，应当是指大多数从事生产劳动的农民，决非仅指少数的自由农而言。劳动者可以私有其生产工具，这正是封建經济和奴隶經济最根本的区别。

第三，农夫固定在土地上的制度：西周的农业耕作者，不能离开乡里。左傳有"民不迁，农不移"（昭公二十六年）的記載。国語齐語說齐国也有令农民"勿使迁徙"的规定。孟子講到西周井田制下的农民，就是"死徙无出乡"（孟子滕文公篇）。足見西周农民是不能和土地离开的。当时是实行着"有严格意义上的隶属制度"。

第四，复杂的从属等級："等級制度、复杂的隶属等級，是封建社会和封建国家的特点之一。站在等級层最上层的是国家的首脑——皇帝（在罗斯时代是大公，后来是沙皇），下面是他的藩属：公爵、侯爵、伯爵、子爵、男爵等等。在这等級制度內部有藩主和藩属。某一封建主对上一級說来是藩属，对下一級說来又是藩主。皇帝、大公或沙皇——这是同类的封建主中的头号封建主，也是最高的藩主。"① 馬克思在資本論中說："在欧洲一切国家中，封建的生产，都以土地分給尽可能多数的臣属这件事作为特征。同其他一切主权者一样，封建领主的权力，不是依存于他的地租折的大小，而是依存于他的臣属的人数。后者又依存于自耕农民的人数。"② 我們看看西周的社会，就是建筑在这种等級臣属組合的关系上。周天子是天下最尊貴的人，所以天子往往自称曰"予一人"（尙書康誥、酒誥、呂刑等篇）。詩經称："普天之下，莫非王土；率土之濱，莫非王臣。"（小雅北山）可見他是土地最高的所有者，又是最高的統治者。天子在王畿内有公田，作为主要收入的一部分；幷且有許多用以分封給卿大夫的采邑。王畿以外的土地，便分給同姓及异姓的諸侯，使他們各自为政，各自治理他們的封地，不过負有向天子貢献和服役的义务。分封的諸侯，有公、侯、伯、子、男这些复杂的自高至下的等級。諸侯在国內，同周天子一样，分封卿大夫以采邑。卿大夫在采邑内，也立側室和貳宗（見左桓二年、襄十四年）。这种复杂的隶属等級，說得最清楚的还是芊尹无宇，他說："故王臣公、公臣大夫、大夫臣士、士臣皂、皂臣輿、輿臣隶、隶臣僚、僚臣仆、

---

① 康士坦丁諾夫主編：历史唯物主义，人民出版社1955年版，第225—226頁。

② 馬克思：資本論第一卷，人民出版社1953年版，第906頁。

仆臣台、馬有圉、牛有牧，以待百事。"（左傳昭公七年）天子、諸侯、采邑主都从分封里建立起自己的权力，形成一套金字塔式的統治体系。

綜合上面四种情况，我們可以說封建社会的特征，基本上已經具备了。所以我們很有理由肯定西周基本上已經进入初期的封建社会①。

但是我們也要理解，一种社会形态的阶段之划分，絕对不是象刀切斧砍地那样整齐，以为可以把某年某月作为新旧两个阶段的分水岭。两个阶段之間，有着一个相当长的时間，新旧两种社会形态交錯存在。西周的社会經济結构中，就是既有旧的逐漸消灭着的奴隶制成分，同时又有新生的逐漸增长着的封建制成分。这两种相互对立的社会經济成分間形成錯綜的关系。列宁在第二国际底破产一文中說："无論在自然界里，无論在社会中，'純粹的'現象是沒有的，而且也不会有。"②所以西周的初期封建制的成分，虽然已經占居主要的地位，但在整个社会經济成分中，奴隶制的殘余仍有相当的比重。周人与各族战爭时所得的俘虏，往往有使之变成奴隶的。在文献上常有周初俘人的記載，如逸周書世俘解說周人克商时曾"馘魔亿有十万七千七百七十九，俘人三亿万有二百三十"（所俘的"三亿"多人恐怕就是指的分給魯公和康叔的殷民）。又如康王时器小盂鼎記載盂受王命攻克鬼方，归告成功于周庙，而受庆赏之事。其战役前后凡两次。第一次"隻（获）馘三千八百□二馘，孚（俘）人万三千八十一人"。这两处記載，都是俘人的数字大于馘或馘的数字，这表示那时仍然存在着奴隶社会时代那样重俘

---

① 关于西周发展成为初期封建社会的詳細論証，請参看拙作有关西周社会性質的几个問題，載历史研究1957年第5期。

② 列宁文集第四册，人民出版社1954年版，第82頁。

虏而不重杀戮的现象，俘虏来这么多的人，假如不是把他們变为生产奴隶，由誰来养着他們？所以这些俘虏大概就淪为奴隶。赏赐奴隶的数目也很多，如大盂鼎（康王时　記載周王賜盂"人鬲自駭至于庶人六百五十又九夫"和"人鬲千又五十夫"（这里的庶人可能是农奴）；矢令毀記"姜賞令貝十朋，臣十家，鬲百人"，这是王室賞賜奴隶的实例。至于大奴隶主賞賜奴隶的例子，如井侯尊記侯錫"臣二百家"，克尊記"大师錫白克仆三十夫"。当时奴隶的价格是五名奴隶只抵得一匹馬和一束絲（見旁鼎）。

　　由以上的对周代的奴隶之考察，可以知道周代特别是西周初年的社会，虽然基本上已經是初期的封建制度，可是奴隶制度势力仍不小；不过越到后来，农奴制的成分就越比奴隶制的成分占优势。

二　关于西周的土地制度

　　西周的土地制度，是封建領主土地所有制。在宗法系統上，領主又是其領地内的"宗子"，所以也可以說是宗子土地所有制。周天子是国内最高的領主，又是天下宗主，是整个周氏族的"大宗"，所以全天下的土地都是属于他一人的。詩經說"普天之下，莫非王土"，就是指此而言。周天子把土地分給他下面的領主諸侯。分得了領地的諸侯，在他們的封疆之内，算是"大宗"。他們又把他們的領地分封給同姓的卿大夫，这叫做"采邑"。卿大夫在采邑内可以收族聚党。受封人在宗族内是"宗子"，其嫡长子世世相傳为宗子；"支庶"只能分到卿大夫的"祿田"。支庶的子孙及异姓的姻亲称为族党，多数耕种宗子的土地，精神上自然要被尊祖敬宗的思想支配着。

　　諸侯分得了周天子的疆土，而各国的卿大夫也同样地分到諸侯的采地。这些土地既然都是天子、諸侯、卿大夫一层层的上一級領主分予的,在原則上,当然也可以由上一級領主收回。所以分封土地的諸侯和卿大夫以及最下級耕种宗子的土地的农民,在初期阶段对于土地至少在名义上只有使用权,充其量,只有永久的使用权,而沒有私有权。因此,一直到春秋中期以前还有"田里不粥"(礼記王制)的傳統习慣。但是实际上,領主等級越高,他的土地私有的成分就越大。

这种土地制度,从上面的叙述就可以知道,是以氏族的殘余——宗族的組織和复杂的等級領主相結合为其土地分割的形式。

我們进一步探究一下,当时封建領主們是怎样地利用土地来剝削农民的呢?

为各級領主所有的耕地,大致上可以分成三类:一类是領主自己留用的"公田"。詩經上說:"雨我公田,遂及我私,"所謂公田,便是領主划出来的直接归自己收入的这一部分田。另一类是"私田",就是詩經中所說的"遂及我私"的私田,也就是領主授給农民的田地。第三类是部分的山林、川澤与牧場,这类土地,最初是仍然保持农村公社的傳統,完全为自由农民公共使用,封建領主也不过問;但到后来,这些公有地逐漸也被大的領主把持或侵占,而限制农民利用。

耕地的第三类,我們可以不必詳加討論。因为那和当时的土地制度关系不太大。第一、第二两类,所謂"公田"和"私田",就是东周时人所傳說的"井田制度",这是西周土地制度的主要形式。我們在下面仔細考察一下。

"井田制度"比較詳細的記載,最早見于孟子,孟子說:

"夏后氏五十而貢,殷七十而助,周人百亩而彻,其实皆什一也。彻者彻也，助者藉也。……詩云：'雨我公田，遂及我私。'惟助为有公田，由此观之，虽周亦助也。……使毕战問井地，孟子曰：子之君将行仁政，选择而使子，子必勉之。夫仁政必自經界始。經界不正，井地不均，谷祿不平。是故暴君汚吏必慢其經界。經界既正，分田制祿，可坐而定也。……請野九一而助。国中什一使自賦。……死徒无出乡。乡田同井，出入相友，守望相助，疾病相扶持，則百姓亲睦。方里而井，井九百亩，其中为公田。八家皆私百亩。同养公田。公事毕，然后敢治私事，所以別野人也。"（滕文公上）

孟子所說的这个井田制度，是古今学者聚訟不决的問題。有一个时期，大都持否定的傾向。近来李亚农先生仍以为这"不过是孟子的烏托邦"，"完全出于他的幻想"①。的确，假如我們根据孟子这段話，就輕信西周确有八家共占一块井字形的田——中間为公田、四周为私田这样的土地制度，那当然是荒唐。因为象这种极端形式化的东西，在西周不会有，也不可能实行。但是我們也不能因为其中有后人附加的不可信的部分，因而把这种制度完全否定掉。我們看看孟子所說的借民力以耕公田，公事毕才敢种自己的田这情况，是很合乎初期封建社会土地制度的特征的，沒有人能够空想出来。初期封建社会的农民，每年必須在領主的土地上无报偿地做一定日期的勞役，这就是領主用勞役地租的方式来剝削农民的一种制度。在中国确实有过这种制度。不止孟子如此說，其他自战国以来的人都有这种傳說。管子乘馬篇："正月令农始作服于公田。"周礼地官小司徒、考工記匠人均有"九夫为井"之文。左傳也說："初税亩，非礼也，谷出不过藉。"（宣公十五年）杜預注說："周法，民耕

① 李亚农：中国的奴隸制与封建制，华东人民出版社1954年版，第75頁。

百亩，公田十亩，借民力而治之，税不过此。"谷梁宣公十五年傳：
"初税亩。初者始也。古者什一，藉而不税。初税者，非正也。古
者三百步为里，名为井田。井田者，九百亩，公田居一。私田稼不
善，則非吏；公田稼不善，則非民。初税亩者，非公之去公田而履亩
十取一也。"集解引徐邈曰："藉，借也。謂借民力治公田，不税民之
私也。"可知在东方齐鲁两国，至迟在春秋中叶以前还存在着公田、
私田及借力以耕公田的土地制度。这就是所謂井田制度的实在
內容。

当时的"公田"，实际上就是"官"的私有田。因为是借民力来
耕种的，所以又叫"藉田"。这种制度，一直殘存到秦汉。汉武帝时
沒收的地主豪强的土地，亦名为"公田"。汉書食貨志說，武帝末
年，赵过为代田法，令"田三輔公田"，这是指长安附近沒收的土地。
武帝又曾以"公田"百頃賜其姊（史記外戚世家褚先生补）。宣帝地
节三年假流民以"公田"（汉書宣帝紀）。文帝二年因賈誼之言"开
藉田"（見汉書文帝紀及食貨志）。武帝时长安城南有"藉田"（汉書
东方朔傳）。这里所謂"公田""藉田"，很明显地是貴族私田，而非
公众集体所有的田。

当时农夫从領主那里領得的私田的面积多大呢？战国以来的
人，都以为是百亩。管仲答桓公問說："一农之量，壤百亩也。……
起一人之繇，百亩不举。"（管子臣乘馬）荀子說："百亩一守事业穷
无所移之也。"（荀子王霸篇）"故家五亩宅，百亩田。"（荀子大略篇）
孟子說："周人百亩而彻。"（孟子滕文公上）"百亩之田，勿夺其食，
八口之家，可以无飢矣。"（孟子梁惠王上）"八家皆私田百亩，同养
公田。"（孟子滕文公上）"耕者之所获，一夫百亩。"（孟子万章下）以
上所說一夫百亩，当然不都是指西周而言，有的是指战国的情形。
依据周礼地官大司徒遂人及汉書食貨志，则授田又不止百亩；而且

因土壤質地的高下,家庭人口的多少,授田的亩数也不一律。所以說百亩只是指一般的情形而言,并不是絕对数字。

农民的这种"私田",一般地旣是以百亩为单位,这当然是分割的小农經济。而小规模的个体生产,正是封建社会的一个特征,也以此区别于奴隶社会。

至于領主的公田的面积,据孟子說,也是以一百亩为一个单位。其实这个数字,也未見得可靠。至少天子的"公田"是以一千亩为单位的。国語周語上:

> "宣王即位,不籍千亩。虢文公諫曰:'不可,夫民之大事在农,上帝之粢盛,于是乎出;……'王耕一墢,班三之,庶民終于千亩。"

韦昭注云:"籍,借也,借民力以为之。天子籍田千亩,諸侯百亩……。"这是說天子的"籍田"(即公田)是一千亩(按周时的一千亩,相当于现在的三百多亩)。天子行籍田礼,即于此地行之。这种籍田,每年由領得私田的成千上万的农奴大规模地进行集体耕种。詩經上說:"十千維耦"(噫嘻),"千耦其耘"(載芟),正是指的这种情况。假若認为天子的"公田"也是以一百亩为一个单位,相当于现在的三十一亩大小的一块地方①,岂能容納两万人在那里耕种?

上面我們說周代的确曾实行过一种井田制度。但是,也并不

---

① 按隋書律历志謂周尺同于刘歆銅斛尺,而刘歆銅斛即今尚存之新嘉量。据刘复故宫所存新嘉量之較量及推算(工业标准与度量衡第一卷第四期),謂新嘉量一尺等于〇·二三〇八八六四公尺,約当清营造尺七寸二分;又据唐兰先生商鞅量与商鞅量尺(国学季刊五卷四号)謂商鞅量的容量和所用尺度完全和新嘉量相同。战国时六尺为步,百步为亩;唐以后以五尺为步,二百四十步为亩。以此推算,周时一百亩約当今三一·二亩。

等于說西周的全部土地，都是实行这种制度。在实行井田制度同时，还存在着一种非井田制度，这从孟子和周礼上可以看得清清楚楚。孟子說："殷人七十而助，周人百亩而彻，其实皆什一也。"又說："惟助为有公田，由此观之，虽周亦助也。"这是說周人有"彻"与"助"两种制度。下面孟子接着又說："請野九一而助，国中什一使自赋。"助与藉同义。郑玄注周礼匠人作"莇"，他說："莇者,借民之力以治公田，又使收敛焉。"这是一种借民力而耕的助法，亦即用劳役地租剥削的井田制度，实行于比較远隔的"野"中。另外一种则是抽十分之一税的彻法。赵岐注孟子滕文公上："彻，犹人彻取物也。"（此依阮元据宋本所校）詩豳风鴟鴞，毛傳："彻，剥也。"足见彻是通量土田之所入而取之于民，与借耕代赋之井田不同。这种制度,实行于"国中"。

在周礼中周天子的地区有"六乡""六遂"制度的不同。"乡"是郊内的土地，即等于孟子所說的"国中"，大部分都是周部族所居住的地区；"遂"是郊外的土地，等于孟子所說的"野"，大部分都是被征服部族所居住的地区。所以周礼的"乡""遂"是指周天子的疆土，而孟子的"国""野"是指諸侯的疆土。天子和諸侯的土地区划的名称虽不同，但制度是完全相同的。也就是說,在天子的"乡"和諸侯的"国"中，住的大都是本族成员的农民，受着十分之一的剥削；而天子的"遂"和諸侯的"野"则是住着被征服的部族，行井田制度的助法,这些被征服者必須助耕統治者的"公田"。

从来講井田制度的人，往往把这两种制度，誤認为是一种，于是引起許多不必要的混乱。因为"九一而助"的井田，显然不得称为十分之一的税；从领主方面講或在农夫的立場而言，都是九分之一，亦即百分之十一强。班固何休韓嬰皇侃朱熹諸人，不理解孟子所說的是两种制度，而把詩經小雅信南山的"中田有廬"与之牽强附会，硬把"九一而助"的井田制也說成是什一之税，以至治絲而益棼，越搞越亂了。

最后，我們談一談西周农民的类型及其来源。西周的农民主要地可以分为两大类：

第一类是受劳役地租剥削的农奴，他們据孟子所述是住在"野"，因而又叫作"野人"。他們所种的田，分公田和私田两种，都在距城較远的郊外。他們是西周最主要的劳动者。領主貴族們經济上的主要来源，就是依靠对他們的剥削。而且这些农奴先种完"公田"以后，才敢种自己的私田。

第二类是受什一之税剥削的自由农。孟子說："国中什一使自赋"，因本族内部无"公田""私田"之分，当然也无先公后私之法的束縛。他們住在"国中"，其田地也都在郊内。由于郊内的土地有限，所以在周代这种土地并不多。并且种这种土地的人，受剥削比較輕微。楊向奎先生曾根据周礼地官乡大夫之文，以为在力役方面，住在国中的农民，比住在野外者要宽。他說：这"也說明国中的自由农民遭受的剥削輕一些"①。

这两大类农民，一为农奴，一为自由农。他們是怎样来的呢？談到这个問題，我們应当先考察一下周族克商前后，殷商和周族的生产劳动者都是什么样的人。

周族在未克商以前还是处在氏族社会的末期。当时的周人基本上都是氏族成員，还有少量的奴隶。这許多氏族成員，其中酋长、氏族长及其子弟姻亲們，在克商以后，都被分封为領主而成了統治阶級；其余的氏族成員及与領主亲属疏远或亲属已尽的族人，在克商后，仍然与領主住在一起，也就是住在国中，在領主那里領

---

① 楊向奎：試論先秦时代齐国的經济制度下，载文史哲1954年第12期。

得土地耕种,他們当然就成了自由农的身分。

　　另外还有殷商时的自由人,称之为"小人"。从尙書康誥、无逸所述,可知"小人"絕非奴隶,而是一种从事稼穡的自由人。他們在周克殷后,仍作周的自由农。殷周两族还有一种称"士"的,如"殷遺多士"(書多士),"多方士"(書多方),"济济多士,文王以宁"(詩大雅文王)。足見殷周及其他諸邦,都有"多士"。殷之多士,在殷亡国后,还可以"宅尔邑,繼尔居"(多士),"畎尔田"(多方),楊向奎先生說"这应当指自由农民",是很正确的。

　　西周这种自由农民,在整个的国家来說,其人数幷不多,所耕的田地当然也是有限的。被剝削的形式,是用彻法,即"什一使自赋",向領主們貢納税谷。不过他們虽然被规定納十分之一的税,然而带有一点自动性,所以說"使自賦"。这多少带有一种公社土地的使用形态,与孟子所說"夏后氏五十而貢"的貢,有些相象,只是名称不同而已。

　　有人怀疑孟子所說周代什一而税的制度。如李亚农先生就說:"古今中外,从来沒有过这样輕微的剝削。剝削十分之五六是普遍的,有时甚至要剝削十分之八九。"[①]李先生由此而怀疑到井田制,以为"不过是孟子的烏托邦"。但是,我們要从古史上看这一問題,便觉得无可怀疑。十分之一的租税,在生产力已經很高的資本主义社会里,可以說是极低极輕的剝削;但是如果在原始社会里,一个人終年辛勤劳动之所获,仅足够維持他本人的生活,若被剝削十分之一,一定要因被剝削而至餓死,所以在原始社会里,連十分之一的剝削也是不可能有的。西周的社会,是剛从氏族社会的末期过渡到初期封建社会,生产力虽然比以往有所提高,但还是低的。

---

　　①　李亚农:中国的奴隶制与封建制,华东人民出版社1954年版,第75頁。

孟子与北宫錡論周制曰："耕者之所获，一夫百亩，百亩之粪，上农夫食九人，上次食八人，中食七人，中次食六人，下食五人。"（孟子万章下）信如其說，百亩之生产量实很有限。一个劳动者，他的生产品若被剥削十分之一，除了供他本人生活之外，也不会有多少剩余。战国初年，李悝曾計算当时魏国农民的收支情况。他說五口之家的一个农夫，耕田百亩，除了什一之稅，及吃飯、穿衣、祭祀等必要的开支，每年要亏空四百五十錢（見汉書食貨志）。战国初年生产力已比西周提高很多，农民負担什一之稅，尚且如此吃力，西周的情形，就可以从这里逆推了。所以說十分之一的稅，在西周这个特定的历史阶段上，并不能說是极輕微的剥削。从而也就不能怀疑孟子的話为"幻想"了。

在西周的农民阶级中，上面說的这种自由农，并不是主要的部分。人数最多的乃是农奴。农奴的来源，我們可以說，基本上是由战败国殷商的奴隶与貴族及自由人，在殷周之际的社会变革过程中，轉化过来的。另外还有来自其他的被征服的少数部族。詩經上說：

"王錫韓侯，其追其貊，奄受北国，因以其伯。实墉实壑，实亩实籍。"（韓奕）

所謂"追""貊"，即被周所征服的少数部族，他們现在是被逼迫得为韓侯"实亩实籍"的农奴了。

为使眉目清楚，我們把以上所論，归結为下表：

农民身分	农 民 的 来 源	居住地区	土地区划	土地所在地区	剥削形态
农 奴（野人）	大部分是殷的奴隶；小部分殷的貴族与自由民。	野	井田（分公田及私田）	远 郊	劳役地租
自由农（国人）	大部分是周的氏族公社成員，另外一小部分是殷的貴族及自由农。	国 中	非 井 田	郊內 近郊	什一之稅

三　西周的农业生产状况

我国的农业，在殷商时原已有相当发展。惟至周而始盛，则确无疑义，这在詩經大雅与史記周本紀都有源本溯流的叙述。据說周始祖后稷弃自幼即好农耕，三傳至公刘复修后稷之业，务农耕。他們所居的豳地原为一"陶复陶穴，未有室家"的荒原，其后居然"乃疆乃理""乃宣乃亩"，渐至凡百皆备了。

由公刘十傳至古公亶父，去豳渡漆沮，逾梁山邑于岐山之下。至其孙文王昌，又复"遵后稷公刘之业，则古公王季之法"。文王以氏族酋长的身分，有时"秉鞭作牧"，有时在田野里与其他劳动者一同耕耘（見楚辞天問及尙書无逸篇）。

由以上所述，足証周人在灭商以前，对农业非常重視；一定也积累了不少的經驗。到灭商后，更吸取了商人的农耕方法并且增加了劳动人手，尤其是这时周已有了新的封建生产关系，因而此后农业生产力便得到迅速发展。对于西周的农业生产，现在分以下四点来加以叙述。

一、农业环境　地理环境是社会物質生活經常的、必要的条件之一，它可以加速或延緩社会发展进程。西周的地理特点，从周的早期就开始影响着周的經济性质和生产力的发展。因为周人发祥于渭水流域，正是宜于耕种之地。史記貨殖列傳說："关中自汧雍以东至河华，膏壤沃野千里。"迨武王灭商紂，奄有殷士，现今黄河流域的陕西、河南、山西諸地，都成了周人耕作之地。这些地方，属于黄土层，无阻碍耕作的原始森林；且其土壤有自行施肥的能力，因为它本身是灰尘和殘秽的植物所构成的，而又不象扬子江流域，必須具有高度农业技术才能利用。故这一带恰好形成古代农业社会的发祥地。不过雨量的缺乏，和河水的溢流，却是黄河流域在农业环境上美中不足之处。如果雨量不够，则地下层与地上层之間的毛細管的連絡就要中断，植物就要失其营养。所以倘若連年不雨，必酿成飢荒，文献上关于旱灾的記載是很多的。

二、生产工具　周代的农具，据詩經所載，有耒、耜、錢、鎛、銍及斧等。耒耜为較古的农具，最初在商代系木制或石制的；到了周代，这許多耕具，大部改以金属制造。詩經所收关于西周的詩篇中的"錢""鎛""銍"等字，都有"金"字偏旁。按詩經体例凡提到"金"或从"金"偏旁之字，大半是指銅器而言；并且詩經"有略其耜"（載芟篇）、"畟畟良耜"（良耜篇）这两句詩，用"略"和"畟"来形容耜的鋒利，这种耜也很不象是石制的。西周还不可能有鉄制的农具，那末，我们推测其为銅制，是比較合理的。青銅是以銅二錫一之比率所作成之合金，硬度很高，在当时的农业发展上，定能起极大的作用。

三、灌溉与农耕技术　周代黍稷一类的农作物，虽然适应于黄土性質，但亦不能缺乏适当的雨量，生长在这"森林之敌"的黄土地带，往往不免鬧旱荒。如西周末年，有一次大旱灾，至使"周余黎民，靡有孑遺"（云汉篇）。每逢鬧旱灾的时候，周人总以为是自己作了什么不好的事，动了"上帝"之怒，特意降下苦旱来惩罰他們；所以他們唯一的办法，便是祈天求神，以望甘霖。但經受长期的經驗教訓，他們体会到拜神是无效的，于是不得不另想办法，爭取从自然的支配力量中获得解放。詩經白华篇謂"滮池（在今陝西长安县西北）北流，浸彼稻田"，足見西周已初步应用灌溉方法。

西周农业生产技术，也有长足发展。当时农夫为了休养地力，已知道用輪流休耕之法。周礼遂人职文："上地夫一廛，田百晦，萊五十晦。……中地夫一廛，田百晦，萊百晦。……下地夫一廛，田百晦，萊二百晦……"郑玄注："萊謂休不耕者。"上田肥美，故采三圃制的耕种方法，就是每年耕百亩，休耕五十亩；中田地薄，故采二圃制的耕种方法，就是每年耕百亩，另外休耕百亩；下田地更薄，故采取三年輪种一次的休耕法，就是每年耕百亩，休耕二百亩①。这都是把自己的份地分成三个等分，輪流休养地力。这种耕作技术，在西周个别的地区已經实行。我们看西周的典籍，称当时耕种的田地，有菑、新、畬三个有分別的名称。如易經无妄卦的爻辞云："不耕、获，不菑、畬，則利有攸往。"詩周頌臣工："如何新、畬。"小雅采芑："薄言采芑，于彼新田，于此菑亩。"这里所說的"菑""新田"和"畬"，实际就是三圃制的具体說明。尔雅释地："田一岁曰菑，二岁曰新田，三岁曰畬。"据徐中舒先生解释，这就是每夫的份田有三个等分。一部分第一年为休耕地名曰菑；一部分已休耕过一年，今年新耕名曰新田；另外一部分，去年已耕种过一年，今年連耕名曰畬②。这样以田的某一部分而言，第一岁为菑，第二岁便成了新田，第三岁便是畬。拿这个解释去看詩經采芑，就是說，在新耕地及休耕地里采野菜。易无妄的意思，是說农夫不耕而收获，田不休耕而連年种植，都是不近情的。这都可以反映西周的农业生产技术，在个别地区，已經达到相当于欧洲封建社会初期所流行的三圃制阶段。

四、产品与产量 周代的农产品，见于詩經的，重要的有黍（黄米）与稷（小米），其次有稻（大米）、梁（糯米）、菽（豆）、麦、麻等。

至于产量方面，在西周的初期，虽然不见得立刻就超过殷商；但到西周的中叶，农业生产显著地超过了商代。因为周已进入初期封建制，这种新的有朝气的生产关系，旣經在一定的生产力的基

---

① 周礼大司徒职文称"不易之地家百亩"，不易之地即等于遂人的"上地"。班固汉書食貨志称"上田夫百畮"。这里都没有"莱五十亩"，与遂人职文稍异。

② 参看徐中舒：試論周代田制及其社会性質，載中国的奴隶制与封建制分期問題論文选集，三联書店1956年版，第443—508頁。

础上形成后，就要对生产力的发展发生重大的推进作用。斯大林在苏联社会主义經济問題中指出，与生产力性质相适合的新的、先进的生产关系，是生产力强大发展的主要的和有决定性的力量①。生产力提高，最主要的是表现在农产量上。詩經上說：

"丰年多黍多稌，亦有高廩，万亿及秭。"（丰年）

"載获济济，有实有积，万亿及秭。"（载芟）

"曾孙之稼，如茨如梁；曾孙之庾；如坻如京。乃求千斯仓，乃求万斯箱。"（甫田）

"我黍与与，我稷翼翼，我仓旣盈，我庾維亿。"（楚茨）

你看，当时的領主貴族們的"仓"和"箱"，都装满了"黍稷稻粱"，农产量方面，比前一个时代无疑是大大提高了。斯大林說："封建經济制度为了証明自己比奴隶經济制度优越，大約費去了二百年，也許略少些。不这样也不可能，因为当时发展的速度极为緩慢，而生产的技术又非常原始。"②西周的生产演进与斯大林科学的論断是相符的。

四　手工业与商业

原始的手工业沒有与农业分工，当时的手工业产品很簡陋，技术很拙劣。到后来社会逐渐进展，工艺品的种类与数量的需要日增。农民在农忙之暇所造的东西，已感到不能满足。于是便发生了手工业与农业的分工。前面我们曾講过，最晚在商代，就已經有很多这种专替貴族或奴隶主作各种日用必需品和奢侈品的手工业工人；到了西周，这种分工的情况更为显著。这时他们的身分，是

①　見斯大林：苏联社会主义經济問題，人民出版社1952年版，第55頁。

②　斯大林全集第九卷，人民出版社1954年版，第121頁。

和农奴一样的。不过农奴专司田地的生产，而这种工奴则专司工艺品的制造。周初铜器令彝及尚书酒诰康诰均有"百工"一词，就是指的这种工奴和管理各种工艺的百官。他们是住在领主城堡之内，为贵族们所抚养着，专为贵族们制造日用品。一直到春秋时代，还是"处工就官府"（齐语），"工贾食官"（晋语）。西周的情形，是可以从这里推想的。

西周的手工业，是在商代的手工业的基础上发展起来的。所以在手工业的任何部门，都超越了殷代的水平。关于西周的青铜器，在制造的技术上说，比起殷代来虽然看不出有多大的进步（参看图版二〇、二二、二三），但是制造铜器的地点增加了，产量增多了。从总的方面看，这便是一个了不起的进步。据各家所著录的现在已出土的两周青铜器，仅是具有铭文的，就已有三四千具以上①。其类别有钟、镈、鼎、鬲、甗、敦、簠、豆、卣、壶、盉、尊、觯、罍、毁、匜、盘、戈、矢、矛等，由此而知当时的饮食日用器皿，已完全用青铜制造。

适应农业的发展，当时纺织手工业也有发展。拿衣著来说，头上的冠，妇女头上的装饰物，身上穿的绸缯，从种桑、养蚕、缫丝、织帛、染色到刺绣，或是种麻、采葛到织成絺綌，手续是很繁复的。

当时还有皮革工业，是把皮革制成裘或履，或者是军事上用的胄、甲、盾等。

建筑方面，周人居住的，有台、榭、楼、观等，一般地说，都比殷人进步。

行的方面，则有舟车、桥梁。

---

① 郭沫若两周金文辞大系考释序谓"传世两周彝器，其有铭者，已在三四千具以上"。

男女头上裝飾則有骨笄，身上有玉佩，可見当时有木工、玉工及骨角、象牙等工人。

当时的各种用品，从衣、食、住、行来說，都已經很复杂了。凡此皆表示了人类在当时如何以技术战胜自然，这就是那时的工业。

西周經济是一种自然經济，人們基本上自給自足；一切衣服器用，都不必假手于人。在这种情形之下，商业的作用当然很少。但幷不是完全沒有，而是只有稀微的交换影子。我們且看較早的文献：

　　“懋迁有无化居。”（尚書皋陶謨）

　　“肇牽牛車，远服賈，用孝养厥父母。”（尚書酒誥）

这是周初商业的明証。

到西周末年，商业有了相当的发展，見于詩經的如：

　　“氓之蚩蚩，抱布貿絲。”（卫风氓）

　　“如賈三倍，君子是識。”（大雅瞻卬）

　　“賈用不售。”（邶风谷风）

这几首诗，最晚也不能晚于春秋中叶。还有一件故事，也可以看出西周末年的商业发展。就是郑国在西周末东周初开国的时候，曾和商人立有盟誓。子产述說这件事，有这样一段話：

　　“昔我先君桓公，与商人皆出自周，庸次比耦，以艾杀此地，斩之蓬蒿藜藋，而共处之。世有盟誓，以相信也。曰：‘尔无我叛，我无强賈；毋或匄夺。尔有利市宝贿，我勿与知。’恃此质誓，故能相保，以至于今。”（左傳昭公十六年）

我們看看西周末年，郑国的商人可以和郑桓公“分庭抗礼”；其势力之大，決不是如后世由庶人兴起的一般商人所可比拟的。幷且从“君子是識”一語看，那时营商的是“君子”，正是治“野人”的貴族阶級。这些商人有些是殷商貴族遺民，有些是周的貴族。他們領略到做生意可以有“三倍”之利，大概就利用一批家內奴隶替他們經营;这些商奴的身分和当时的手工业工人一样,没有多少自由。对于领主的关系是一种依存的关系;他們都是世职, 限制改业, 所以說:"工商皂隶, 不知迁业。"(左傳昭公二十六年)这些人主要是被迫为貴族服务,并不是自由独立的。

商业的发展,和货币的流通,大有关系。西周的交易手段,多牛还是"以物易物";所以可以抱了"布"去贸"絲"(氓),或者"握粟出卜"(小宛)。这就是所謂"以其所有,易其所无"。不过这不是說西周絕对没有交易的媒介物。周人也沿襲商人的习惯,曾經使用过"貝",西周金文有錫貝朋的記載①,詩經上也有"錫我百朋"之句(菁菁者莪)。除此之外,还以"銅"为交易媒介物,名曰"青",以"寽"为計算单位,见于金文者不一而足②。郭沫若先生說这只能說是准货币,还沒有达到純粹货币的阶段。因为这还是生銅,一方面是当货币使用,另一方面也可作装飾品。純粹货币的出现,当在春秋以后。西周純粹货币旣尙未流通,那时的交换情形,其在經济生活上的地位,較之农业来說,眞是微不足道了。

第三节　周的分封制与宗法制

一　分封制度

周人两次克商,同时把东方的很多小国也灭掉。孟子說周公灭五十国;逸周書世俘解則說,自武王以后,周共灭九十九国,降服六百五十二国。这許多数字, 虽然未必可靠, 但周初灭了很多小

---

① 作册矢令簋"姜賞令貝十朋",趞尊"易(錫)貝五朋",小臣謎毀"易貝",小臣单觯"周公易小臣单貝十朋"。

② 毛公鼎"取遣卅寽",趞鼎"取遣五寽",曶鼎"用百寽",揚毀"取遣五寽",番生毀"取遣廿寽"。

国，并占据了他們的土地，则是有的。詩北山說："溥天之下，莫非王土；率土之濱，莫非王臣。"这时全国的人民和土地，在名义上，都是属于天子一人的。为了便于統治，为了便于剝削，于是周天子把他勢力所及的土地，分封給他的亲族和姻戚，叫他們輔翼王室，这就是所謂"諸侯"。荀子說周兼并天下以后，立七十一国（荀子儒效篇）。其中兄弟有国的，据成鱄說十五人，同姓族人受封的有四十人（左傳昭公二十八年）；一說共五十三人（荀子儒效篇）。所說无大出入，姬姓諸侯大約有四五十人左右。

周代所分封的諸侯，最主要的为数最多的当然是同姓的，另外还分封了一些异姓諸侯。这些异姓諸侯不外三类：

（一）异姓功臣之后　周人在开国的时候，得到了許多异姓人的出力或拥护。既定天下，为了奖賞这些有汗馬之劳的功臣們，于是也按同姓的待遇，分封給他們一块土地。如姜尙之后封于齐，便是显著的例子。

（二）前代帝王之后　武王时封神农之后于焦，封黄帝之后于祝，封帝尧之后于薊，封帝舜之后于陈，封大禹之后于杞（見史記周本紀、陈杞世家）。

（三）本来存在的部落　周代所有的异姓諸侯，除了前两类以外，还有一类本来就是有的，周人灭商后，也并沒有加之以兵，仍准許其存在。例如宋国就是其例，史称周克殷，宋微子持祭器請罪，武王于是"复其位如故"（史記宋微子世家）。至于越秦楚等国之被封为諸侯，都是因为周人对他們鞭长莫及，无法干涉，**不得不封**；或出于无可奈何的情势而封的。

这些同姓諸侯及第一类异姓諸侯，大都是周的同族或王室的亲戚，当时天子称同姓諸侯曰"伯父""叔父"（左傳昭公三十二年、僖公二十五年、国語吳語）；称异姓諸侯曰"伯舅""叔舅"（左傳僖公九年）。所謂"伯""叔"的形容辭不甚严格、只是表示同姓相亲与异姓相关。伯父、伯舅是指年长于天子的諸侯、叔父、叔舅是指年幼于天子的諸侯。(按仪礼覲礼謂同姓大則曰伯父，其异姓則曰伯舅；同姓小邦則曰叔父，其异姓小邦則曰叔舅。这种說法是不可信的。如吳为小国，被称为伯父；而大国如晋却被称为叔父。可見叔、伯与大小国无关。)总之，他們都是周天子的同宗或姻亲，在当时是可以起"股肱周室"或夹輔王家的作用的。

当时的分封情形是把周天子京都附近的地方称为"王畿"，完全属于天子，由天子的卿大夫来治理；其赋役供王室之用。王畿以外的地方，便分封給同姓及异姓的諸侯，使他們各自为政，各自治理他們的封地。

封地上原来的居民当然是属于被封的封邑主，而不得自由迁徙。勘定田地时便連人民也在計算之列。受封时所鑄的鼎銘上，邑内庶人多少有时記載的很清楚，分封时有授士与授民的仪式。西周銅器大盂鼎銘文有这样的記載：

> "王曰盂，……受民受疆土，……錫女邦嗣四伯，人鬲自馭至于庶人六百又五十又九夫。錫夷嗣王臣十又三伯，人鬲千又五十夫。"

左傳定公四年也有記載說：

> "分魯公以……殷民六族，条氏徐氏萧氏索氏长勺氏尾勺氏。……分康叔以……殷民七族，陶氏施氏繁氏錡氏樊氏饑氏終葵氏。……聃季授土，陶叔授民。"

此外，金文中記載錫人民臣仆奴隶的，为数颇多(見子仲姜鎛、令毁、令鼎、不娶毁、大克鼎……等)。詔賜册命时，詳述所賜的庶民、臣仆、車馬、戎兵、田地的数目，鑄在鼎彝上，世世保守，以为国宝。这就好象是就封的根据。

这些被封的諸侯，在他們本国，也进行同样的对其属下的分封。諸侯所封的人，大体都是諸侯的宗族，也有异姓。他們受諸侯的封，也各被封予采邑。这些受封者就是所謂"卿大夫"。卿大夫之下有"士"，大体都是卿大夫的宗族。他們是受卿大夫的封，也有食地。"士"不再分封，只把土地直接交給庶民耕种。士以上各級的封邑主为貴族，是有土有权的統治阶級。庶民是被統治的阶級，貴族和庶民的身分，大致是世襲而不变的。

从上面的叙述，可知分封是由上而下地一級一級地分封下去，于是构成了各級的土地所有者。每級的土地都是受自上一級的賜予，自然就建立起各級人格的等級隶属关系。左傳昭公七年有一段关于等級制度的記載："天有十日，人有十等，下所以事上，上所以共神也。故王臣公，公臣大夫，大夫臣士，士臣皂，皂臣輿，輿臣隶，隶臣僚，僚臣仆，仆臣台，馬有圉，牛有牧，以待百事。"这一系列的等級都是依次的臣属与隶属的关系。士以上是貴族身分，各按其职之大小，以定其地位之高低。士以下是奴隶身分。奴隶的生活完全依賴官府，即所謂"皂隶食职"。至于"庶人"，不是被封的，所以不臣于人；又无土地权，不能封人，因而又不能有所臣，故不列在这十等之内。若按其身分和地位，是在"士"与"皂"之间的。

这种建基于土地所有的分封制度，从縱的方面来看，各級領主間之等級服从是封建社会的一个特点（已詳前第二节）。这是使各級的人，各居其位，以事上役下。不但統治阶級与被統治阶級严密分开，使后者服从前者；即便是同一阶級之中又分为很多等級，使各相属。所有的阶級依次服属，构成一串环練。在經济剝削上，每一級对上一級有规定的貢献义务，对下一級有权向其征收貢赋，晋語說："公食貢，大夫食邑，士食田，庶人食力。"最高級的天子自以为是受天命，所以便供于神，这就是所謂"下所以事上，上所以共神也"（左傳昭公七年）。

各級領主对下一級的經济榨取（即貢献），对領主的經济来源說，还不是主要的。其最主要的經济来源乃是对庶民的剥削。我們知道各級領主在把領土分給其下一級領主时，幷不是把他們所有的土地全部都分封出去，而是留一部分耕地，直接授予庶人耕种。天子、諸侯、卿大夫都是如此的（士是最低的一級貴族，根本就不再分封，只把土地直接授予庶人耕种）。庶人对其所属的領主有的貢納什一之税（自由农）；有的助耕公田，亦即負担力役地租（农奴）。这实是領主貴族經济来源的主要部分。

分封制度的实际意义，即在于这种特殊形式的經济剥削上。春秋中叶，这种經济剥削的形式已經动摇，例如助耕的井田制破坏（如魯宣公十五年初税亩），下級領主对上級不經常貢献（如魯人不納貢赋，楚人不貢包茅）等等，终于使得分封制度完全破产，而为与

西周分封制度各級授地与貢赋表

实物地租相适应且便于中央集权的郡县制度所代替。此后，初期封建社会就逐渐过渡到成熟的封建社会了。

二　宗法制度

在周代，分封制度是与宗法制度分不开的。要了解周代的分封制度，必须同时了解它的宗法制度。周代的所謂"宗法"的組織和机能，細細地分析起来，与氏族制度有些关联。为宗法所凝固的宗族里面，有下列几个特点：

（一）共同的宗敎祭典，如祖庙祭祀。

（二）死者的亲族应服一定期間的丧，以表示对死者的共同哀悼。

（三）"异居而同財，有余則归之宗，不足則資之宗。"（仪礼丧服子夏傳）这是財政上的互助。

（四）族人会議。

（五）同宗不婚。

从这五个特点看，周代的"宗法"，实是氏族制度的殘余。周在灭商前本已到了氏族制的末期；灭商以后，在商国发现了封建制的萌芽，于是周的統治阶级，有意識地把其氏族制的殘余结合了封建因素，造成这种形式的宗法制度，用以巩固他們的統治系統。

周代的所謂宗法制度，大略是这样：天子世世相傳，每世的天子都是以嫡长子的身分繼承父位为第二代的天子，奉戴始祖，是为"大宗"；嫡长子的同母弟与庶兄弟受封为諸侯，是为"小宗"。每世的諸侯也是以嫡长子的身分，繼承父位，为第二代的諸侯，奉始祖为"大宗"；他們的諸弟受封为卿大夫，为"小宗"。每世的卿大夫、也是以嫡长子的資格繼承父位仍为卿大夫，奉始祖为"大宗"；他們的諸弟为士，为"小宗"。士的嫡长子仍为士，其余諸子为庶人。凡

"大宗"必是始祖的嫡系子孙；而"小宗"则或宗其高祖，或宗其曾祖，或宗其祖，或宗其父，而对"大宗"则都称为庶。諸侯对天子为"小宗"，但在其本国则为"大宗"。卿大夫对諸侯为"小宗"，但在其本族为"大宗"。这种宗法制度，簡单地說，就是嫡长子繼承父位（大宗），庶子分封（小宗）。

确定以嫡长子的身分来承繼国土田邑，这实是抑止兄弟爭执，巩固分封制度的好方法。

怎样才能使嫡长子有承繼国土、田邑的身分呢？最好是促使群众心理認为嫡长子的身分高出于其余諸子之上。宗法制度就是起了这种作用，它培养人們尊敬嫡长子也就是"宗子"的思想和习惯。

要想令人对"宗子"尊敬，必定先使"宗子"在某一方面有特殊的权利，使别人仰不可攀。为了造成这种事实，于是乎提倡所有的人都要"尊祖"。对祖宗的尊敬，在古代最主要地是表现在祭祀上。祭祀是"国之大事"，不是所有的儿子都有祭其祖先的資格，而有一定的限制：繼禰（父）者只能祭禰，繼祖者祭祖，繼曾祖者祭曾祖，繼高祖者祭高祖，各有其所宗及其所祭；凡非其所繼，皆不能祭。例如繼曾祖和繼禰的便不能祭高祖，繼祖、繼禰的便不能祭曾祖，繼禰的便不能祭祖，不繼禰的次子便不能祭禰。这都是所謂"小宗"。只有繼始祖的才称为"大宗"。始祖只有"宗子"（祀內则疏"宗子謂大宗子"）一系才有主祭的特权，其余的都沒祭始祖的資格。但无論何人不能不尊祖，自己又无祭祀的資格，只有敬那个能祭祀始祖的宗子了。故礼記大傳曰："尊祖故敬宗。敬宗，尊祖之义也。"这样，宗子的地位，便因主祭的原故而重要起来。繼始祖的宗子被諸支庶子所敬，自然无形中得到統治他們的效用。这对于建立分封的社会秩序，是何等重要。宗子有承繼权、諸庶子分封，当然是无可争辩的了。在政治上講，一国无二君；在宗法上講，一庙无二祭主。大宗統于上，小宗統于下，組織极为严密。

始祖及始祖嫡长子孙这一系的祖是世享的，永远享大宗的祭祀，成为"百世不迁"之宗(礼記丧服小記)。其余被小宗所祭的祖则不然，限定傳至五代，必将其所繼之祖，即高祖的上一代之祖的主位，迁到远祖所在的祧庙里去。如此则大宗永远为大宗，小宗經过一定世代(五世以下)，即与大宗丧失关系。血統关系、統属关系、收族关系都消失了，而其名也消失了。"祖迁于上，宗易于下"(丧服小記)，就是这个道理(参看大小宗迁易表)。

大小宗在祭祀上地位的悬殊，宗子在祭祀上的优越，使嫡长子(大宗)繼承国土或田邑，与諸次子(小宗)只能分封，在人們的心理上已經成了天經地义。这就不会再有什么繼承的爭执問題了，宗法之維系与巩固分封制度的作用，于此可見。所以二者的关系是极其密切的。

我們已把周代的分封制与宗法制以及二者的关系，作了个粗疏的分析和解說，可以看出周代这种分封制度完全是为初期封建土地所有形式服务的，而周代的宗法制度则是維持周代分封制度的。有些主张西周是奴隶社会的学者，则認为分封制是初期奴隶社会的产物①，而宗法制度是存留在奴隶社会的氏族制的殘余②。我們不反对分封制起源于初期奴隶社会，也同意宗法制是氏族制的殘余。但周代的分封制已經不是奴隶社会下那种簡单的形式，而是已經有了維护初期封建生产关系的繁复而严密的等級；周代的

<hr>

① 見章書业：中国古史分期問題的討論，載中国的奴隶制与封建制分期問題論文集，三联書店1956年版，第130頁。

② 見上文；又見李亚农：周族的氏族制与拓跋族的前封建制，华东人民出版社1954年版，第7—8頁。

大小宗迁易表

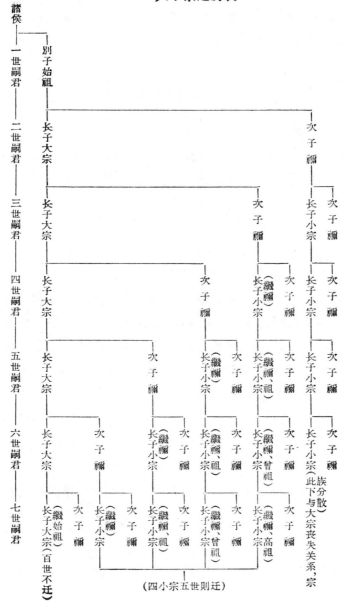

宗法已經成了与周代分封制分不开的一种制度。这两者都是周代初期封建社会的上层建筑、我們不能一見有分封与宗法的現象，即一概認为是奴隶社会的制度。

第四节　西周的政治发展

周自从周公东征胜利凱旋以后，大封同姓諸侯，以藩屏王室，周朝的基业即告确立。成王亲政以来，由于新的生产关系的出现，农业劳动者从殷商时牛馬般的奴隶，变为小私有經济的农奴，生产力大大提高。这时农业有显著的发展。詩經周頌噫嘻篇有这样的記載：

> "噫嘻成王，旣昭假尔，率时农夫，播厥百谷。駿发尔私，
> 終三十里，亦服尔耕，十千維耦，"

这是歌頌成王监督农耕的助祭詩，是祭祀先公、先王时用的。詩中"昭假"是招請先公、先王的灵魂或其他神祇到来①，所以"旣昭假尔"的"尔"，是指已死去的武王、文王、王季、太王以及再前的先公們的灵魂；至于"駿发尔私"的"尔"，则是指从事农耕的农夫們。这首詩主要就是描述成王"昭假"先公、先王的灵魂，幷歌頌成王率領着这些农夫們播种。你看他当面命令农夫們說："快点磨利你們的耕具②，在这几十里大的区域上，成千上万的人、湊成一对一对的

---

① 参看憩之：关于周頌噫嘻篇的解釋，載 1956 年 7 月 22 日光明日报文学遺产；郭沫若：讀了"关于周頌噫嘻篇的解釋"，載 1956 年 8 月 12 日光明日报文学遺产。

② 按此詩中之"駿"字，郑箋云"疾也"，尔雅釋詁釋"速也"。"駿发尔私"之"发"字，应当就是庄子养生主"刀刃者新发于硎"的"发"字。以此去体会"駿发尔私"的"私"字，就决不可能象一般人所理解的是指私田，很明显的，这应当是指耕具而言。

从事你們的耕作呀!"成王亲自在畿内"六逐"地区这样大的"公田"上,监督成群結队的农人,集体来給他助耕(参看第六章第二节第二分节关于西周的土地制度),他收获的谷物"万亿及秭"(詩丰年篇)。在那时候,这种剝削可以使統治者得到暫时的滿足,当然也就可以做到"載戢干戈,載櫜弓矢"(詩时迈)了。

成王死,子康王嗣位,社会比較安定。据說成康之际,刑罰停止了四十多年①。这虽然不免有溢美之处,但也可以想見这时在政治上、經济上,都表现出前所未有的大进步。旧史上所艳称的"成康之治",并不是成王康王的什么"德政",而实是从奴隶制轉变到封建制,新的生产关系适合了生产力所致。

經过成康两世的休养生息,周朝富强达于頂点。康王死,子昭王立。昭王曾亲自領兵征东南的楚国②。昭王子穆王时又繼父志征楚,大起九师,东至九江③。又曾与楚合軍灭徐④。又有"涂山之会"⑤,涂山在今安徽的寿县,这似乎是破徐以后,威服东南夷的盟会。傳說穆王得八駿馬,使造父御之,周行天下,曾西到昆侖山西王母国。其事虽未必都可信,但可見穆王是个远略的人物。一直到春秋时,管仲还說:"昔吾先王昭王穆王,世法文武,远迹以

------

① 見史記周本紀及太平御覽84所引竹書紀年。

② 昭王南征楚事見左僖四年及楚辞天問。

③ 見艺文类聚卷9引竹書紀年。此事諸書所引竹書各自不同,合校見拙作楚族故地及其迁移路綫,載周叔弢先生六十生日紀念論文集。

④ 穆王与楚合軍灭徐,事見后汉書东夷傳,然謂为楚文王时事,淮南子人間訓又說是在楚庄王时,均非。实则徐偃王与周穆王同时,并且与楚熊胜同时。那时楚国尚处苏皖交界处,还沒有到达今日的湖北省。詳证見拙作楚族故地及其迁移路綫。

⑤ 見左傳昭公四年。

成名。"①

　　至于当时的刑法制度如何，由于文献不足，不太清楚。范文澜先生根据尚書呂刑篇，以为周初刑法有五种：墨刑一千条，劓刑一千条，荆刑五百条，宫刑三百条，大辟刑二百条，总共三千条。又說穆王定出贖罪条例：墨刑銅六百两，劓刑一千二百两，荆刑三千两，宫刑三千六百两，斬刑六千两②。这种說法是不可信的。理由很簡单。古代"礼不下庶人，刑不上大夫"，刑法是統治阶級专为对付庶人而設的。西周的庶人是农奴，衣食只够餬口，怎能有这样大数目的贖金？何况"銅"在西周是貴族中所宝重的金属（从西周銅器銘文上可以推知），当时庶人所私有的，不会很多。那么穆王对庶人頒布这个贖刑条例，岂不是无的放矢？再說刑至三千条，簡書之多可以想見，亦非当时庶民所能明了。所以我認为西周社会还不能有如此复杂的刑制，尤其不能有令庶民出銅贖罪的条例。細审呂刑文体及其用字，不似西周作品。郭沫若先生以为"它是春秋时呂国某王所造的刑書，而經过后来儒者所潤色过的东西"③，这是很合理的判断。

　　昭王穆王在位的期間是西周国势鼎盛的时代。以后穆王傳子共王，共王傳子懿王。懿王时据說王室衰微，戎狄交侵④，一度被迫迁到今陕西兴平县，那时名曰犬丘⑤。到夷王时，命虢公率六师

　　①　見国語齐語及管子小匡篇。

　　②　范文澜：中国通史簡編修訂本第一編，人民出版社1955年版，第145頁。

　　③　郭沫若：古代研究的自我批判，載十批判書，人民出版社1954年版，第3頁。

　　④　見史記周本紀，汉書匈奴傳。

　　⑤　史記集解："宋衷曰懿王自鎬徙都犬丘，一曰廢丘，今槐里也。"汉志亦謂槐里周曰犬丘，懿王都之，秦更名廢丘。

伐太原之戎，直打到俞泉，获馬千匹①。傳到厉王时，周室就大乱了。

①　見后汉書西羌傳章怀太子注引紀年。

第七章 周的衰微与春秋列国的兼并战争

第一节 周室的衰微

一 西周的灭亡

西周末叶由于王室对各族进行不断的战争，以及貴族阶級生活的奢侈，財政上遭遇到很大的困难。厉王在位的时候、任用荣夷公作卿士，实行"专利"。所謂"专利"，当即指专山林川澤之利①。周初对于山林川澤的利用，还保存着农村公社的制度，就是由自由农（即国人）公共使用，統治者不加干涉。所以孟子說文王治岐，"澤梁无禁"（梁惠王下）；礼記也說"古者""林麓川澤，以时入而不禁"（王制篇）；谷梁傳說："山林藪澤之利，所以与民共也。"（庄公二十八年、成公十八年）可是后来統治阶级貪图增加收入，往往把山林川澤占为己有。春秋时晏子劝齐景公"山林陂澤，不专其利。領民治民，勿使煩乱。"（晏子春秋卷三，景公問欲和臣亲下晏子对以信順俭节第二十六）足見当时諸侯对山林陂澤、都已"专其利"了。但是这种"专利"，当厉王最初創行的时候、惹得民（"国人"）怨沸腾，諺語蠤起。厉王乃用卫巫，使偵察批評他的人，凡被举发的就要杀掉。当时"国人"怕死，不敢直說。彼此在路上遇見，只有以目示意。到后来，"国人"再也忍耐不住，就集合起来，打进王宮，厉王仓

---

① 周厉王所实行的专利，是指专山林川澤之利，北京大学中国古代史教研組編的中国古代史交流講义有此說。

皇出奔，跑到汾水旁边的彘邑（今山西霍县）去。

这次暴动的参加者，主要的是"国人"。国者城郭之謂，居于郭以內之人曰"国人"，就是周本族的成员，也就是当时的自由农（别于居郊外的农奴，当时名"野人"）。除了"国人"之外，还有一部分貴族也参加了①。

据說那时厉王逃跑后，天下无主。有一个共国的伯名和的，被"国人"和一部分貴族推出来代行天子的职权。这就是历史上所称的"共和行政"。但这件事情，史記却記为周公召公二相行政，这很可能是司馬迁的誤解②。

共和元年是公元前八四一年。中国历史从这一年开始才有詳尽不曾間断的紀年。共和行政十四年，厉王在彘地去世。召公把太子靜請出来，奉为天子。共伯和才回到自己国里去。

太子靜即位，是为宣王，号称中兴之主。西周的經济又获得暫时的恢复。然自宣王下至幽王的时代，西周又遭到空前的天灾，四方的夷狄和諸侯，也漸漸的对周室起了反抗之意。宣王带兵征战，仅仅打个平手。有一年六月里，住在今山西中部的玁狁，打到周京都附近，直进到涇水的北面。宣王命尹吉甫和南仲发兵抵抗，在河南山西和陝西三省境內，作过几次大战，最后才把他們赶回太原

----

① 事見左傳昭公二十六年，国語周語和史記周本紀。这次暴动者主要的是"国人"。又按史記十二諸侯年表序謂"公卿惧誅而禍作"，逸周書芮良夫解謂厉王时大臣"偷生苟安""逃害要制"，据此则此次革命也可能有貴族参加。

② 史記周本紀索隐引汲冢紀年，史記周本紀正义引魯連子，呂氏春秋开春篇慎人篇，庄子讓王篇，太平御覽八百九十七引史記等書，同謂共国之君名和者干王位。惟史記周本紀云："召公周公二相行政，号日共和。"今按史記之說，不見于較古之書，似出于司馬迁臆測。宋罗泌路史有共和辨一篇，申共伯和之說，見发揮卷二。共国在今河南輝县。

去①。此外对楚对徐也用过兵②。这时周人經过这几次战役，已感力竭，而各族的气焰还很高漲。后来宣王又与盘据在今山西的姜氏之戎战于千亩（今山西介休县），周师败績③。"伐太原戎不克"，"伐条戎奔戎，王师败績"④。又曾"丧南国之师，料民（調查戶口）于太原"⑤。大概宣王时也由于連年用兵失败，人力财力的损失，就极力加重对农民的剝削。国内矛盾增大，周的国力也就一蹶不复振了。

宣王死，他的儿子幽王即位，共立十一年。政治的黑暗，更加严重。同时又有接連不断的大天灾。国語有一段記載，說幽王二年西周"三川竭，岐山崩"（周語上）。詩經小雅有一篇对这次大地震，描写的尤为逼真，有下面这么几句：

"爗爗震电，不宁不令。百川沸腾，山冢崒崩。高岸为谷，深谷为陵。哀今之人，胡僭莫惩。"（十月之交）

把当时地震的严重可怕，都表現的清清楚楚。西周末年不但遭遇到空前的大地震，更厉害的是自宣王以来发生了空前的大旱灾。河流池沼涸竭，森林草木干枯而死。天热得象火燒一样，五谷自然沒法播种了。当时的旱灾确乎給予西周社会一个很大的打击，我們看看詩人的感慨悲歌吧：

"瞻卬昊天，则不我惠，孔塡不宁，降此大厉。"（瞻卬）

"旻天疾威，天篤降丧，瘨我飢饉，民卒流亡，我居圉卒荒。"（召旻）

---

① 伐玁狁事，見詩采薇、出車、六月諸篇，又見于古器銘兮甲盘不騛毁虢季子白盘等器。玁狁在今山西境。王国維以为在陝西西北，非是。詳拙稿玁狁考。

② 見詩小雅采芑、大雅常武。

③ 見国語周語上："（宣王）三十九年战于千亩，王师败績于姜氏之戎。"

④ 見后汉書西羌傳引紀年。按以上諸戎均在今山西境。

⑤ 国語周語上。

"倬彼云汉，昭回于天。王曰：呜呼！何辜今之人。天降丧乱，飢饉荐臻。……"（云汉）

"旱既太甚，滌滌山川，旱魃为虐，如惔如焚，我心憚暑，忧心如熏，群公先正，则不我闻，昊天上帝，宁俾我遯。"（云汉）据此，可知旱灾确是严重，农业生产陷于停頓。因之，社会便完全为飢饉的恐怖空气所籠罩。从而大群的农民为逃生而流向他方，至使"周余黎民，靡有孑遺"（云汉）。大批土地成为不毛的荒原。<u>西周</u>社会的秩序，便逐渐解体。

随着社会經济的破产，于是当着游牧部族的来襲，周室便完全丧失其抵抗能力。幽王曾命<u>伯士伐六济之戎</u>，兵败，<u>伯士</u>也陣亡（<u>后汉書西羌傳引紀年</u>）。<u>左傳</u>也記載："<u>周幽为大室之盟</u>，戎狄叛之。"（<u>昭公四年</u>）周室军事力量衰弱，疆土因之日削。那时的詩人也在感叹，"昔先王受命，有如<u>召公</u>，日辟国百里；今也日蹙国百里。"（大雅<u>召旻</u>）所以可以說，天灾的来临对<u>西周</u>的寿終正寝，起了加速的作用。

这时国土日削，生产破坏，但大領主为满足其自身物质生活的要求，仍繼續加紧向农奴榨取。政治腐败到了极点。詩經上說："人有土田，女反有之；人有民人，女复夺之；此宜无罪，女反收之；彼宜有罪，女复說之。"（瞻卬）同时幽王一方面任用佞巧好利的<u>虢石父</u>为卿士（周語及周本紀）；一方面又寵爱<u>褒姒</u>，廢<u>申后</u>。把<u>申后</u>所生的太子<u>宜臼</u>也廢掉，改立<u>褒姒</u>之子<u>伯般</u>为太子。<u>宜臼</u>逃到他的外家<u>申国</u>。激怒了外祖<u>申侯</u>。<u>申侯</u>約<u>吕国鄫国</u>和<u>犬戎</u>，联兵攻<u>周</u>，在<u>酈山</u>下面把<u>幽王</u>和<u>伯般</u>杀掉①。<u>西周</u>遂亡。<u>申侯</u>等立太子<u>宜臼</u>，是为<u>平王</u>。这时首都殘破，又处在<u>犬戎</u>兵力控制之下，<u>平王</u>乃

---

① 見<u>国語郑語</u>、<u>史記周本紀</u>，<u>古本紀年</u>。<u>伯般史記</u>誤为<u>伯服</u>，今依<u>紀年</u>之文改正。<u>酈山</u>在今<u>陕西临潼县</u>东南，<u>犬戎</u>由东来，而<u>幽王</u>出师迎击，故見杀于<u>酈山</u>。

于公元前七七〇年，东迁洛邑。

西周从武王灭商到幽王亡国（公元前一〇二七——前七七一年），凡十一代十二王，据古本竹書紀年說共历二百五十七年。

二　春秋时王室共主資格之逐漸丧失

周室自平王东迁以后，历史上号称"东周"。平王即位于公元前七七〇年。他立后的四十九年，正当鲁隐公元年，孔子依据鲁史所作之"春秋"，即以此年为第一年。春秋一書所包括的年代，自鲁隐公元年（周平王四十九年即公元前七二二年）到鲁哀公十四年（周敬王三十九年即公元前四八一年），共二百四十二年。一般史家因而把这一时期名之为"春秋时代"。现在我們为了叙述的方便及从社会史的眼光划分，把上自平王东迁（前七七〇年）下到韓赵魏三家为諸侯（前四〇三年）的一段时期，称为"春秋"。这期間周王室的地位，与西周比起来，大有一落千丈之势。

西周时，周天子是"天下宗主"。"王畿"要比諸侯領土来得广大，人口众多，战斗力也强。諸侯对天子奉命唯謹，其不服从者，则以六师伐之；其为王所恶者，可执而杀之。列国諸侯对周室之朝覲貢献等义务，不敢有缺。可是到西周末叶，由于統治阶级生活的奢侈，政治的腐敗，又在天灾、兵祸的交迫下，生产衰退，經济破产。因而武力也衰弱了。但是东方各諸侯領主的經济，却获得逐步的发展与兴盛。地方領主經济的发展，一方面形成了封建性的离心力，一方面使得最高領主的周天子，对地方諸侯逐漸丧失其"共主"的威权。尤其是东周第一个天子平王为諸侯所拥立，其一切都仰諸侯的鼻息。这时所謂"共主"，自然便有名无实了。

我們要知道周室共主資格的沒落，須先明白諸侯势力之逐漸强大。东周期間，齐晋秦楚等大諸侯，由于地方生产力的提高，都感到耕地不足，需要扩大土地面积。于是引起了領主相互間的土地兼并战争。在最初，各領主間疆界的爭执和兼并土地的武装行动，多少还怕受到周天子的制裁。到春秋时代，便进入弱肉强食的封建兼并的局面，天子是无力过問了。

其实平王在初迁洛邑的时候，周室的土地，还拥有方六百余里，比其他列国諸侯大的多。不过为时不久，他就把虎牢（在今河南滎阳县）以东賜給郑国，把温（河南温县）、原（河南济源县）等十二邑送給晋国，同时又有許多地方被諸侯給夺去了。晋灭虢（河南陕县），虢以西的地，全归秦晋所有。南境的申（河南南阳县）、呂（在南阳西），不知何时入于楚。此外在当时还有許多戎狄杂居在周地内，王室不能控制。周土所剩的地方，有的还封給公卿大夫作采邑。我們看，眞正为王室所有的土地，实在所存无几了。

王畿土地縮小，諸侯貢献又缺，因而周天子經济益为穷困。堂堂一个"天子"，死后还埋葬不起。如平王死后，还要到魯国去求賻；桓王死，延到七年才得埋葬；襄王死也派人到处求金。周天子穷到这个样子，但葬礼一定还要象以往那样的排場，这就更加速了衰亡。

就当时的事实看，周天子几乎等于寄生虫，常寄生于諸侯的势力之下。如晋楚战于城濮（前六三二年），楚軍大败，晋文公在踐土（河南广武）大会諸侯，周襄王亲去慰劳。同年多天文公又会諸侯于温，召襄王前去。史官觉得以臣召君，不可为訓，于是在史書上写"天王狩于河阳"，說王是为打猎去的，保留了周王的体面。其实这时周王似乎就象晋的保护国了。后来甚至王朝的臣子不睦，周王自己无法处置，便听他們到晋国去打官司（見左傳僖公四年）。从这件事上，便可以令人推知当时周室的地位。諸侯有事，不訟于王室，相反的而是王室有事，訟于諸侯。

周代王室世系表

(甲)西周：

(一)武王——(二)成王——(三)康王——(四)昭王——(五)穆王——

——(六)共王——(七)懿王——(九)夷王——(一〇)厉王——
——(八)孝王

——(一一)宣王——(一二)幽王

(乙)东周：

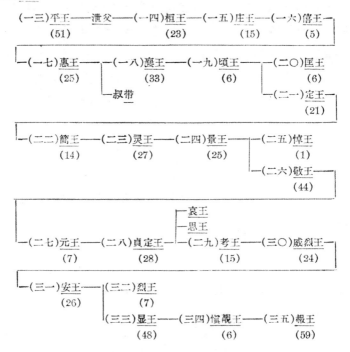

(一三)平王——泄父——(一四)桓王——(一五)庄王——(一六)僖王——
(51)　　　　　　　　(23)　　　　(15)　　　　(5)

——(一七)惠王——(一八)襄王——(一九)顷王——(二〇)匡王——
(25)　　　　　(33)　　　　(6)　　　　(6)
——叔带　　　　　　　　　　　　　　——(二一)定王——
　　　　　　　　　　　　　　　　　　(21)

——(二二)简王——(二三)灵王——(二四)景王——(二五)悼王
(14)　　　　　(27)　　　　(25)　　　　(1)
　　　　　　　　　　　　　　　——(二六)敬王——
　　　　　　　　　　　　　　　(44)

——(二七)元王——(二八)贞定王——哀王
(7)　　　　　(28)　　　　——思王
　　　　　　　　　　　　——(二九)考王——(三〇)威烈王——
　　　　　　　　　　　　(15)　　　　(24)

——(三一)安王——(三二)烈王
(26)　　　　　(7)
　　　　　　——(三三)显王——(三四)慎靓王——(三五)赧王
　　　　　　(48)　　　　(6)　　　　(59)

　　春秋时王室还常为了王位繼承問題而鬧家务。周惠王时有王子穨想篡位，而引起的乱事，是賴郑虢二国的兵力平定的。襄王时王子带召戎狄攻王室，晋文公出兵杀子带，王室始安。景王时有王子朝与王子猛爭位，到敬王四年，子朝奔楚，把周室的典籍也盗

194

跑了。

周王室在东周时已衰乱到这个地步,为什么没有灭亡呢?就是由于这时的霸国,利用"尊王""攘夷"的名义以图达成"霸业"。其所以如此,不外經济上与宗法上两个原因。經济上的原因,就是当时的大諸侯,利用"天子"的名分,以行征伐,比較得人信任。他們爭得霸权以后,可以向弱小国家,征收貢赋和傜役,事实上就是获得了天子的經济权利。因此,大諸侯愿意維持周室。宗法上的原因,就是春秋时宗法观念,还有一点支配人心的作用。天子被認为是"天下宗主",誰要企图篡夺周的王位,那其他的别子(同姓諸侯),就要联合起来反对他。春秋时霸主所倡导的"尊王",实际上就是宗法观念的余波。有这两个原因,所以垂死的王室还能在那里苟延他的生命。

与王室的衰微和諸侯的强大相照映的,便是封建主义又开始其典型的发展。

第二节 春秋时华"戎"的斗爭及其融合

春秋时政治局面上的特点,除了周室的衰微以外,就是"戎狄"对諸夏的骚扰。春秋最初八十年中,"戎狄"对华夏的攻侵,史不絕书。这些落后的游牧人,虽然大多数还没有进到阶级社会,不能有任何侵略的根据。但他們所行使的原始掠夺,也大大危害着諸夏各国人民的生活,所謂"南夷与北狄交,中国不絕如綫"(公羊僖公四年)。在这样情势下,諸夏各国需要团结起来,抵抗他們所認为破坏中原文化的这股狂潮,于是霸者提出"攘夷"的口号,以为爭霸的根据。

我們在談华"戎"斗爭之前,首先应当弄清楚,华"戎"各属什么种族,二者之間的区别是什么。

"华""夏"这两个字, 古时音韵是相通的(按"夏"为匣紐, "华"为曉紐, 二紐古时可以互轉。二字又同为麻部字)。周初人已用"夏"字(尚書君奭篇), 周末人始用"华"字(左傳定公十三年)。盖夏族人自称为"夏", 后来書写时, 或以同声之"华"字代替。于是有时称"夏人", 有时称"华人", 更或有以二字合而一之, 称为"华夏"的。在春秋初年被称为华夏的国家, 主要的有姬姓的鲁、蔡、曹、卫、晋、郑、燕等国, 姜姓的齐、許、申、呂, 子姓的宋, 姒姓的杞, 嬀姓的陈等国。他若西方的秦, 南方的楚, 和东南的吳越, 还沒有划在华夏圈内。

至于常与諸夏或华夏对称的所謂戎、狄、蛮、夷的含义, 则是随时代而改变的。最早在殷商时, 东方有"夷"(即卜辞之"人方"或作"尸方"), 北方有"狄"(即易), "蛮""戎"二名未興。西周銅器才称北方的玁狁和鬼方为"蛮"(見虢季子白盘和梁伯戈), 詩經也記載北方有所謂"百蛮"(大雅韓奕)。"戎"字有时用以称玁狁(不娶殷), 有时用以称东方的部族(見尚書費誓、康誥及周初銅器班殷)。由此可知"蛮"和"戎"的涵义, 似乎不是种族的称謂。

到春秋战国, 四方諸小族統名曰"夷"(見孟子离婁、梁惠王等篇, 尚書禹貢), 南方之族尚未专有"蛮"称。晋器晋邦盦有"百蛮"二字, 当与詩韓奕之"百蛮"同义, 称蛮为"百", 其非一族之专名, 极为明显。这时"戎"和"狄"可以互称, 古本竹書紀年称鬼方为"戎", 又曰"翟"(后汉書西羌傳注引), 是戎狄互称的例子。又如左傳称重耳之母为大戎狐姬(左傳庄公二十八年), 又謂重耳奔其母国曰奔狄(左傳僖公五年)。可見当时"戎"和"狄"是可以互称的。后人常把"戎""狄"理解为两种各不相关的种族, 实是极不正确的。

秦統一中国之前, 中原諸弱小族, 多被驅逐到四塞的地方。戎、狄、蛮、夷四个名詞，才开始分配到四个固定的方向，"东夷""北狄""南蛮""西戎"的說法，于是正式形成。

"戎狄蛮夷"的涵义，是这样随时代而变易①，我們首先若不分析清楚，研究先秦的部族历史，是不会得到正确的理解的。

从上面的剖析看，戎、狄、蛮、夷，基本上是与华夏有区别的。不过最大的区别，不是血統上的不同，而是經济文化发展上的差异。现在我們把当时戎狄的社会經济礼俗文化各方面提出来，看看它与諸夏有什么不同。

第一，社会經济：諸夏各国在春秋时，早已先后不同的进入了封建社会阶段。但是当时的戎狄从各方面观察，恐怕仍滞留在氏族社会的末期。生活方面，諸夏是定居的耕稼部族，所以对土地看得特别重；而戎狄则是时常迁徙的游牧部族，故视兽类貨物重于土地（韓非子十过篇；国語晋語）。华夏与戎狄由于生产方式这一基本的条件有别，因而使其他各方面，都有了差异。

第二，服飾：春秋时住在今山西河南陕西河北等地的戎狄，头发的样式是"被发"（左傳僖公二十二年，論語宪問，淮南子齐俗訓）。吴越的土著族是"断发"（左傳昭公三十年，墨子公孟篇，史記吴世家、越世家，說苑奉使）。中国西南諸少数族是"盘发"或"編发"的（史記西南夷列傳）。这些发式是和华夏头著冠，发著笄的风俗很不相同的。除发式以外，这許多族，在"飲食衣服"方面，也是"不与华同"（左傳襄公十四年）的。

第三，語言：古代各族有各族的語言。族与族間的来往交涉，必有舌人傳达意見，始能彼此了解。所以有"重譯而至"（淮南

① 关于戎狄蛮夷观念的演变，详見拙著論先秦的"戎狄"及其与华夏的关系，载南开大学学报（人文科学）1955年第1期。

子泰族訓），有"重象狄騠"（齐俗訓）的記載。春秋时姜戎初在山西中部，后来迁到河南北部，与諸夏杂厠而居，可是与諸夏仍是"言語不达"（左傳襄公十四年）。足見古时諸族語言龐杂的現象。

第四，宗敎：宗敎信仰的研究，可以帮助我們了解古代各族的关系。春秋时东夷有"用人于社"及以人殉葬的礼俗（左傳昭公十年、僖公十九年、定公三年、文公六年）。西方戎狄有火葬的習俗，如仪渠（墨子节葬下）、氐、羌等（荀子大略篇，呂氏春秋义賞篇）。人死以火葬，与华夏土葬者不同。这一定是有他們宗敎信仰的原因在内的。所以他們不怕被俘虏，而怕的是死后其尸体无人給燒化（見上引書）。

現在我們再回头看看以上这四项和华夏是很不相同的。这是区分华夷的标准。所以当时是"諸夏用夷礼則夷之，夷狄用諸夏礼則諸夏之"。

中国境内自古就是华夷杂处的局面。不过在西周时諸夏各封国之間，尚存有大批未开墾的荒地草原，由少数游牧族縱横出没其間。在这样华戎杂处的局面下，平时各自成一統系。一在耕稼地带，一在草原地带。居地虽然为比邻，他們之間很少往还，双方可以相安无事。

可是春秋时，生产力提高了，各地諸侯都需要扩大耕地面积。于是他們一方面向邻近小国掠夺，一方面向草原地带开墾。这样一来，居住在草原营游牧生活的戎狄，便与諸夏发生了不可調和的矛盾。当时周室的武力巳垮，在諸夏各国忙于篡夺和兼幷的时候，戎狄就乘机活跃起来，縱横侵扰于河北河南山东山西諸腹地。特别是在閔、僖、文、宣之間，尤为厉害，曾两度侵陷京师（僖公十一及二十四年），灭邢（僖公元年），灭卫（閔公二年，僖公二年、三十一年），灭温（僖公十年），伐晋（僖公八年、十六年，宣公六年、七年、十三年），

· 166 ·

伐郑(僖公二十四年),侵齐(僖公三十及三十三年,文公四年、九年、十一年,宣公三年、四年),伐鲁(文公七年)。前后百年間,患不絕書。晋兴于曲沃,这一带原是戎狄最多的所在。所以戎狄和晋交涉频繁。籍談曾說:"晋居深山之中,戎狄之与邻,而远于王室。王灵不及,拜戎不暇"(左傳昭公二十五年)。終春秋之世,晋戎相争,沒有得到一天的安宁。晋最初和白狄相結以图赤狄,赤狄灭后再对付白狄。諸狄之中,赤狄最强,而尤以潞氏为最。晋人灭潞,用全力始克之(宣公十五年)。晋荀林父敗赤狄于曲梁,遂灭潞。晋侯亲自治兵于稷,以略狄土。稷在山西聞喜,曲梁在河北鷄澤,东西縣亘数百里。当时赤狄之强,很可想見。潞氏灭后,赤狄余种遂不支。

总观春秋华夷的情形,大概已形成了两个壁垒。一边是戎狄,一边是华夏。华夏諸国团結在霸者之下以对抗夷狄,我們前面已經談过了。现在我們要說的是戎狄这边,当时諸戎狄,在春秋战国时,仍处在氏族部落和部落联盟的阶段。他們合諸部落而成立一个联盟,共戴一族为主,以与諸夏抗衡。綜合各方面的文献,可以清楚的看出,这个部落联盟,包有允姓(允姓之姦及小戎)、姜姓(姜戎氏)、姬姓(大戎与白狄都为姬姓)、隗姓(赤狄)四个种姓。左傳称秦晋迁陆渾之戎于伊川(僖公二十二年),又有范宣子数戎子駒支于朝言曰:"来,姜戎氏!昔秦人迫逐乃祖吾离于瓜州,乃祖吾离……来归我先君,我先君惠公有不腆之田,与女剖分而食之。"(襄公十四年)又称晋以阴戎伐潁,王使詹桓伯辞晋言曰:"允姓之姦,居于瓜州,惠公归自秦而誘以来。"(左傳昭公九年)我們若合这三处的傳文,細細体会,僖公二十二年正为晋惠公归自秦后的九年,则自瓜州迁往阴地的陆渾之戎,至少包有允姓及姜姓二种。可見允姓与姜姓合为一个团体,故同时可以祓迁。左傳謂晋献公的夫人大戎狐姬生重耳，小戎子生夷吾。是重耳之外家为姬姓戎。杜预注謂小戎子允姓，则知夷吾的外家为允姓戎（左傳庄公二十八年）。后来晋国有驪姬之乱，重耳于是奔狄（左傳僖公五年与二十三年）。史記謂重耳所奔之狄，即其母大戎狐姬之国（晋世家）。可是左傳又称夷吾也欲奔狄，郤芮以"后出同走"为不可（左傳僖公六年）。夷吾所欲奔之狄，当然也是他外家允姓小戎子之国。現在說是"后出同走"，足見允姓之小戎与姬姓戎当在一处。

前面已說明戎狄中，允姓与姜姓为一集团，现在又知允姓与姬姓亦为一集团，则知允姜姬三种姓的戎狄同为一个集团了。又因其种姓不同，可以称为"众狄"或"群狄"，如春秋时晋国里克就說："惧之而已，无速众狄。"（左傳僖公八年）狄而以众字名之，可見其种姓甚多。左傳又称"众狄疾赤狄之役，遂服于晋"（左傳宣公十一年）。由此我們更知道，隗姓之赤狄，也在此允姜姬三姓集团之中，并且因为赤狄在諸戎狄中最为强盛，想必为此集团的共主，而役使众狄。后来赤狄因跋扈太甚，而为众狄所不滿，他們这个联盟乃趋于瓦解，有一部分乃改服于晋了。

戎狄与华夏虽結成了两个对立的集团，經常发生战争，但是由于双方經济生活的需要，他們是逐渐趋于融合的。即就战争来說，也是給他們互相融合的机会。因为战争是复杂的社会生活现象之一。两方面往往由于战争，而互受影响，給各族人民相互間的經济合作与文化交流开辟了道路。斯大林曾說过："苏維埃人認为：每一个民族不論其大小，都有它自己的，只属于它而为其他民族所沒有的本质上的特点，特殊性。这些特点便是每一民族在世界文化共同宝庫中所增添的貢献，补充了它，丰富了它。"① 从这段

---

① 斯大林：馬克思主义与民族、殖民地問題，人民出版社1953年版，第381頁。

話的精神来体会，不但现今各民族的文化交流，对世界文化的充实与丰富有其貢献，即远到春秋时华戎的文化交流，也对中国社会历史的发展与各族人民的物质生活与精神生活的提高，起了极大的作用。当时华戎所进行的战爭，不管发动战爭的統治阶级的主观愿望如何，但在客观上，它的确密切了各族间的文化交流，推动了中国历史前进。当时华夏的文化程度是較高的，所以常能凭借优势的文化和政治力量，融合了其他諸族。如西方的秦，南方的楚与东南的吳越等国，在春秋中期以后，都相繼吸收了中原文化①，而变成諸夏的一分子了。

　　春秋时华戎是互通婚姻的，这对諸族的融合也起了很大的作用。秦楚与姬姓的婚媾，史書上的記載很多，可以不論，即以中原的戎狄与华夏的交婚来說，也是数见不鲜的。如周襄王曾娶狄后（国語周語中）。晋献公娶大戎狐姬生重耳，小戎子生夷吾，又娶驪戎之驪姬生奚齐，其娣生卓子（左傳庄公二十八年）。晋文公出亡狄时，狄人赠以二女叔隗季隗。文公娶季隗，以叔隗妻赵衰生盾（左傳僖公二十三年）。所以赵国之后，已經混有隗姓狄的血統。銅器中包君鼎、包君盉、郑同媿鼎、芮伯作叔媿鼎、邓公子敦諸器有媿氏字样。此为諸夏諸侯娶隗氏狄女之証（从王国維說）。又考晋景公之姊曾嫁給赤狄潞子为夫人（左傳宣公十五年）。可见姬姓之女也有嫁与狄人的。这些华戎通婚的記載，仅是少数贵族阶级，而当时广大人民之间，由于杂居的关系，其血統的大混合，自更不必說了。由于通婚的关系，又加速了諸族融合的过程。

　　华夏与戎狄在互通婚姻和长期战争的过程中，逐渐的融合起

---

①　在春秋中期以后，楚、秦、吳諸族人对諸夏的典籍（如詩經），都能很熟練的引用（左傳昭公元年、七年，襄公二十九年，哀公元年），尤其是吳公子季札对周乐的理解，已高出于中原一般人之上。●

·169·

201

来。南方的諸族，多被楚所统一，东方的陆續被齐鲁所并，北方的
为齐和晋所灭，西方的则多入于秦。到春秋末期，居住在中原的許
多不同的部族，几乎全部融合在华夏里面。

第三节　春秋各大国社会經济的发展与爭霸的战爭

一　春秋大国的爭霸

西周王室分封的各地諸侯，經过多年的經济发展与兼并战爭
的結果，到春秋时候，只剩有寥寥可数的十数个較大的国家。其中
最大的是齐、晋、秦、楚与东南的吴、越等六国。他們由于土地的竞
相开拓，已逐漸达到势力彼此接壤的程度。

春秋早期政治局面的特点，一为諸侯势力压倒天子，王室已不
被时人所重視；一为戎狄縱橫，諸夏各小国大受威胁。于是大国的
爭霸，有了漂亮的借口。其所揭櫫的"尊王""攘夷"，就是在这种情
况下提出的。

春秋霸国的角逐，实是地方封建經济发展的結果。当时各地
方領主經济，在适应生产力发展的基础上，曾获得急速的发展与繁
荣。这样一方面使地方領主的独立性得到发揮，一方面刺激着領
主阶級之領地扩张的欲望，从而引起諸侯間为了爭夺土地而发生
的兼并及掠夺的战爭。这时各大国假借"尊王""攘夷"的口号，"挟
天子以令諸侯"，实际是取得了周室对各国的貢納勒索权。各大国
从此便展开了爭霸的长期战爭。

齐　最先称霸的是齐国。齐国地居黄河下游，东北和北面濱
大海。"地汚鹵"，"少五谷"，惟蚕桑鱼盐之利，甲于天下。在春秋
时代，管仲相桓公，以"区区之齐，在海濱，通貨积财，富国强兵，与
俗同好恶"（史記管晏列傳）。同时由于鉄工具广泛使用，汚鹵不毛

之地，这时变成"膏壤千里"(史記貨殖列傳)。总之齐国的自然条件是很优越的，加以其生产技术又比他国进步，无論农人、工匠、女工，都已使用各种鉄制工具，生产力較高。所以从当时各国經济进步的水准而論，一般都不及齐国，其社会經济当然便很快的发展起来了。

随着經济的发展，政治力量便增大。在齐桓公以前，已經把附近的各族小国，逐漸吞并(如萊夷根牟等)。到桓公时(公元前六八五——六四三年)，齐国就已成为海岱間的惟一大国了。齐桓公又凭借着他的先世对周建国有大功，被周天子特别看重。所以他首先出来，提倡"尊王""攘夷"，顺应时势的发展，开創出一种新的局面——霸政。但齐桓公的霸业，是与管仲的策划分不开的。管仲治国的政策(据国語等書所述)，是先整理赋税，在有些地区，廢除井田，改为"相地衰征"。就是按土地的肥瘠，定赋税的輕重。通貨积财，設"輕重九府"之制，观察年岁的丰凶，人民的需要，来收散貨物。尤其是"作内政以寄軍令"，这便是"寓兵于农"，使武备不为独立的扩張。兵属于国，农属于兵，兵民合一。我們綜看管仲的政策，对内是开源节流，以减輕农民小生产者的負担；对外則发动战争，鼓励通商，以資助国内經济，緩和社会矛盾。因此齐国很快就变成强国。

那时中原各国，正是感受到"夷狄"威胁的时候。特别是北方游牧部落的戎和狄，屢屢危害諸夏之国的安全。山戎侵扰燕国，齐桓公于是起兵征山戎，一直打到孤竹国(今河北卢龙县一带)。又如有一次狄人伐卫，杀了卫懿公，长驱攻入卫都，卫灭。宋国救出卫的遺民，男女共只七百三十个人；添上了共滕两邑的居民，剛凑满五千人。就在漕邑(河南滑县)立了戴公。齐桓公派公子无亏带領三百乘兵車，三千名甲士替卫国守御；又送給卫君乘馬和祭服、木材等用具，牛羊豕鶏狗等每种三百头；送給卫夫人乘車和做衣服用的細錦，讓他們成立一个新国家（見左傳閔公二年）。又过了些时，狄人攻邢很急。齐桓公又邀宋曹两国的兵救邢。邢的人民蜂拥出城，投奔援軍。援軍替他們赶走狄人，把他們的国迁到夷仪（山东聊城西南），筑好了城墙才走（左傳僖公元年）。卫戴公去世，弟文公即位。齐桓公又替他們修筑了楚丘城（河南滑县东六十里），把他們迁到那里。后人形容这两国人民的高兴，說："邢迁如归，卫国忘亡。"（左傳閔公二年）齐桓公救邢存卫，阻擋狄人的南侵，开始在东方諸侯中树立了威信。

这时南方的楚国已經强大，常想北向以爭中原。郑国首当其冲，連年受楚的征伐。齐桓公乃于公元前六五六年，率領齐、鲁、宋、陈、卫、郑、曹、許八国的軍队，討伐附楚国的蔡国。蔡师奔潰之后，大軍推进到楚境。齐桓公叫管仲去責問楚国不給周室貢献苞茅，和昭王南征不返的責任問題。楚人从来沒有碰見过这样大敌，有些怕了。楚成王就派大夫屈完到齐軍前講和。齐桓公也看到楚方态度强硬，无隙可乘，只好答应，在召陵（今河南郾城东）与楚成立了盟約，随即退兵。这次虽然沒有眞打仗，但总算敢对楚国示了示威，救了郑国，也就是一件大事了。

在周襄王未立的时候，王室有叔带之乱。桓公在洮（曹地）召集諸侯結盟，共立了襄王。第二年夏天（前六五一年）又会諸侯于葵丘（河南考城东）。申明天子的禁令道："毋雍泉（雍泉，专水利也），毋訖籴（訖，止也，謂不可囤积谷米），毋易树子（树子即嫡子），毋以妾为妻，毋使妇人与国事。"（谷梁僖公九年）这是历史上有名的葵丘之会。这时也是齐桓公霸业鼎盛的时候。

齐桓公的霸业，主要的功績是联合諸夏各国，共同抵御了北方和南方落后部落对中原地区的掠夺与蹂躏。生于齐桓公卒后九十二年的孔子，还称赞桓公和帮助桓公成霸业的管仲說："管仲相桓公，霸諸侯，一匡天下。民到于今受其賜。微管仲，吾其被发左衽矣。"（論語憲問篇）当时南方的楚人势力这般强，北方的戎狄又是异常驃悍。中原的礼俗和文化，眼看受到他們的威胁。齐桓公創出霸政，来維持諸夏的政治組織和文化，使各国的社会生产力在这均势小康之下，徐徐繼續发展，而免于落后族的干扰。在这方面說，孔子的評語，虽然太强調了管仲个人的作用，但他对霸政局面的推重，却是正确的。

齐自桓公死后，霸业驟衰。未几楚国北上，侵入中原，压迫黄河流域諸夏各国。这时殷人之后的宋襄公想承襲齐桓公的霸业，企图击退楚师。于周襄王十四年（前六三八年）与楚人战于泓（河南柘城一带），結果大败，襄公負伤而死。宋国的霸业就这样的終結了。

晋 自从齐桓公去世后，宋襄公謀霸不成。中原沒有霸主。諸侯互相争战，又成了一个混乱局面。于是各族又急遽內侵，周襄王为狄所迫出国。南方的楚国更是如虎出籠，大有进据中原之势。在这間不容发的当儿，有晋文公出来，接踪齐桓公的事业，担負起第二度"尊王""攘夷"的重担。

晋国地处山西汾河流域，本亦膏腴之地。惟因戎狄与之杂处，常受到他們的侵扰，致生产受着牽制而发展較緩。自晋献公立后，开始兼幷邻近弱小領邑，象霍、耿、魏、虞、虢等国，都被他給統一了。又自晋武公以来，剷除公族，沿为定例，这样国家大权自然逐漸地都会落入异姓卿大夫之手，成为后来"六卿专权""三家分晋"的伏綫。但也由于此，当时晋国的力量由分散的公族暫时集中于公室。晋文公当政时（前六三六——前六二八年），任用狐偃、赵衰、郤縠、先軫等，一面对外与狄人成立和好关系；一面对内"弃債薄敛"，"通商宽农"。不久便"政平民阜，财用不匮"（国语晋语四）。晋国争霸的条件成熟了。

公元前六三六年，周襄王为王子带所攻，向晋告急。晋文公出兵勤王，一面进兵围子带于温邑，一面护送周襄王复位。做了霸主应做的"尊王"举动。

前六三二年，晋文公为了救宋，曾率晋齐宋秦四国的兵与楚军战于城濮（山东濮县），楚军大败。于是晋文公在践土（河南广武）大会诸侯，自己作了盟主。这次战争，是春秋前期的第一次大战，它多少关系于中原的全局。因为当时楚国的势力已进入中原。北方的狄人也曾打入王畿，正是"南夷与北狄交侵"的时候。文公虽然是为了自己的利益争夺霸权，但客观上，它却使诸夏的经济与文化，在无外力干扰下，得以顺利的继续向前发展下去。

文公以后，晋国继续称霸百余年。但自晋襄公以后，西方的秦国也开始强大了。

秦 秦地处关中，"自汧雍以东，至河华，膏壤沃野千里。"（史记货殖列传）并且这又是周人文化发祥之地。自周东迁以后，秦人因之。这里在西周末年虽遭到旱灾和地震，但到春秋初，农业生产已渐恢复。秦穆公在位时（前六五九——前六二一年），任用百里奚，修明内政，奖励生产，国势遂强。但终由于经济发展较迟，其生产也很难与东方诸国并驾齐驱。当晋文公死，晋襄公即位的时候，秦穆公很想乘晋国之丧，越晋出兵击郑以争中原。于是在前六二七年，秦晋有殽（河南陕县）之战。结果，秦大败。从此之后，晋秦两国陆续不断的互相侵伐，但总是晋占上风。秦穆公在东方既不能得志，于是改变方针，专从事于征伐西戎。他曾灭掉十二个戎国，开拓了一千余里土地（韩非子十过篇）。虽说他终究没有实现称霸中原的雄心，可是已经做了西戎的霸主了。

楚　自从晋襄公败秦师于殽，此后两国报复无已，秦伐晋八次，晋伐秦七次。以前晋之所以能胜楚，借秦之力颇多。晋国每次盟会或对外战争，秦国无役不从，故晋能以全力制楚。现在秦晋构难，晋国于是无暇南图，遂使楚国日以坐大。

楚在春秋时，地处长江与汉水流域，占地辽阔。其生产原是比较落后的。但自周人的生产技术傳到楚国后，社会經济便获得急速的发展。因之，在齐桓晋文相繼称霸时，楚已开始向北方侵襲，并吞了"汉阳諸姬"。楚庄王在位时（前六一三——前五九一年），楚国更加强盛，起兵北向伐陆渾之戎（在河南陆渾县），直逼洛水，在周王的疆土上耀武扬威；并且遣使問周九鼎之大小輕重，对周天子大有取而代之的意图。

当时郑国是晋楚爭霸的主要对象。郑常依違于两大国之間，晋兵胜时从晋，楚兵来时再改从楚。前五九七年楚兵圍郑，攻了三个月，才把郑都攻破。晋遣兵救郑，楚大败晋軍于邲（河南郑县）。楚国服了郑許，又圍攻宋国。宋国虽然"易子而食，析骸以爨"，仍艰苦抵抗，免于亡国，但終究归附了楚国。这时鲁、宋、郑、陈諸中原国家，都依附楚国卵翼之下，楚庄王便成为中原的盟主。

那时郑宋两国是縮轂南北及东南军事形势与商业交通的樞紐。特别是郑的虎牢与宋之彭城，为兵家必爭之地。而两国处晋楚两大国之間，晋楚爭霸垂百余年，日以爭郑宋之向背为要务。所以当时郑宋两小国的外交，非常困難。从楚则怒于晋，从晋则怒于楚，无怪乎郑人要"牺牲玉帛，待于二境"（左傳襄公八年）了。

弭兵运动　自从楚晋爭霸，战争持續了百余年，弄得中原諸国的老百姓痛苦万分。晋楚两国也都因内爭外患而筋疲力尽。所以当时一般的人，都在渴望和平。在这样情势之下，諸国間的弭兵运动，遂应运而生。

先是，宋国执政大臣华元与晋楚两国当局都很交好，他出来努力斡旋。前五七九年夏天，晋楚两国在宋国西門外結了盟約，盟辞道：

"凡晋楚无相加戎，好恶同之。同恤蓄危，备救凶患。若有害楚，则晋伐之；在晋，楚亦如之。交赘往来，道路无壅，谋其不协，而討不庭。有渝此盟，明神殛之，俾队其师，无克胙国。"

（左傳成公十二年）

这个条約，只保証了三年的和平，楚国便首先把它撕破。从此以晋楚为首的中原諸国，又卷入了三十多年的战乱。各国厌战望和的心理，比以前更迫切了。于是有第二次的弭兵运动。

这次的奔走者是向戌，他也是宋国的大夫，和晋楚的执政者也很有交情。他看清了晋楚两国的统治阶级已有息战的要求。晋国六家权臣（赵、范、知、荀、韓、魏）間的矛盾增剧，都无心对外。而楚国这时则因屡屡受到它东南的吴国的攻打，有后顾之忧，无力北图，所以也有意与晋講和。其余諸国为了减輕兵役之苦，更希望减少战争。因此向戌向晋楚提出請求弭兵結好，立刻就得到了他們的贊成。前五四六年，在宋都召集了一个十四国的弭兵大会。会議决定，附从晋楚的国家，除齐秦两个大国外，其余的国家，都对晋楚两国尽同样的义务，也就是說晋楚两国同作霸者。

弭兵大会之后，有四十多年，中原的战争减少了。不过許多小国，經常要具备两份貢品，貢献給两个霸国，人民的負担也是够受的。

吴与越　大約在春秋末期，长江下游的吴越两国，相繼强大起来，成为中国东南的支配势力。

吴越地处海濱，有魚盐之利，幷宜于农业。自中原进步的生产技术傳入后，經济便很快的繁荣起来。

前五八四年,晋国为了制楚,派遣楚亡臣申公巫臣带着車战技术到吳,教吳人射御和車战之术,从此楚国东南树一大敌。楚国連年由于抵御吳人,疲于奔命。吳王闔閭当政时(前五一四——前四九六年),任用楚亡臣伍員,改进政治軍事。前五〇六年与蔡唐两国联军伐楚,战于柏举(湖北麻城),楚軍大敗。五战入郢都(湖北江陵)。楚昭王逃走,几乎亡国。后来楚臣申包胥到秦乞师,昭王乃得复国。

当吳国的大軍在楚都耀武揚威的时候,吳国的南邻越国却乘虛攻入吳都。在楚的吳軍,才急急班师回国。

前四九六年,吳与越战于檇李(今浙江嘉兴),吳兵败,闔閭伤指而死。子夫差繼位。三年后吳王夫差敗越于夫椒(江苏吳县)。越王句踐卑辞求和,情愿称臣归服。暗中却任用范蠡文种,君臣"臥薪尝胆","十年生聚,十年教訓",准备复仇。

吳王夫差敗越后,乃一意沟通江淮,北上經营中原。伐陈,服魯宋,败齐于艾陵(山东泰安东南),邀晋定公午为黃池(河南封丘)之会。居然也成了中原的盟主(前四八二年)。

这时越王句踐乃在吳王經营中原时,乘虛向吳进逼。在公元前四七三年,一举灭吳。句踐起而握长江下游的霸权。北进与齐晋等国会于徐州。号令齐、楚、秦、晋共辅王室,秦不如命,欲西渡河攻之,秦引罪而止。当是时,越兵横行江淮,东方諸侯毕贺,号称霸王。越王称霸,至此为极盛。直到句踐卒,霸业始衰。同时春秋时代也告終結。

小国的負担 在大国争霸的春秋时代,中原許多小国 如 魯、卫、曹、宋、陈、蔡、許、郑等国内的經济,也有相当发展。但他們的存亡完全不由自主。为了使国家苟延生命,必须对当时的大国,特别是对霸主要有經常的朝聘和繁重的貢献。魯人对晋就曾发出了

难堪的呼声:

> "鲁之于晋也,职貢不乏,玩好时至。公卿大夫相繼于朝,
> 史不絕書,府无虚月。"(左傳襄公二十九年)

足見小国对大国的貢赋,每月都有。大国貪得无厌,貢赋需索愈来
愈重。晋范宣子为政,郑子产告以币重(左傳襄公八年)。前五二
九年平丘之会,郑子产向晋力爭貢赋之次曰:

> "昔天子班貢,輕重以列。列尊貢重,周之制也。卑而貢
> 重者,甸服也。郑伯男也,而使从公侯之貢,惧弗給也,敢以为
> 請。諸侯靖兵,好以为事,行理之命,无月不至,貢之无艺,小
> 国有闕,所以得罪也。諸侯修盟,存小国也。貢献无极,亡可
> 待也。存亡之制,将在今矣。"(左傳昭公十三年)

貢献为晋求霸諸侯的主要原因,所以晋国也不愿輕易讓步,自正午
爭至傍晚,晋人才答应郑子产的要求。

　　至于大国一有战事,小国必出兵助战;大国大兴土木时,小国
亦須派人服役;大国有什么丧葬婚娶,小国也得派卿大夫去送礼致
敬(左傳昭公二十年,宣公十四年)。貢献一次,要用一百輛貨车,一
千人护送(左傳昭公十年)。小国使者到了霸国,住在破烂的客館
里,不知要等多长时候,才获得接見(左傳襄公三十一年)。若不納
岁貢,則征伐随之而来,如"黄人不归楚貢",楚伐之(左傳僖公十一
年)。而且即使"繕貢赋,以共从者,犹惧有討"(国語魯語下)。所以
当时大国对小国誅求无厌,已成为小国不能忍受的負担。只是为了
免于灭亡,于是"无岁不聘,无役不从"(左傳襄公二十二年)。小
国日益罷病,而大国則从战争中、貢納中,集中了大量的财富。

　　人民的疾苦　在春秋的爭霸战争中,最痛苦的,是各国的小
农和小生产者。他们是战争的人力和物資的主要負担者。战爭越
多,人民的痛苦就越大。所以宋殤公在位十年而有十一战,于是

"民不堪命"（左傳桓公二年）。战争中，"民死亡者，非其父兄，即其子弟。夫人愁痛，不知所庇"（左傳襄公八年）。这便是当时战祸的写照。

晋国大夫叔向說过："今日之事，幸而集，晋国赖之；不集，三軍暴骨。"（左傳襄公二十六年）事实上无論胜败，对农民来說，都是"三軍暴骨"，都是极大的不幸。这一国的胜，即是另一国的败。其胜败对統治阶级說是有利害之不同，但对双方的农民来說，不过是受害程度上的差別而已。

春秋时代，各国为了进行掠夺战争，都在拚命的增加兵額。例如晋国于前六六一年作二軍（左傳閔公元年），前六三三年作三軍（左傳僖公二十七年），前六二九年作五軍（左傳僖公三十一年），前五八八年作六軍（左傳成公三年）。战車之数，晋国在平丘之会（前五二九年），已有甲車四千乘（左傳昭公十三年）。其他各国之兵数亦相应的增多。兵数增多，則賦税必因之加重。鲁国于前五九四年为了便于对农民的剝削，乃廢弃劳役地租，改行实物地租（左傳宣公十五年）。可是收入仍不够統治阶级的消耗。鲁哀公时甚至有"二，吾犹不足"（論語顏淵篇）的叹息。

齐国的情形，晏嬰說："民三其力，二入于公，而衣食其一；公聚朽蠹，而三老冻餒。"（左傳昭公三年）晋国的人民，据叔向說："道殣相望。"（左傳昭公三年）当时大国的人民尙且如此，其他小国内的人民，就更为悲惨了。

霸政的历史作用　春秋时代的爭霸战争，在当时，的确給人民带来了很大的灾禍。但从总的社会发展上看，它也起了一定的进步作用。

春秋时的生产方面，比以前有着显著的发展。但由于各国生产力的提高，使其原有的耕地不敷分配。于是各国一方面向草原地带开拓，一方面进行土地掠夺战争。所以春秋时的争霸战争，实是一种适应时代要求的必然产物，它对于结束贵族的分封制和开始预备着中央集权制，起了相当的影响。当时的霸者，虽然表面上挟天子以令諸侯，命令各国"毋相害也"；但实际上是不讓别人兼并，自己却借种种借口，不断吞并小国。荀子說齐桓公"并国三十五"（仲尼篇）；韓非子說"齐桓公并国三十，启地三千里"（有度篇）。左傳說晋国"兼国多矣"，"晋是以大"（左傳襄公二十九年）。韓非子說楚庄王"并国二十六，开地三千里"（有度篇）。足見許多盟主瘋狂的吞食弱小国家。大概說来，山东諸小国都給齐并吞了，河北山西諸小国都給晋并吞了，汉阳諸国給楚吞并了。秦在西方也并吞了許多小国。这些小国，原各有其地位，现在被吞并，这是分封的貴族制度，在政治方面正在逐渐瓦解之証。

割据的分封制的瓦解，同时也就意味着中央集权的出现。从前零零碎碎的小国，这时渐渐合并成几个大国。他們新得的土地，往往不再分封，开始創立郡县制。县公县令，由王委任罢免。土地人民，皆直接属王。到战国时，凡是經过政治改革的国家，都是厚集君权。秦統一六国后，更进一步建立集权的大帝国。所以說春秋时的群雄角逐，为以后中央集权的封建帝国的出现扫清了道路。

从經济方面看，当时的霸政又多少帮助了社会經济的繼續发展。因为在霸主出现的时候，便可勉强維持一下社会秩序。农、工、商各业，得繼續其旧有的成績而向前发展。这在封建集权帝国的促成上，表現了很大的作用与力量。

另外，霸者的"攘夷"战爭，擋住了戎狄对諸夏的骚扰，因而諸夏进步的文化得以保存。同时从此許多戎狄也吸收了进步的生产技术，开始了农业生活。所以，春秋霸政也有其积极的方面，这是应当肯定的。

二 春秋末年卿大夫强宗的崛起与公室的衰微

春秋时諸侯間的大国,在爭霸战爭中,积累了大量的財富。这样,就更加强了他們的独立性,因而也就更削弱了周室的威权。当时霸者在名义上虽然还是周室分封的諸侯,实际上,他們已經脫离天子而独立。他們有自由宣战、媾和、征税、組織常备軍的权力。諸侯之間可以互相掠夺,互相吞并,甚至还侵略到天子的头上,不把天子当"共主"了。

当时大諸侯占領了广大領地后,并不能直接去改变土地所有的属性。他們仍然把其新占的土地,分賜給其左右卿大夫。当大国的諸侯們,由于整日作兼并与爭霸战爭,而至筋疲力尽的时候,各国內部的卿大夫,却借此机会,在国內一面榨取农民的剩余劳劲而累积了大量的財富;一面用損公室利农民的办法来收买人心。所以这些卿大夫逐漸强大起来。属于同一大諸侯之下的卿大夫們,也进行着互相兼并的斗爭。諸侯的力量已經不能約束其卿大夫們,也正和天子之无力約束其諸侯一样。这些卿大夫們,走着旧日諸侯所走过的同样道路。他們自由宣战,自由兼并,或自由締盟,已經不把諸侯放在眼里。

公元前五四六年(魯襄公二十七年),宋国向戌倡議召开的弭兵大会,是春秋时代分为前后两期的一年。大会以前,列国形势是"礼乐征伐自諸侯出",兼并战爭主要地是諸侯进行的,其次才是大夫;大会以后,形势变为"自大夫出"的时代,主要是大夫兼并,其次才是諸侯兼并①。这就是說,弭兵大会是春秋时代諸侯兼并轉变

---

① 参看范文瀾:中国通史簡編修訂本第一編,人民出版社1955年版,第172—173頁。

为大夫兼并的分水岭。尤其是晋齐国内的强宗大夫间，展开了尖锐的兼并斗争。

首先我们要谈到晋国。还在春秋初期，由于公族（晋公室的家族）的嫡系和旁支的斗争，晋献公曾大批屠杀许多近亲，使公族嫡系没有君位竞争的敌手。献公死后，他自己的儿子们又发生了一连串的乱事，直到晋文公即位后才告结束。因此晋国作了一条规定，就是不给公族子弟以一定的土地与职位。这样在晋国就没有了"公族"。一切政权渐渐都归异支和异姓的卿大夫贵族去支配。后来又让卿族代为"公族"。诸卿大夫凭借了假宗室的势力，把私邑作为争夺政权的根据，政权和土地也愈集中。他们在经济上、政治上享有世袭的特权。晋国的卿位总由十来个大家族（卿大夫的宗族）占据，居卿位的同时又是统率军队的将领。于是十来个卿大夫的宗族在晋国的财富势力，就一天天的膨胀起来。到春秋晚期，他们互相吞噬的结果，只剩下韩、魏、赵、范、知、中行六家最大的宗族，就是所谓"六卿"。他们毫不把晋君放在眼里，他们分割了晋国的土地人民，晋君的权力完全丧失。前四九七年，赵韩魏三家和范中行两家斗争，结果范氏中行氏战败。于是只有赵魏韩与知氏四家，他们瓜分了范氏中行氏的土地、人民。这时晋出公眼看知韩赵魏四家势力太强，任意分公室，心中委实不服气。但本国兵力完全在四卿手中，只有乞求外援一办法，于是分别约请齐鲁两国的援兵。但四卿反而先攻出公，出公奔齐，死在路上。知伯立哀公，而政权皆决于己，哀公只是一个傀儡，或名义上的君主而已。此时四家中以知氏为最强，知伯瑶倚势向韩魏赵勒索土地。赵襄子不答应，知伯就联合韩魏共同攻击赵氏，包围赵氏所在的晋阳，一年多没有攻下。后来韩魏害怕赵氏灭了，自己也危险，反而去和赵氏联合，将知伯灭掉。韩赵魏三家灭了知伯以后，他们势力更大了。晋幽公时晋只有曲沃一地,余皆入于三家。公室衰微已极,反而执臣礼朝于三家。当时不但各国不以为怪,连周威烈王也畏其声势,于公元前四〇三年(威烈王二十三年)正式命韩赵魏三家为诸侯。

大約过了十余年,东方姜姓的齐国,又被下面的卿大夫田氏所夺。

先是,齐国世卿高、国两家,在春秋中期衰落了。以后崔、庆两家专权,和公族之间发生一连串的斗爭。后来庆氏乘崔氏内乱,吞灭了崔氏,庆氏独自当国。不久,庆氏因内訌也衰落下去。于是从陈国迁来的田氏家族获得齐国的政权。到齐景公时,田、鲍两家将齐侯的同姓欒、高两家驱逐,田氏的势力业已巩固。这时齐君厚敛于民,而田桓子则结合公族,广行施舍。所以百姓都归向田氏。当时齐国大夫晏婴和晋国大夫权向談及齐晋两国的政治情况。晏婴說:"齐国是陈氏(即田氏)的了,我們的国君丧失了人民,人民都归心陈氏,他借貸用大斗,收进用小斗。他将山上树木和魚盐等海产品运到市场上发卖,价格和在产地一样,当然陈氏很得民心。可是齐国政府要人民为它出三分之二的劳动,为自己的只有三分之一。弄得老年人挨冻受餓,而政府庫房中财富堆得快腐烂。刑罰十分殘酷,市场上割掉脚的犯人所穿的踊的价錢比鞋子还貴。人民这样痛苦,加以关心撫慰的人便是父母。人民象水一般流向这个人,誰又能加以阻止呢?"(左傳昭公三年)田氏便是在籠絡人心的策略下,获得人民的拥护的。到了田常时,他已掌握齐国的政权,並在外交上大肆活动,使自己的政治地位为各国所承認。接着就将公族及异姓中較有势力的家族大肆屠杀,自己割取了齐国的大部土地作为私有。前三九二年,田常的曾孙田和将齐康公迁到海濱,他就作了齐国的国君。过了六年,他受周天子之命,成为齐侯。

这时其他各国内的强宗卿大夫也是在互相斗爭。鲁国从春秋初期就由公族中鲁桓公后裔的三家——季孙、叔孙、孟孙(即"三桓")执政。中期之后，国君的权力丧失。最后三桓就将国君的土地与人民分割了。前五六二年(鲁襄公十一年)，三桓三分公室，作三军，各得一军。到前五三七年(昭公五年)，三桓又四分公室，季孙得二，孟孙叔孙各得一，把公室的军赋抢个干净。鲁国人民只向三家纳征，再由三家轉向公家进献。这样一来，鲁国实际上已分成三国，鲁君不过保存了一个宗主的虚名和一部分的民赋而已。鲁昭公鲁哀公都曾和三家斗争，但结果都是被驱逐。大夫专横到这步田地，其势力之大，可想而知了。

其他各国，这时也走着同样的道路。如郑国的政权在郑穆公七公子的后裔七家(即"七穆")手中，经常发生冲突。卫有孙、宁二家的倾轧。宋有华、向、乐、皇四家的争权。总之，春秋末年到战国初年，这期间各国主要的表现就是公室卑弱，强宗的卿大夫崛起。国家政权由分散而趋于集中。旧型的国家逐渐没落，代之而起的是一个新型的适合于生产力发展的新国家。

第八章　战国时期的社会剧变

第一节　春秋末到战国时期的新形势

春秋一書絕笔于魯哀公十四年"获麟"之岁(前四八一年)。后十四年,至魯哀公二十七年即周貞定王元年,左傳亦止書。自此以后六十五年,直至韓赵魏三晋列为諸侯的周威烈王二十三年(前四〇三年),才是战国时期的开始。这六十五年間,中国沒有正规的历史記載。下面又一直到周显王三十五年(前三三四年)六国以次称王,中国的历史才有較詳的記載。故实际上自貞定王二年至显王三十五年,凡一百三十三年間,中国只有极模糊的历史。顧炎武就說在此期間,"史文闕軼,考古者为之茫昧。"(日知录卷十三周末风俗条)

但这一百三十三年却是中国古代史的一大关鍵。

此时期以前为春秋,以后为战国。春秋时整个社会主要的还是封建領主貴族占着統治地位,战国时却逐漸为新兴地主阶級取而代之了。

> "春秋时犹尊礼重信,而七国则絕不言礼与信矣;春秋时犹宗周王,而七国则絕不言王矣;春秋时犹严祭祀重聘享,而七国则无其事矣;春秋时犹論宗姓氏族,而七国则无一言及之矣;春秋时犹宴会赋詩,而七国则不聞矣;春秋时犹有赴告策書,而七国则无有矣。"(日知录卷十三周末风俗条)

"尊礼重信"的春秋,穿过这一百三十三年,却完全改头换面,成了"邦无定交,士无定主"的战国。但我們知道历史上这許多现象的大变动决不是无源之水，一下子就出现，而是在它前一个时代，一定有蛛丝马迹可寻的。我們为了弄清楚春秋战国間这諸种現象的发生和发展，应当先从春秋晚期的历史中去探索。

春秋时由于生产力发展及頻繁战争的結果，破坏了旧制度，产生了新制度。也就是旧的領主阶級逐漸被新的地主阶級所代替，旧的农奴阶級逐漸被新的农民阶級所代替。特别是世襲、不得买卖的領主或宗子土地所有制，向个人私有、可以买卖的个体家族土地所有制轉化，成为这时社会各种变动中最基本的一个变动。

"个体家族制度"实是宗族制度的縮影。在春秋晚期，諸侯无力控制宗族們兼幷时，强宗夺得土地，設地方官管理，不再繼續分封子弟，停止了新宗族的再发生。亡了宗的族党日多，他們失去了宗子的庇护，同时也免于宗子的"同財"。在对地方官有义务繳納貢賦的条件下，一个家庭自成一个独立的經济单位。家长有权力处理自家的財产，有兴趣增加自家的財产，这就是以一个家庭为单位的土地所有制。一个家庭占地多便成地主，占地少或种别人田地便成农民。不論地主或农民，都需要建立起家长擅权的家族制度。家族制度的内容，是子弟服从父兄，妇女服从男子，儿子和媳妇不得有私財私物，一切要听家长支配。父母死后，兄弟可以异居异財。每个男子都有可能作家长。春秋晚期，建立在这种新的家族制度上的新国家逐漸出現① 。

在这些新型国家里，强有力的卿大夫們把持着政权，有的卿大夫甚至篡夺了君位。这些卿大夫都拥有土地和势力。他們在自己的宗族内，用士作家臣。家臣幷非世襲，这就是战国时流行的客卿

_____

① 參看范文瀾：中国通史簡編修訂本第一編，人民出版社1955年版，第153—155頁。

的前身。領主貴族的世卿世祿制度，逐漸廢除。

春秋晚期逐漸流行的另一种新制度，就是"郡县"。这种制度原是兼并战争中的产物。

春秋的兼并战争，使得大的諸侯疆土益大。卿大夫的采邑也扩大了。大夫力不能兼顧，只有派士去管理，称为邑宰；国君所居都邑以外的邑，有些称为县。县的行政长官一般称为大夫（左傳昭公二十八年、僖公二十五年），有些称守（左傳僖公二十五年）、称公（左傳宣公十一年）或尹（左傳襄公二十六年）。不論邑宰或县大夫，都不是分封世襲，而是随时可以調动的官员。这种廢除領主割据，含有进步意义的制度，在一些大国里逐漸通行起来。

晋国沒有公族，新得的土地，多行县制。晋襄公賜給破白狄有功的胥臣以先茅之县（左傳僖公三十三年），晋景公曾賞士貞子以瓜衍之县（左傳宣公十五年）。晋国灭掉祁氏，把他的土地分做七县；灭羊舌氏，把他的土地分做三县，各立县大夫（魯昭公二十八年）。晋知过劝知伯破赵后，封韓魏的臣子赵葭段规二人万家之县各一（战国策赵策一）。三家分晋后，設县更較普遍，韓赵魏成为战国时代的新型国家。

齐国在春秋时也設有县。齐侯鑄载齐灵公把蘲邑的三百个县賜給叔夷。这証明齐县是很小的。因为一个邑就有三百县，而且三百县可以同时賜給一个人，可見这种县不会很大。

楚国灭小国后常設县。如楚文王时灭申息二国为县（左傳哀公十七年）。楚庄王攻破陈都，想把陈国改为楚的县，后来听了大夫申叔时的話才作罢（左傳宣公十一年）。楚庄王破郑，郑伯哀求庄王說："您如肯不灭郑国的社稷，叫郑国改了礼节服事您，等于您国内的九县，那就是您的恩惠了。"（左傳宣公十二年）可見那时楚国的县已很多了。

秦国在春秋时宗法制度不发达,分封領主不多,新得的土地多設为县。秦武公十年(鲁庄公六年)秦人灭邽冀戎,設为县属。十一年又把杜、郑两国幷为县属。

郡的起源較迟,是推行县制以后設立的。最早见于晋,最初設在边地,主要是为了巩固国防,是一种軍事組織。所以管理郡的官吏,叫作"守"。左傳記載赵簡子下令說:"克敌者,上大夫受县,下大夫受郡。"(哀公二年)可見当时县比郡地位高,县大而郡小。后来随着軍事的发展,特別是到了战国,边郡日大,一个郡便可以包有許多县。县統于郡,产生了郡、县两級制的地方組織。如魏的上郡有十五县(史記秦本紀),赵的上党郡有二十四县 (战国策齐策二),赵的代郡有三十六县(秦策一),赵的河間郡有十二县以上(秦策五),韓的上党郡有十七县(秦策一),变成郡大县小了。

在兵制方面,战国以前用兵,多用战車。步兵有的杂在战車队里,有的单以步卒組織成军。大概与戎狄战争时多用步兵。如郑庄公败北狄,晋荀吴败众狄,都以步兵制胜。这是因为戎狄居山谷間,車战不便,不得不毁車用步兵。到春秋晚期,井田制坏,田間行車的道路(阡陌)被毁,战車更失去了重要性,于是車战漸为步战代替。

其他如成文法的公布,"士"阶級的上升,和上面我們所举春秋末年剛开始的这許多新鲜的事件,是当时历史发展的大潮流,都在春秋战国之际得到激剧的成长。到了战国,便成为新型国家一般流行的制度了。

第二节 社会經济的发展与阶級关系的轉变

自春秋特别是春秋后半期以来、社会組織、政治制度各方面、发生了剧烈的变化。这些变化究竟是什么力量在推动着呢？历史唯物主义教导我们，生活资料获得的方式，为社会生活和发展所必需的物质财富的生产方式是社会发展的主要的、决定的力量。

当时的物质财富的生产方式是怎样的呢？概括說来，可以分以下三方面加以說明：第一是农业生产力的提高；第二是工商业比以前更为发达；又由于第一、第二两方面关系，引出第三方面，即新兴地主阶级与农民阶级，新的生产关系的成长。这三者都推进了当时经济的繁荣、从而决定或影响到当时和以后的政治制度的变改和学术思想的发达。下面我們就根据这三方面分别叙述。

一　农业生产力的提高

春秋战国时代的經濟生活，以农业經济为主，工商业次之。所以我們要想闡述当时生产的发展，首先应着眼于农业生产力的发展。

当时农业生产力发展的主要因素，便是鉄器的使用。大概在春秋初年，已有以鉄制造的生产工具了。管子一書，虽然不是管仲所作，但多取材于齐国的官家档案，其中海王篇輕重乙篇都記載着齐桓公时的来耜、銚、鎌、鎒、銍等农具，鋸、釭、鑽、凿等車具，刀、錐、鍼等妇女用具，都是鉄制的。国語齐語也記載管仲之言，謂："美金以鑄劍戟，試諸狗馬；恶金以鑄鉏夷斤斸，試諸壤土。"这里的"恶金"就是鉄。当时这种恶金的硬度，也許尚不及青銅，故仅用以制造"試諸壤土"的耕具（鉄在未能鍛炼成鋼以前，不能作为上等兵器的原料使用）。左傳記載前五一三年（春秋末叶）晋国曾以鉄鑄刑鼎之事（左傳昭公二十九年）。管子、国語和左傳三書，虽然都成于战国，并非同时代的記載。但作者距春秋还不算远，以战国时人記春秋时事，当不至有多大出入。所以我們說春秋时鉄已使用于做耕具，当为事实。

到了战国，鉄器之应用渐广。楚人的"鉄鈍"、"鉄劍"之銳利，名闻于时①。赵国则有"鉄甲"、"鉄杖"②。魏国信陵君的食客朱亥"袖四十斤鉄椎，椎杀晋鄙"③。秦有"鉄殳"④。韓有"鉄幕"⑤。此外如"鉄室""鉄銛"也出现于战国之世⑥。由此可知，那时各国已皆有鉄兵器。至于鉄耕具，孟子曾向陈相問詟子"以釜甑爨，以鉄耕乎？"⑦我們从孟子的語气上看，在战国时代农民用鉄农具耕种，已經很普遍了。

中国科学院考古研究所于一九五〇、一九五一、一九五二年这三年中，在河南輝县战国墓的三次发掘，曾发现鉄制生产工具九十余件，鉄兵器七十余件⑧。这很可以与文献記載互相印証。一九五四年夏北京历史博物館展覽的"全国基本建設工程中出土文物展覽会"，展覽出东北鞍山战国遺址中出土大批鉄制农具，河北省北部兴隆县（原热河省）发现战国时有字的鑄造生产工具的鉄范七十件⑨。近数年来，更在湖南长沙衡阳等地的战国墓中，发现鉄器

---

① 荀子議兵篇："楚人……宛鉅鉄鈍，惨如蠭蠆"；史記范睢傳謂楚"鉄劍利而倡优拙"。

② 呂氏春秋貴卒篇述中山的力士吾丘鳩"衣鉄甲，操鉄杖以战。"

③ 史記信陵君傳。

④ 韓非子南面篇："商君之內外，而鉄殳重盾而豫戒也。"

⑤ 战国策韓策一說战国时之韓卒，其劍戟，能够"当敌即斬堅甲、盾、鞮（革履）、鍪（首鎧）、鉄幕（鉄臂衣）。革抉咙（敠）芮，无不毕具。"

⑥ 韓非子內儲說上云："矢来无鄉，則为鉄室以尽备之。"又八說篇："搢笏干戚，不适有方鉄銛。"

⑦ 孟子滕文公上。

⑧ 参看郭宝鈞：輝县发掘中的历史参考資料，载新建設1954年3月号。

⑨ 参看考古通訊1956年第1期，第29—35頁。

七十余件①。这更說明了当时的鉄制生产工具，已經不仅普遍应用于当时文化发达的中原地区，而且也普遍应用于当时中原以外的边远地方了。

鉄耕具主要的有耜、耒、銚、耨、銍、鉬（鋤）等，尤以耜、耨二种为最重要。“耜”是用来“深耕”的，长約六尺，刃头約广八寸。可以把土地耕得肥松（吕氏春秋任地篇）。“耨”是用来“易耨”的，把草除去，使农作物长得美好（吕氏春秋辯土篇）。总之，自从鉄耕具出现以后，文献上关于“深耕”的記載便多起来。如管子八观篇說：“其耕之不深，芸之不謹，虽不水旱，飢国之野也。”孟子說：“王如施仁政于民，省刑罰，薄稅斂，深耕易耨。”（梁惠王上）韓非子也說：“耕者且深，耨者熟耘也。”（外儲說左上）从这許多例証，可見深耕是和鉄耕具分不开的，有了鉄耕具才有深耕的可能。深耕才可以对谷物生长的繁茂多少有了保証。并且，“鉄使广大面积的田野耕作，开垦广大的森林地域，成为可能；它給了手工业者以坚牢而銳利的器具，不論任何石头或当时所知道的任何金属，沒有一种能与之相抗。”②所以鉄器的使用，大大地推动了生产力的发展。

与鉄器之用于耕种的同时，牛耕也渐次普及。我們以前談商代的农业时，虽然有过推测，以为那时有用牛耕的可能。那只能算做一个假說，沒有史料可以証实。縱然是事实，但也决不会普遍。依我們所見到的史料，在春秋以及春秋以前主要的还是“耦耕”，就是两人合作，用脚压踏耕器入土，又用手推发着，方法很是拙笨。从文献上看，最晚到春秋时已經利用畜力。論語雍也篇有“犁牛之子騂且角”。又孔子的弟子冉耕字伯牛，司馬耕字子牛。或以

① 参看考古通訊 1956 年第 1 期，第 77—79 頁。
② 恩格斯：家庭、私有制和国家的起源，人民出版社 1954 年版，第 156 頁。

"牛"与"犁"連用，或以"牛"与"耕"幷称，假如沒有牛耕的事实，似乎不会发生这种联想作用。又国語晋語九竇犫对赵簡子説："范中行氏不恤庶难，欲擅晋国，令其子孙将耕于齐。宗庙之牺，为畎亩之勤。"所謂"宗庙之牺"当然是指"牛"而言。所以春秋的后半期，确是已用牛耕，到战国以后，便逐漸推广了。

农业生产上的进步，除了使用鉄器与牛耕以外，就是灌溉和施肥了。灌溉之兴，其端倪已肇于西周。不过春秋以前之所謂灌溉，多是小規模的，尤其是順自然水势的利用。到战国时則規模之大，已非昔比，且多由人工穿凿修治。荀子王制篇説："修隄梁，通沟澮，行水潦,安水藏,以时决塞，岁虽凶败水旱，使民有所耕耘，司空之事也。"管子四时篇："治堤防，耕芸树艺，正津梁，修沟瀆。"五行篇也説："掘沟澮，津旧涂。"史記河渠書説战国时以河南为中心的宋、郑、陈、蔡、曹、卫諸国引河为鴻沟，楚对于汉水、长江、淮水，吴对于南江、北江、中江、太湖，齐对于淄水、济水，皆曾修渠引水溉田，"以万亿計"。

当时最有名的水利灌溉，則有以下数事：

魏文侯时（前四四六——前三九七年），西門豹在魏国做鄴令，曾引漳水以溉鄴田（史記河渠書）。他的方法是沿着漳水，"发民凿十二渠，引河水灌民田，田皆溉。"（史記滑稽列傳褚先生补記）其后至魏襄王时（前三一八——前二九六年），史起亦为鄴令，又堰漳以溉鄴田①。当时民歌之曰："鄴有賢令兮为史公，决漳水兮灌鄴旁，終古鳥鹵兮生稻粱。"（呂氏春秋乐成篇）人民对史起这样的歌頌，可証魏国大量利用河水以灌田致富，因而得到人民的拥护了。

秦昭王时（前三〇六——前二五一年），蜀太守李冰为了岷江时常泛濫，领导着劳动人民，在四川灌县，凿"离碓"，修筑都江堰（水經江水注）。使岷江过多的水量，分散在内江和外江流下去，从此解除了岷江的水患。史記河渠書說李冰"凿离碓,解沫水之害,穿二江成都中",这里的沫水实即岷江,因 "岷" "沫" 乃一声之轉(水經注說沫水源出蒙山实即岷山)。有人把凿离碓和穿二江認为两地两事(如清人胡渭禹貢錐指),实不可信。

李冰領导修筑的都江堰,其偉大处,不仅解除了成都平原地区年年的大水灾,尤其是把水害变成水利。便利了成都附近平原农田的灌溉。从此"蜀沃野千里,号称陆海","水旱从人,不知飢馑"(华阳国志卷三)。二千年来,这一工程一直为历代农业生产服务。

此外,还有一个著名的大渠,就是郑国渠。据史記河渠書所載,战国末年,韓国听說秦国好从事土木工程,想叫它疲于兴建土木,不暇出兵东伐。于是在公元前二四六年派水工(水利工程师)郑国到秦国去說秦王凿涇水为渠,和北山平行,东入洛水,三百余里,用以灌田地。工程尚未完时,郑国被秦发觉他是奸細,想杀他。郑国說:他本是作奸細的,但渠修成,对秦也有大利。秦听他的話,繼續把渠修成,"溉澤鹵之地,四万余頃"。从此关中成为沃野,无凶年。

因为灌溉方法进步,所以园圃种蔬菜已成专业。如史記商君列傳謂秦国赵良对商鞅說:"君之危若朝露,何不归十五都,灌园于

---

① 梁王繩史記志疑云:"引漳水溉鄴,沟洫志据呂氏春秋乐成篇,以为史起。有史起謙豹不知漳水溉田語。續滑稽傳謂豹引河水溉鄴也。 然考后汉書安帝紀初元二年正月,修理西門豹所分漳水为支渠,以溉民田。水經注十三:魏文侯以西門豹为鄴令,引漳以溉鄴,民賴其用。其后至魏襄王,以史起为鄴令,又堨漳以溉鄴田,与此書相合。呂子恐不足据。盖二人皆为鄴令,皆引漳水。左太沖魏都賦所謂西門溉其前,史起灌其后也。"(史記志疑卷十六)按西門豹与史起同为水利专家,不过二人所用的方法不同,西門豹是开渠以引漳水,而史起是用堰的方法。

鄙。"又魯仲連鄒陽列傳:"于陵仲子辞三公为人灌园。"又战国策齐策六:"太子乃解衣免服,逃太史之家,为溉园。"皆是其例。

当时灌溉工具有"桔橰",已能用杠杆来提水灌溉了。庄子談到桔橰的样子說:"凿木为机,后重前輕,挈水若抽,数(速)如泆湯。"(天地篇)"引之则俯,舍之则仰"(天运篇)。淮南子氾論說:"古者……抱甄而汲,民劳而利薄;后世……桔橰而汲,民逸而利多。"这是以桔橰代替了古时极拙笨的抱甕灌溉法。这不但反映着农业生产力之一步較大的前进,而且反映着人类对自然的征服程度之較大的增进。

肥料的应用,到战国时已盛行,礼記月令篇說季夏之月,"燒薙行水,利以杀草,如以热湯,可以粪田疇,可以美土疆。"(又見呂氏春秋季夏紀)孟子屢次說到"粪其田","百亩之粪"。荀子也說"多粪肥田"(富国篇)。这都是当时施用肥料之証。

我們总起来看,随着耕具的革新,水利灌溉的应用,施肥的重視,农业产量必然会大大提高的。据战国初年魏国李悝的计算:一亩地普通可产粟一石半。上熟可以四倍,即六石;中熟可以三倍,即四石半;下熟可以一倍,即三石。小飢可收一石,中飢可收七斗,大飢三斗(見汉書食貨志)。战国时一尺等于清营造尺七寸二分(据商鞅量推算),古时又以百步为亩,那么战国一亩約当今三分之一亩。而战国一石等于約当今五分之一石,即二斗(据商鞅量推算)。如果折算起来,是战国时如今三分之一亩,普通可生产粟如今三斗,最好年可以四倍,可以生产如今一石二斗①。无疑的,产量方面比前一个时代是大大的增加了。

同时,由于生产工具及生产技术的革新,使同样大小的土地,

---

① 参看楊寬:論春秋战国社会的变革,载文史哲1954年第3期。

人力可以减少。在当时现有的耕地面积之內，解放出很多的劳动力。这些农民的剩余劳动力，一方面可以在草原荒地上进行垦荒，扩大耕地面积；另一方面使他们可以从事于其他方面如手工业的生产活动，从而又刺激了商业的活动。

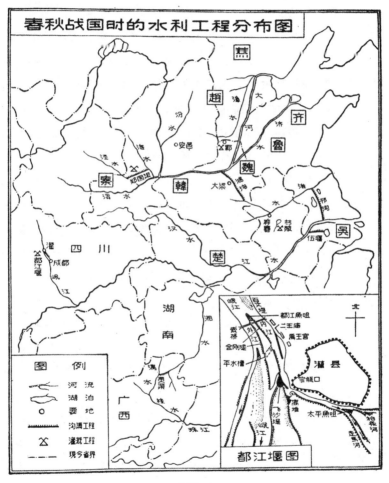

插圖22

二　手工业与商业的发展

春秋以前，在自給自足的領主經济的基础上，工商业不发达。并且經营工商业者乃是"食于官"的一种为貴族服务的人，他們的身分是不自由的。

到了春秋后期，随着生产工具与技术的进步，劳动分工的扩大和专門化的加强，社会上逐渐出现了一种独立的工匠。他們以私人小规模的所有生产手段，从事工作；并以其生产品参加于各种交换，而独立生活。他們的一部分是从农业生产脱离出来的；另一部分系从貴族官府工业中解放出来的。这些独立的小手工业者，見之于战国时的文献中。吕氏春秋召类篇：

"士尹池为荆使于宋，司城子罕觴之。南家之墙，犨于前而不直。西家之潦，徑其宮而不止。士尹池問其故。司城子罕曰：南家工人也，为鞔者也。吾将徙之，其父曰：吾恃为鞔以食，三世矣。今徙之，是宋国之求鞔者，不知吾处也，吾将不食。愿相国之忧吾不食也！为是，故吾弗徙也。"

韓非子說林上：

"魯人身善織屨，妻善織縞，而欲徙于越。或謂之曰：子必穷矣。魯人曰：何也？曰：屨为履之也，而越人跣行；縞为冠之也，而越人被发。以子之所长，游于不用之国。欲使无穷，其可得乎？"

从以上这两段故事看，这时的手工业工人与春秋以前大不相同，他們有自己的工作住宅，不是住于"官府"；他們把生产品参加交换过程、而不是只为貴族直接享受；他們以交换的所获自謀生活，不是"食于官"者；他們以做鞋或織屨織縞为专业，不是一面做工匠而又兼作他业；他們有自由迁徙的权利，和从前"工不迁"者，已經不同了。这都說明当时的这种工人已不属于官府。管子乘馬篇更明确的說有一种天天到市場上去而非官工的手工業者。治国篇又說"末作文(奇)巧"者，工作一天可以有五日食；而农民終年劳苦，还不够吃。这种"末作奇巧"者当然是手工業者，这里非常明白地說明他們是自由工匠，自食其力者。他們是"舍本事（农业）而事末作"的人，假如当时农人还是奴隶的話，就不可能自由的弃农耕而从事末作。从这一点看，也可以知道当时主要的农业劳动者不是奴隶，也就是說，当时不会是奴隶社会。

当时的工業种类很多，如紡織工、陶工、冶鉄工、木工、車工及煮盐工等。其中尤以盐鉄业与当时人的生活和生产有密切的关系，利潤很大。有許多国家靠着它当作一笔大收入。許多都市靠着它而更加繁荣。許多富商大賈靠着它而富比王侯。有成千的雇佣工人与奴隶，为着它而天天工作着。所以盐鉄业影响于社会經济是很大的。

管子地数篇說煮盐工业最盛的地区是齐和燕，并从消費方面說到盐的普遍意义。根据海王篇可知当时盐稅的征收額是很大的。总之，当时煮盐工业之大量生产是可以从消費和稅收上推証出来的。著名的煮盐企业家，如"猗頓用盬盐起"；而刁間逐魚盐商賈之利，"起富数千万"（史記貨殖列傳）。这都是当时煮盐工业发达的明証。

关于冶鉄业，在春秋时即已出现，不过到战国时才显著的发达起来。当时兵器、耕具等已大量的用鉄制造（見前），因而出现了一些"冶鉄大王"。我們看看司馬迁在貨殖列傳中对他們的描写吧！

"邯鄲郭縱以鉄冶成业，与王者埒富。"

"蜀卓氏之先赵人也，用鉄冶富。……即鉄山鼓鑄。运筹策，倾滇蜀之民，富至僮千人。田池射猎之乐，拟于人君。"

"程郑山东迁虏也, 亦冶铸贾,……富埒卓氏。"

"宛孔氏之先梁人也, 用铁冶为业,……大鼓铸, 规陂池, 连车骑, 游诸侯,……家致富数千金。"

"鲁人俗俭啬, 而曹邴氏尤甚。以铁冶起富至巨万。"

这些"富至巨万"的冶铁企业家的存在, 就是当时冶铁工业发达的很好说明。

至于战国时手工业的品质, 比以前是显著的提高了。这可以从战国时墓葬中所发现的陪葬品中看出来。如近年来山西浑源县李峪村、河南洛阳金村、河南辉县、安徽寿县及湖南长沙等地出土的战国时手工业品, 都是数量很多, 而且制作精巧。比春秋中叶以前, 可以说是大大的跨进了一步。

随着农业生产与手工业生产的发展, 社会分工的扩大, 春秋战国间的商品经济的比重, 也就一天天地增多了。社会生产分工愈细, 交换的需要愈大。由于商品交换的需要, 社会中渐渐出现了一种独立商人。他们一部分系脱离农业生产的农民, 另一部分是"食官"的商人取得了自由与独立。春秋以前在市场上多半系生产者的直接交换, 或者是"食于官"者的商人代贵族经营。至于独立的中间商人是很少的。春秋后半期, 特别是到战国时, 这种独立商人才大见于记载。

春秋时商业兴盛的国家, 首推郑国。郑国地处当时"天下"的中心。西到周, 北到晋, 东到齐, 南到楚, 都有郑国商人的足迹。我们一提到春秋时的商人, 会使我们马上想起郑国商人弦高解救国难的故事(左传僖公三十三年)。又一个故事说郑国的商人在楚国作买卖, 想把被俘的晋国大将荀䓨藏在褚(囊也)中偷偷地运出。计策定好, 还未实行, 楚人已把荀䓨放回(左传成公三年)。再一个是说晋国上卿韩起想强买郑国商人的玉环; 郑国执政子产按照先代和商人訂立的盟約，不答应，沒有买成（左傳昭公十六年）。前两个故事的商人是官賈还是私商，难以判断。但最后这个故事，却說明商品属于商人所有，并不是替国君或政府代办的。韓起首先向郑君索取这个玉环，子产回答說："这不是官府保守的东西，寡君不知道。"可見商人的商品不属于官府，而商人的貿易也不受政府干涉的。

此外，如晋国絳之富商，能"金玉其車，文錯其服"，"而无寻尺之祿"（国語晋語八）。这当然也是指的新兴起的独立商人。

这种新兴商人因为是給自已經营的，积极性要比官賈高得多，这自然大大促进了商业的繁荣。春秋末年下至战国，商业活动更頻繁、更广泛了。这时出现了不少的大商人。司馬迁在史記貨殖列傳里，曾列举当时的著名富商。第一个是范蠡，他帮越王句践平吳雪了会稽之耻后，乃乘扁舟，游于江湖，变姓易名，到齐国为鴟夷子皮，到陶地为朱公。朱公以为陶是"天下"之中，四通八达，最便經商，于是在陶地經营起商业来。据說他在十九年中，曾"三致千金"。世之言富者，都称"陶朱公"。第二个富商是孔子的門徒子貢（端木賜）。孔子称其貨殖，"亿则屡中"（論語先进）。司馬迁說他"結駟連騎，束帛之币，以聘享諸侯。所至国君无不分庭与之抗礼"。第三个是白圭，他与孟子同时，作过梁惠王的大臣，受过封邑，提倡过二十而稅一的制度。司馬迁称他經商，善观时变，主張"人弃我取，人取我与"，說他"能薄飲食，忍嗜欲，节衣服，与用事僮仆同苦乐"。他所經营的，主要是谷米和絲漆业。

除此三人以外，其他以經商为职业而致富，但名不傳于后者，尚不知有多少。如呂不韦假如不以子楚为奇货，因而有以后一番事业，虽家累千金，其名字恐亦未必见之于史記。战国末年苏秦初次出外游說，大困而归洛阳。其家人笑之曰："周人之俗，治产业，力工商,逐什二以为务。今子釋本而事口舌,困、不亦宜乎!"(史記苏秦列傳)从这几句話里可以想見,当时人都認定經商为生財之道。"天下熙熙,皆为利来;天下攘攘,皆为利往。"商人見利之所在,不避艰苦,趋之若鶩。墨子說:"商人之四方,市賈信(倍)徒,虽有关梁之难,盗賊之危,必为之。"(貴义篇)正是指的这种情形。当时很多农民也脱离了农业生产,追求可以致富的工商业。諺語說:"用貧求富,农不如工,工不如商;刺綉文,不如倚市門。"(史記貨殖列傳)这很可以表示出当时工商业的发达和一般人的愿望了。

战国时各地土特产,已在开始交流。荀子王制篇說:北方的走馬吠犬,南方的羽毛象牙皮革丹青,东方的魚盐,西方的皮革文旄,中国市場上都能买到。住在水地的人可以得到木材。住在山地的人可以有魚吃。农夫不动刀斧,不陶不冶,可以得到器械。工商不耕田可以得到粮食。呂氏春秋本味篇也提到各地特产,有:"洞庭之鱄,东海之鮞,醴水之魚,……崐崘之苹,……阳华之芸,云梦之芹,具区之菁,……阳朴之薑,招搖之桂,越駱之菌,……大夏之盐,……不周之粟,……南海之秬,……江浦之橘,云梦之柚。"此外,史記貨殖列傳对各地的特产更有詳細的記述。这都可反映出当时全国各地土产,賴商人以互通有无的情形。商业的发展,从这里可以得到消息。

由于商业的发展,战国时各地絡繹涌現了許多人口集中的大都市。以前"城虽大,无过三百丈者;人虽众,无过三千家者",而现在"千丈之城,万家之邑相望也"(战国策赵策三赵奢語)。当时人往往談到"三里之城,七里之郭"(墨子非攻中篇、孟子公孙丑篇)。韓的大县宜阳甚至"城方八里,材士十万,粟支数年"(战国策东周策)。而最大最悠久的城市,还得推齐国的临淄。这个都市,据說已拥有七万戶的人口,"其民无不吹竽、鼓瑟、擊筑、彈琴、斗鷄、走犬、六博、蹋踘者。"临淄的街道上，是"車轂击，人肩摩，連衽成帷，举袂成幕，揮汗成雨。家敦而富，志高而揚。"（战国策齐策一苏秦語）这虽不免有些夸大，但其繁华景象，不会全是虚构。

其他著名的城市，齐国有即墨、莒、薛；赵国有邯郸、蔺、离石，魏国有安邑、大梁，韓国有郑、阳翟、屯留、长子；此外如东周的洛阳，楚的郢、陈、寿春，宋的定陶等，也都成了当时商賈中心的都市。

由于交换关系的頻繁，从春秋末叶以后，負有商业媒介使命的純粹货币就应社会需要而出现，到战国更趋于繁盛和普遍。战国时代之諸文献中，关于金属货币的記載，已触目皆是。新兴地主阶級用錢布作"庸客"的工資（見韓非子外儲說左上）；統治阶級对农民，有"刀布之敛"（荀子王霸篇、富国篇）；社会上有"长袖善舞，多錢善賈"的諺語（韓非子五蠧篇）。象这些例証，不胜枚举。总之，此时已踏入于金属货币时代，则确无疑义。

战国时所流行的金属货币，最主要的，有以下数种：

（一）刀币　作刀形（参看图版二五）。流行地区是齐和燕，也流及赵地。齐有"齐邦法化（貨）"刀，"齐造邦长法化"刀，"即墨之法化"刀。燕有"明"刀。赵有"甘丹"刀，"閔"（即"蔺"）刀等。

（二）布　象鏟形（参看图版二六及二七）。"布"即"鎛"的假借字，所以布形如耕具錢鎛。流行于魏韓赵三国。赵有"晋阳"、"平阳"、"离石"、"兹氏"、"閔"等布。韓有"屯留"、"长子"、"高都"、"卢氏"等布。魏有"安邑"、"梁"、"平周"、"山阳"、"共"、"垣"、"蒲坂"、"阴晋"等布。

（三）圓形币　圓形方孔或圓孔。流行于秦东周西周和赵魏的沿黄河地区。秦有"半两"錢（参看图版二八），东周西周的錢鑄有"东周"、"西周"字，赵錢有"离石"、"蔺"等字，魏錢有"长垣一鈵"

（参看图版二九）、"垣"（参看图版三〇）、"共"等字。

（四）銅貝　銅鑄的貝形貨币。流行于楚者，世称"蟻鼻錢"（参看图版三一）。

（五）餅子金　战国时流通的金属貨币多为銅鑄，惟流行于楚的"餅子金"是黃金制造。形似小餅，方形。一块大金餅重一斤，往往十六小方合成一大方，上面打上十六个印子，故又名"印子金"。印文作"郢爰（爰）"、"陈爰"等（参看图版三二及三三）。

这些形形色色的貨币，在秦統一中国后，用政治力量，都統一于圆形币。

貨币发达，使交換手續愈觉便利。金属貨币出現后，繼之而起的是金錢借貸，随着金錢借貸而更出現了利息与高利貸（詳后），这一切，都促使着商业更为繁盛了。但从总的經济比重上看，商业对当时整个封建經济仍不能起决定作用。

春秋中叶以前，一般說来，各領主封邑内都是自給自足的自然經济占絕对的統治地位。到春秋战国之間，商品經济的比重大为增加，庶民阶級内也出現了一些富商大買。他們虽然沒有封土領民，但能"金玉其車，文錯其服，能行諸侯之賄"（国語晋語八），甚至于"結駟連騎，束帛之币，以聘享諸侯"，当时国君也无不分庭"与之抗礼"。有的富商家中僮仆多至"千人"，"田池射猎之乐，拟于人君"（史記貨殖列傳）。这种可与領主貴族相对抗的"素封"者的出現，自然就逐漸的打破了以前那种領主貴族阶級是唯一的富者与貴者的局面，因而原来的領主經济組織，势必难以維持而要被冲破了。

三　新兴地主經济形态的生产关系的成长

春秋中叶以来，由于生产力的提高与商品經济的发展，社会經济制度也有了一系列的轉变。

实物地租的出現　春秋以前的土地占有形态，是从天子、諸侯、卿大夫到士，一层层分封下来的。最高的所有权属于天子，所以当时土地是很少有轉讓或买卖等現象的。各級的領主都把土地交給农民代耕，采用"勞役地租"的剝削形式。此即划分公田、私田的所謂"井田制度"。

可是到这时，这种情況就变了。由于牛耕与鐵器的推广，生产力較前大大提高，使原有的耕地面积上解放出不少的人力，在劳动力与工具上說，使荒地的开垦有了可能。我們知道，春秋初年以来，号称开化最早的中原一带，还到处是蓬蒿遍野未垦的荒原（左傳昭公十六年、襄公十四年），宋郑之间还有弥作、頃丘、玉暢、喦、戈、錫六邑空地（左傳哀公十二年）。其他边远地区，那更是"四境之田，曠蕪而不可胜辟"（墨子耕柱篇）了。这时生产工具旣已改善，而又人有余力，于是越出原有封疆而开辟新耕地的一代比一代多了。这就是所謂"暴君污吏漫其經界"。例如郑国很早就把田亩的"封洫"弄乱，所以当魯襄公三十年，子产已在那里整頓，使"田有封洫，廬井有伍"。这些新开辟的土地，不在"井田制度"所謂"公田""私田"系統之內，当然和王或他們上一級的領主毫无关系。也就是說，这种土地性質上和分封得来的不同，而是自己开拓出来的，当然就有自由处分之权。这样一来，新的土地私有权就产生了。特别是战国以来商业的发展，使土地也和其他商品一样可以买卖，打破了以前那种"田里不粥"的限制。过去只有領主貴族占有土地，到这时，誰有錢，誰就可以占有土地了。另一方面，在劳役地租的"井田制"下，农民在"私田"上劳动的时候，情緒很高；一旦到"公田"上去劳动，就无精打采。这实是农民对貴族的一种阶级斗争。領主阶级想要多剝削一点农民的剩余劳动生产物，于是被迫把原有的"劳役地租"的剥削形式廢弃,把土地租給农民,改为向农民征收定额的"实物地租"。当然最初的阶段是逐渐的、部分的。以后才是实物地租完全代替了劳役地租。

实物地租的萌芽,可能早到春秋初叶,如齐桓公时,管仲說:"相地而衰征,則民不移。"(国語齐語)察看土地的好坏来规定征收地租的多少,应該是指的实物地租了。这是管仲的改革政策之一,在齐国部分地区施行过。但当时仍以劳役地租为支配形态。春秋中叶以后,各国才陆續由劳役地租轉变为实物地租。鲁国在宣公十五年开始"初税亩",从"借田以力"改为"履亩而税"。晋国在春秋后期也实行了。据左傳哀公二年記載:"初周人与范氏田,公孙龙税焉。"所謂"税",字从禾,当然是指的实物地租。又如韓非子外储說右下篇:"赵簡主出,税吏請輕重,簡主曰:勿輕勿重,重则利入于上,若輕则利归于民。"这种可以随时輕重的田税,当然也是实物地租。到春秋战国間,实物地租已成为中原各国的主要地租形态。墨子贵义篇:"今农夫其税于大人,大人为酒醴粢盛以祭上帝鬼神。"可見战国初期,农夫向"大人"提供的租税是可以"为酒醴粢盛"的实物。战国初年的魏国,据李悝的話,当时农夫一百亩地,岁收粟一百五十石,要負担"十一之税十五石"(汉書食貨志),其为实物地租,尤为明显。秦国的社会經濟較其他各国为落后,但也在公元前四○八年(秦簡公七年)行"初租禾"(史記六国表)了。

从劳役地租轉化为实物地租,不仅显示了土地所有者和使用土地的直接生产者相互結成的生产关系有了变化,还表明土地所有者和直接生产者的社会身分和地位起了变化。在实行劳役地租形态的时候,封建領主的貴族架子,是摆得十足的,他是以領主对于領民或农奴的身分出现的。轉变为实物地租以后,直接生产者——农奴或农民束縛于土地上的鎖鏈,比较松弛了。他們在耕种时，已不必在領主及其管理人监督驅策之下进行，有着較多的自由去分配自己的劳动。領主只向农民按亩数收税，其他一般較少过問。农人如果收获多了，交租后自己也可以多得些，这样，自然就能有較高的自动性和劳动兴趣。所以劳役地租轉化为实物地租，对农业生产的提高和社会經济的发展，是起着一定的推动作用的。

此外，税亩制施行以后，加速了另一个新的变化，就是新兴地主阶級的形成与自耕农、佃农、雇农的出現。

因为領主們实行实物地租，可以不問任何农民所耕的面积的大小，也不問耕田者为何人，只是按亩数收税。"私田"随着"公田"的廢除，失去了私田的意义。农村間土地可以互相买卖轉讓，有人占田多，有人丧失耕地。貧富的分化加剧。占田多的就变成新的地主阶級，失地和少地的农夫逐渐形成自耕农、佃农或雇农。

新兴地主阶級 战国时新兴地主阶級，有一部分是从領主貴族轉化来的，孟尝君平原君这些上层的大地主，即其显例。还有的原先本是貴族阶級，因傳世过多的非嫡派子孙，迟早有一部分是要降为庶民的。他們是有田的庶民，自然就是庶民中的地主阶級。并且战国时世卿世祿已不能保持，領主貴族很多降为地主。特别是"士"这一級变为地主的不少。从前只有貴族才有受教育的机会，现在"士"这一級把学問由貴族普及到庶民阶級。但是，当时小的自耕农或佃农、雇农，自顾衣食不暇，哪有閑工夫去研究学問。所以战国时候虽然学問下于民間，也只成了地主阶級的独占物。孔子的弟子三千人，多数出于地主阶級。

战国时土地所有权的取得，主要是采取买卖的形式。有錢的人就可以作地主。韓非子外儲說左上說，春秋末期赵襄子时，住宅、园圃已經自由买卖。战国初期，秦商鞅的新法，更以政治力量，除井田，允許土地可以自由买卖。于是"富者田連阡陌，貧者无立錐之地"（汉書食貨志董仲舒評商鞅語）。赵将赵括将赵王"所賜金帛，归藏于家。而日視便利田宅可买者买之"（史記廉頗藺相如傳）。苏秦也曾說："且使我有雒阳負郭田二頃，吾岂能佩六国相印乎?"（史記苏秦傳）当日能够占有二百亩田的"无名苏秦"一定很多。史記貨殖列傳里說，素封之家有千足羊，千亩漆，就可以与千戶侯相等；而在"名国万家之城"有"带郭千亩，亩鍾之田"，亦可与千戶侯等。这是一种商人地主。在封建社会中，土地是最可靠的財富。因而在城市中发家致富的人，就把他們的一部分財富轉变为田地。此即所謂"以末（商）致財，用本（农）守之"（史記貨殖列傳）。于是商人有的便逐步地变成了地主。

另外，还有部分农民上升为地主的。

以上是新興地主阶級的出身情况。这是个新起的发展着的阶級，他們逐漸与衰落的領主阶級构成战国时期的統治阶級。

当时被統治的阶級，主要的是农民，这个阶級在生产中占主要地位，其中尤其占大多数的是自耕农，其次是佃农与雇农。

自耕农　这时的自耕农，有些是以前被分得一些土地的自由民，經长期的掙扎，尚未破产；有些是被解放的农奴。孟子造出的反动理論說："无君子莫治野人，无野人莫养君子。"又說："劳心者治人、劳力者治于人；治于人者食人，治人者食于人"（孟子滕文公篇）。所謂"野人"及"劳力者"都是指的这种农民。他們这时有一些人身的自由。孟子曾說："农夫岂为出疆，舍其耒耜哉。"（滕文公篇）足見这时农夫是有自由迁移出境的权利的。

他們的生活是很苦的。終年辛勤耕种，年景好或許有些許剩余，或只能勉强养活全家，或者还要从事旁的副业，以补不足。战国初期魏国李悝为着要行尽地力之敎，他曾給当时最一般的拥有五口的农家生活,算了一次收支总账。他說:一家五口,耕田百畝(約合今三十一畝多),平均一年一畝收粟一石半(約合今三斗),百畝共收粟一百五十石。除什一之稅十五石,余一百三十五石。一人每月平均吃一石半,五人一年共吃九十石。余四十五石,每石卖錢三十,共得錢一千三百五十。除祭祀、賽会用錢三百,余錢一千零五十。每人衣服用錢三百;五人一年共用一千五百,不足四百五十。疾病、死葬之費以及統治阶級的临时賦歛等犹未計算在內(見汉書食貨志)。如果每年只亏錢四百五十,农民节衣縮食,或者兼营一点副业,也許还可以抵补。但事实上单是賦歛一項就很重,尤其是战国战爭頻仍,徭役很大,农民不得按时耕种。于是农民老弱不免轉乎沟壑,壮者散而之四方。若遇"凶年飢岁",其慘状当更不堪問了。

农民在貧苦不能为活时,当然要向富者借貸来維持。出貸人不是地主商人,就是貴族官吏。早在春秋时代本来就有不少借貸事例,如左傳上就記載着齐宋晋等国内都有这种情形(左傳文公十四年、十六年,襄公九年)。不过把它拿来与战国时的高利貸相比,其間性質的差別是很大的。春秋时往往只是遇天灾水旱的时候,貴族們举办一种带救灾恤貧性質的借貸,其剥削的意味較輕。到战国时代,因商业的发达,貨币的普遍,国家稅征之逼索,于是高利貸就应运而出。

当时高利貸最发达的国家是齐国。在管子一書中,可以充分看出齐国高利貸之普遍。管子書中的故事虽然都是依托春秋时桓公或管仲,其实大半是战国时事。管子輕重篇記載桓公調查当时庶民向富人借貸的情形,說西面称貸之家多者千鍾,少者六七百鍾,其受息之民九百余家;南面称貸之家多者千万,少者六七百万,受息之民八百余家;东面的称貸之家、多者五千鍾,少者三十鍾,受息之民八九百家；北面的称貸之家，多者千万，少者六七百万，受息之民九百余家。这些数字虽未必可信，但这种事实，却不是毫无根据。大概在春秋以后，确有这种剥削方式。

当时的統治者也放高利貸。史称孟尝君相齐，封万戶于薛。食客三千人，邑入不足以奉客，使人到薛去放高利貸，但是貸錢的人多不能償其息。孟尝君令馮諼到薛去收債，馮諼为孟尝君市义（見战国策齐策及史記孟尝君列傳）。可見孟尝君是个高利貸者，他的三千食客，要靠利息来养活，寄生在人民底血体中。

其他各国，虽不及齐国高利貸之发达，然而一样是普遍的。如"苏秦之燕，貸百錢为資。及得富貴，以百金償之。"（史記苏秦傳）孟子說当时农民終年劳苦，連父母都养不活，"又称貸而益之"。于是老的幼的輾轉于沟壑受餓而死（孟子滕文公上）。荀子也說当时有"行貸而食"的人（荀子儒效篇）。

战国时旁困的农民，受到这些高利貸者剥削得一定很多。而許多地主、商人及貴族們利用高利貸，兴风作浪，使当时貧富分化更剧烈。于是富者愈富，貧者愈貧。

佃农与雇农 那些貧苦的农民，后来被剥削得連自己仅有的一块耕地也出卖了，而成了"无立錐之地"者（呂氏春秋为欲篇）这时他們不得不向大地主租来一片耕地，做地主凶殘剥削之下的佃农。文献上关于佃农的記載不多，汉書食貨志引董仲舒的話，說秦用商鞅之法，土地可以买卖，于是"富者田連阡陌，貧者无立錐之地"。又說："或耕豪民之田，見税什五。"所謂"豪民"应当就是新兴地主，耕豪民之田受十分之五的剥削的人，显然是指的佃农。管子："上稽之以数，下什伍以征"（君臣篇下），"民食什伍之谷"（臣乘馬篇），这似乎也是指的地主对佃农的剥削。佃农沒有一点耕地所有权，不过是在租佃关系下，租到地主的一块土地，忍受着地主殘酷的剝削。这种农民，在这个时代中逐渐的加多了。

还有一部分更貧困的农民，他们不独没有力量去購买土地，就連从事农业生产的劳动工具、种子和肥料的資本也没有。他们所有的，只是天生的劳力，只有出卖自己的劳动力，替人家从事农业生产，以換得少数低廉的工資，来养活性命，这就是雇农。春秋战国以来，确实出現了这种农民，韓非子記載說：

"齐桓公微服以巡民家，人有年老而自养者。桓公問其故：对曰：臣有子三人，家貧，无以妻之，佣未及反。"（外儲說右下）

"夫卖庸（佣）而播耕者，主人費家而美食，調（請）布而求易錢（錢易）者，非爱庸客也，曰：如是，耕者且深，耨者且熟云也。庸客致力而疾耘耕者，尽巧而正畦陌畦畤者，非爱主人也，曰：如是，羹且美，錢布且易云也。"（外儲說左上）

这里所說的"佣客"，就是指的雇农。有些地主除靠剝削佃农外，多数还留点耕地，雇一部分雇农，进行雇佣劳动的剝削。当时雇农的来源，主要是破了产的自耕农。 至如齐湣王的儿子法章和貴族出身的陈仲子都曾"为人灌园"（見史記田单列傳和新序杂事），他们当然不是眞正的雇农，但由此也反映出当时有雇农的事实了。

从上面的叙述看来，这个时代，耕地所有虽已从領主惟一占有的束縛中解放出来，可以自由买卖。但多数的农民，除勉强养活家属外，再没有一点储蓄可用来購买耕地。故虽有耕地买卖的自由，而耕地所有权，除极少数的例外，只是大批的从領主的統制下流入士人商人的手中。从新的耕地占有形势下，形成了占有大量土地的新兴地主阶级。他们自己不劳动，专剝削佃农和雇农們的劳动力。新兴地主經济，于是逐渐的代替了以前那种領主經济的形式．这种新的經济形式，比旧的是多少鼓励了劳动者的劳动兴趣，社会生产力因而也就向前迈进了。

第三节　中央集权官僚政治的出现

中国中央集权的官僚政治制度,在秦统一中国之后,就正式完成了。但是这种由贵族政治轉变到官僚政治,由諸侯割据轉变到中央集权的局面，却远在秦統一中国以前，就发生而滋长起来了。

从上节所述,我們知道当春秋战国間,新兴地主阶級已在經济上成为有势力的阶級。他們自然会要求彻底解除領主經济的种种束縛,酝酿在政治上进行改革,要求廢除領主貴族在經济上政治上的世襲特权。从而建立一种保障地主經济的，并为它的发展服务的政治制度。中央集权与官僚政治的制度与思想，正是反映新兴地主阶級政治改革的要求的。

春秋后半期郑子产在郑国所进行的改革，封建貴族的特权已开始在被剝夺。我們看郑子产的改革，主要的有三項:

第一,是使"田有封洫,廬井有伍"(左傳襄公三十年):"廬井有伍"很象五家为伍的保甲制度。这样做,一方面把农民的所有权从郑国各小封建主手中划归郑国中央政府，削弱了小封建領主們对农民的控制；一方面加强了对农民的鎮压。"田有封洫"則削弱了封建領主們对土地所享有的絕对权利。因为以前封建主的土地都用墒垣的封疆和縱横的阡陌圍起来，地界之内是不允許別人侵犯的。現在子产为了提高土地的生产,整頓沟洫水道,自然要牺牲很多封建主的田地作为水道。这就削弱了封建主的土地所有权，而强化了中央政权的統治力量。

第二，"作丘賦"(左傳昭公四年)：这样就把郑国全国的人力和車馬武器的征收权，从各封建主手中集中到中央政府。相对的就削弱了各小封建主的独立性。

第三，"鑄刑書"（左傳昭公六年）：这就是成文法的公布。从前領主貴族的意志就是法律，对犯法的人民要怎样治就怎样治。而今有了成文法，这就大大的縮小了封建領主的权力。

总之，郑子产改革的结果，提高了土地的生产力，剝夺和打击了封建主的特权，同时强化了中央政权的統治力量。从当时社会发展上看，是进步的，是符合社会发展规律的。此后如战国时代李悝在魏国的改革，吴起在楚国的改革和商鞅在秦国的改革，基本上也是走的这个路綫。幷且更大大的向前发展了一步（詳第九章第一节和第二节）。

另一个加强中央集权的力量是郡县制的推行。郡县的地方組織，远在春秋时就已出現（见本章第一节），不过到战国时各国才普遍建立。郡县制与以前領主采邑制性質絕不相同。郡县政令受制于中央；郡的"守"与县的"令"都不世襲，而是中央委派的官吏，根据实际服务的成績任免进退，即所謂"当则可，不当则廢"（荀子王霸篇）。自此分割世襲的領主貴族，逐漸的为中央直轄的官僚所代替。

战国初期，各国即已陆續开始廢除領主貴族的世卿世祿制度，采用了官僚制度，以領取俸祿的官吏代替了領主世襲的官职。当时中央政府的官僚，主要的有两个，一为"相"①，一为"将"。尤其是战国后期，除了楚国仍然牢守旧制以"令尹"为最高行政长官，以"上柱国"为最高的軍事长官外，其他各国，都已建立专管政事的"相"制和专管軍事的"将"制。軍政两权分开。軍事遂有专門化的趋势。如魏惠王用惠施为相，龐涓为将。齐威王用鄒忌为相，田忌为将，孙臏为軍师。赵惠文王用藺相如为相，廉頗为将。从此任用官吏，

_____

① "相"是"百官之长"（荀子王霸篇、呂氏春秋举难篇），又称为"丞相"（战国策赵策三建信君語、史記秦本紀秦武王二年置丞相）、"相国"（秦本紀）或"辛相"（庄子盜跖篇、韓非子显学篇）。

文武分途了。

当时无論"相"或"将"，乃至于地方官如郡守和县令，都由国王自由任命和罢免。当时官吏的任免，是以"壐"（印章）为凭的。将尉的任免，是以"符"（虎符）为凭的。"壐"用以封印公文之封泥①；"符"用以調发軍队②。国君对臣下的酬劳，不用封土而是用俸祿制度。俸祿的計算，有以錘为单位的。如魏文侯时魏成子为相国，"食祿千鍾"（史記魏世家）。有以"石"为单位的，如燕王噲时燕国有"三百石"的官（战国策燕策一、韓非子外儲說右下篇）。秦孝公时秦国新法，与敌战，斬敌一首者，可为"五十石之官"（韓非子定法篇）。最小的官吏，只有"斗食"（秦策三应侯对秦昭王語）。韓非子說："明主之吏，宰相必起于州部，猛将必发于卒伍"（显学篇）。可見当时已有升迁选拔制度。国君对其官吏，有年終考績制度。所謂"岁終奉其成功，以效于君"（荀子王霸篇）。其考核的方法，最主要的是"上計"。所謂"上計"是这样：政府官吏或地方的首长，必須把一年賦税的收入預算数字写在"劵"上，送給上級。上級把"劵"剖分为二，上下級各执一半。上級便可操左劵来責成下級。到了年終，下級必須到上級去核报，叫做"上計"。如果上計时成績不佳，便可以当場收壐免职③。

---

① 封泥是古时封簡牘之泥，上面加盖印章。其作用宛如今日的火漆封印。著录封泥的書籍，有筠淸館金石記（收六枚），刘氏长安获古編（收二十余），陈氏簠斋印集（收百数十），吳式芬陈介祺合輯的封泥考略（收九百余品）等書。

② 秦新郪虎符銘："甲兵之符，右才（在）王，左才（在）新郪。凡兴士破甲，用兵五十人以上，必会王符，乃敢行之……。"可見秦軍队的調发必須有在王处的右半符来会合作为凭信，否則不得調发。又如史記信陵君列傳說信陵君无忌欲調将軍晉鄙的軍队救赵，必須先窃取存在魏王处的半个虎符。

③ 韓非子外儲說左下篇："西門豹为鄴令，……居期年，上計，君收其壐。"战国策秦策三說："应侯因謝病請归相印。"韓非子外儲說左下篇："梁車为鄴令，……赵成侯以为不慈，夺之壐而免之令。"

在政治軍事上的这些严格制度，便利了中央集权。也由于这个制度的推行，当时的官吏，不是当然的世襲。所以战国期间，由士夫或庶人而做到将相的，大有人在。如"游說则范睢、蔡澤、苏秦、張仪等，徒步而为相；征战则孙臏、白起、乐毅、廉颇、王翦等，白身而为将"（赵翼語）。世祿已不存在，大权就集中于国君一人了。

秦吞灭六国后，更彻底实行了这种中央集权政治，不以君王的子弟分王諸国。以前分封割据的領主政治，就根本失去其存在的依据。全国皆为郡县，設官而治，官吏給俸而食，以官僚政治代貴族政治。政治与經济的大权完全集中于天子。所謂中央集权的官僚政治制度，就是这样逐渐完成的。

第四节　战国七雄的紛争

战国时代最大的国家，只有齐、楚、韓、赵、魏、燕、秦七个，历史上称之为"战国七雄"。他们大都經过了代表新兴地主阶級利益的政治改革，形成了七个各种不同程度的封建集权国家。就七国內部政治情况来說，大致都已推行"郡县"制，实行"将"、"相"和"守"、"令"等官僚制度，在不同程度上已結束了領主割据的局面。但是，就全中国整个的来看，却存在七个比較强大，势均力敌的封建割据国家。因而封建兼併战爭，这时更激烈，更殘酷，而且規模也更大了。这种封建兼併战爭的目的，无非在占夺土地，摧毁敌国的武装力量。但由此而給人民带来妻离子散、家破人亡的极大灾难。

这时周天子只拥有虚名，成为七国之间一个第八位的小王国，而且領土也小得可怜。周考王在傳位給威烈王以前，又封他自己的弟弟揭于王城，以續周公之职，是为西周桓公。桓公傳子威公，威公傳子惠公，惠公又封其少子班于巩以奉王，号东周惠公。至周显王二年（前三六七年），赵（成侯）与韩（懿侯）攻周，始分周为两。于是小小的王畿，便正式分裂为西周与东周两个小国（見史記周本紀、赵世家、韓非子內儲說下）。周室势力益为单薄，逐渐退出了历史舞台。因此，下面我們抛开王室不談，只就所謂战国七雄的紛争情况，按其先后，作一个簡单的叙述。

七国之中，最先称霸的是魏惠王。这时是魏齐争强时期。自魏惠王元年到齐（威王）魏徐州"相王"（即互相承認为王），凡三十七年，魏国在战国初年，經魏文侯武侯两世的建設，任用李悝吴起乐羊西門豹等人才，在政治上多所改革。首先走向一个新型的中央集权的专制主义的国家。李悝是文侯的卿相，作"尽地力之敎"，发展生产。又主张实行平糶法。岁熟，则由政府收买；岁饑，则政府出卖，"故虽遇飢饉水旱，糶不貴而民不散，取有余以补不足"（汉書食貨志）。这种办法的实行，就奠定了魏国富强的物质基础。

魏国地处中原。魏惠王即位（前三六九年）不久，为了图霸，乃于前三六一年自安邑迁都大梁（河南开封），魏国自此又称梁国。惠王很想统一三晋，恢复春秋时代晋国的全盛地位，于是在公元前三五四年圍攻赵都邯郸。公元前三五三年，齐国命田忌孙臏率軍救赵，与魏战于桂陵（山东菏澤东北），大败魏軍。后十一年（前三四二年），魏又伐韓，五战五胜，韓几亡国，求救于齐。第二年齐派孙臏起兵伐魏以救韓。魏軍又被击败于馬陵（山东濮县北），大将龐涓自杀，太子申被虏。秦也乘机侵略魏在河西的土地。魏国两次败于齐，乃于前三三四年与齐（威王）在徐州开会，平分霸业。（关于魏惠王晚年的事，史記均誤为襄王时事。）

齐魏相王以后，就是齐秦争强时期。此期自齐魏相王下迄齐灭宋，凡四十八年。齐威王因为曾两度打败过魏国，基本上摧毁了魏惠王争霸的事业。齐威王遂繼魏而为一等强国。其子宣王繼立

（前三一九——前三〇一年），国势大盛。不过这时西方的秦国已渐渐强起来，用张仪专务离间魏楚和齐的关系，使齐国孤立。于是造成秦齐势均力敌的局面。齐宣王有统一天下的野心。这时燕国有内乱（燕王噲让国于子之，于是太子作乱，国人也不服），齐乃乘机出兵伐燕（前三一四年），把燕灭了，引起燕人举国的仇视和各国的不安。宣王终于不敢吞并燕国。大军在燕驻守三年（前三一四——前三一二年），又退出。齐湣王即位，任用孟尝君田文为相，与西方的秦为东西两个强国。秦昭襄王于前二八八年，约好与齐湣王同时称帝。秦称西帝，齐称东帝（秦未实行，齐称帝只两个月便又恢复称王）。前二八六年齐湣王灭宋而占有其地，益惹他国忌嫉。但齐国的国力也因此大大损耗。燕昭王看到报仇的时机来临，乃于前二八四年用乐毅为将，联合秦魏韩赵等国兵伐齐。齐国的七十余城几乎完全沦陷，仅剩下莒和即墨两城未下。湣王走死。后来齐虽用田单恢复国土（前二七九年），然齐从此一蹶不振。

这时赵国经武灵王胡服骑射的军事改革，灭中山，国势骤强。东方有力抗秦者，遂首推赵。不过在前二六〇年，秦将白起大败赵军于长平（山西高平），坑降卒四十余万。秦更使王陵攻赵，又使王龁代陵，围赵都邯郸。幸有魏公子信陵君无忌统晋鄙的军队来救，同时楚救亦至。秦围乃解而去。赵赖以存。

邯郸围解，赵免于灭亡。当时天下大势遂完全为秦所左右。以后虽有魏相信陵君与赵将廉颇先后分别领导的两次合从攻秦（一在前二四七年，一在前二四一年），但均无力量。而秦却具备了统一中国的各种优越条件，灭六国的形势，这时已经形成了。

我们附带着再谈谈"合纵""连横"问题。战国末年，"合众弱以攻一强"的"合从"，或"事一强以攻众弱"的"连横"（韩非子语）是有过的。这也是当时社会生产的发展，要求全国经济的联系和沟通而产生的政治活动。它对后来秦的统一中国，是起过一定的作用的。傳説战国时代苏秦联合东方六国共同抗秦，当时因为是南北諸国的結合，所以叫做"合縱"。后来張仪又联合东西各国共同事秦，名之曰"連橫"。故事虽然説得很热鬧，但按当时各国情势、年代及地理各方面，都不可能。关于苏秦張仪的傳説，大部分是"异时事有类之者，皆附之"（史記苏秦列傳司馬迁語）而成的。

战国时华夏諸国，由于长期战争的关系，各国兵力大增，普通都是带甲百万，大大的超越了当时戎狄的武力。所以在七国紛争之际，戎狄各族已不是諸夏战争的对象。后来中山（即春秋时之鮮虞）灭于赵，义渠、巴、蜀并于秦，燕将秦开驅逐东胡千余里。留在境内的戎狄大半与諸夏融合。边境上强大的只余有匈奴，仍在秦赵燕的边境。三国在北边筑起了长城，以为屏藩。到秦并六国后，秦更把北方諸国的长城連接起来，阻止北方游牧族对中原人民和农业生产的侵扰，巩固了华夏族在黄河流域的統治地位。

总观这整个战国期間，战争的頻繁与殘酷的程度，比春秋时代大多了。春秋时的战争，只注意首都的防御；而战国时则注意到国家的边疆。所以各国的边境，都筑了长城和堡垒。春秋时的战争目的，以爭到霸主地位而止；战国时则轉变为争統一中国。春秋时的战争着重在取俘夺貨、屈敌成行、占夺土地殘杀敌人之例少見；战国时战争却动輒占夺土地殘杀敌人，而取俘夺貨、屈敌成行却不为所重視。国家对兵以首級論功。每次战争，动輒斬首八万（秦惠文王更元八年与韓赵战、十三年与楚战）、十万（秦始皇十三年与赵战）、十三万（秦昭王三十四年与魏战）、二十四万（秦昭王十四年与韓战），甚至一坑四十万（秦昭王四十七年与赵战，見史記白起王翦列傳）。楚国春申君黄歇曾描写当时战争之惨，謂"刳腹絶肠，折頸摺頤，首身分离，暴骸骨于草澤，头顱殭仆，相望于境"。（史記春申君列傳）。孟子也説到当时的战争説:"爭城以战，杀人盈城；爭地以战，杀人盈野。"(孟子离婁上)当时战争殘酷的情形，可以説已达极点。

經过无数次血战，人民或死伤于道，或强制从軍。战败国劳动力之死伤，固无法估計；即战胜国方面，死亡亦不在少数。农业生产之荒弃，自在意中。并且每一次战争，都是数百里或千里以上的远征。把人民的谷物征收来，輸送到前綫去。"兴师十万，日費千金。"(史記平津侯主父偃列傳)而每次战争的軍数都是数十万，或上百万。暴师于外者，十数年。当时軍費一項消費之大，可以想象。而当时的統治階級还为了满足享乐欲望，大事揮霍，这些費用的来源，当然都出在人民身上。

談到人民对政府的負担，可說是很重的。有布縷之征，有粟米之征，有力役之征。孟子說:"君子用其一，緩其二。用其二而民有餓莩，用其三而父子离"(孟子尽心下)。可是当时三征并用，为时已久。孟子說农民"仰不足以事父母，俯不足以畜妻子。乐岁終身苦，凶年不免于死亡。"(孟子梁惠王上)孟子到过齐梁鄒各国，其見聞所得之事实如此。其未至之諸国，恐也和这里差不多。平时是"民有飢色，野有餓莩"，一遇战争，则肝脑涂地。所以当时农夫，天天是在水深火热之中苟延其生命。

战国时期的战争，从本質說，是各国統治階級为了扩大其領土所引起的，所以可以說是非正义的掠夺战争。如果单从战争的政治目的来看，那末，战国时期的大多数战争，自然都应当加以否定但只注意这一点，还是不够的。我們应该从总的历史发展的趋势上作具体的分析。判断每一战争对社会历史的发展所起的作用，而予以正确的評价。

战国时期的战争，尽管就剥削階級的动机說，是为了他們階級的利益而进行的战争，尽管对当时劳动人民的现实利益是有所违反的，但从客观效果上看，从当时社会经济文化发展的总利益上来考察，它也起着一定的进步作用，我们是不能一笔抹杀的。

第一，扩大了华夏文化区域与增进了各族融合的机会：自古以黄河中部为中心发展起来的中国文化范围，由于战争的关系，至此扩大了差不多一倍。北至长城，南至五岭，境内杂居的各族逐渐与诸夏融合在一起，文化上心理状态上几乎都变成一个。奠定了地大物博人多的现代多民族的中国伟大规模的基础。

第二，促进了各族文化的交流：中原各国向外所作的战争，对于当时四周兄弟各族有着压迫侵害的地方。但是，从整个中华民族大家庭的历史发展上看，那时战争却也具有一定的进步意义。它把中原较高的生产经验技术与文化，带到各文化落后的兄弟族地区，促进了他们的发展。同时各兄弟族的文化也流入中原，丰富了中原的文化。

第三，促进了统一：秦灭山东六国，建立中央集权的一统大帝国，在中国历史上是个划时代的伟大事件。但这绝对不是秦始皇一人一蹴所成的。而是由于经过了春秋战国几百年的战争，把以前分封的割据局面打破。各诸侯国内部，都逐渐的实行了中央集权。尤其是战国时代的战争都是争统一天下的战争，使着当时全国统一的共同心理与条件逐渐具备，最后秦始皇才应社会潮流的要求，实现了一统。

根据上面的分析，我们就可以看出，战国时的战争固然给当时的劳动人民带来了重大的灾难，但从总的历史发展的趋势来看，也有一定的进步作用。但是，我们必需指出，这些进步作用，完全是由广大人民付出了无数的血汗和生命，历尽了很大的艰辛和痛苦，才获得的。

第九章　各国的变法与秦的統一六国

第一节　东方各国的变法

前面我們已談过春秋战国之間的生产力，比以前大大提高。領主土地所有制开始轉向个人私有。新兴地主与农民阶级逐渐出现。国家法律原是随基础的变动而变动的，所以从前那种"礼不下庶人，刑不上大夫"（礼記曲礼上）的规定，现在已經不足以維系社会秩序。因为时势已变，貴族有淪为平民或皂隶的，庶人有富累巨万的，有貧而流为乞丐的，有的被迫起而进行暴动的。总之，这是个动蕩的时代，也可以說是庶民阶级爭求解放的时代。庶民阶级为爭求解放而斗爭的主要标志，就是文献上所記载的所謂"盗賊"的兴起。如晋国首都"盗賊公行"，客館須要"高其閉閎，厚其墙垣"，才能"无忧客使"（左傳襄公三十一年）。郑国子产死后，大叔执政时，有很多"盗"聚集在萑苻之澤，反对統治阶级（左傳昭公二十年）。又如鲁国执政"季康子患盗"，問于孔子。孔子說："苟子之不欲，虽賞之不竊。"（論語顏淵）意思是說假如你不貪欲，就是奖賞老百姓做强盗，老百姓也不做。这許多事件，反映了当时庶民阶级起来与統治者展开尖銳的阶级斗爭。刑法未公布前，統治者对平民要杀便杀，沒有什么問题。到此时平民兴起，公布刑法却成了不得不然的趋势。于是，就促使有些国家的統治者，把成文法典公布出来。

前五三六年，郑国子产鑄造刑书，公布国中（事見于左傳昭公六年）。晋国有名的大夫叔向曾给子产一封信，责备他道："从前先王临事制刑，不豫造刑典，为的是怕人民有争竞的心思。那样谨慎，尚且压不住人民。如果把刑书公布了，百姓知道有一定的刑法，他们便不怕在上位的人了。人民存了争心，用了文书做依据，以冀侥幸成事，国家还可以治理吗？"子产回他信说："你的话固然不错，但我是为的救世啊！"当然子产并不真的为了什么"救世"，而只是顺应时代的要求罢了。

前五一三年，晋国也用铁铸刑鼎，把前执政范宣子所作的刑书刻在上面公布了（事见左传昭公二十九年）。孔子听到这件事，批评道："晋国应该遵守唐叔从周室传来的法度，用以治民。卿大夫依次遵守。这样才可使人民尊重贵族，贵族也有世业可守。贵贱不乱，才是法度。现在造了刑鼎，使百姓的眼光都集中在鼎上，还用什么来尊重贵族呢？贵族还有什么世业可守呢？贵贱失了次序，还用什么来治国呢？"后来郑国邓析又曾造竹刑，在郑国施行（见左传定公九年）。

叔向和孔子两人是代表领主阶级的，他们反对公布法律，想把法律独掌在贵族手中，使庶民不知底里，不敢轻试。足见公布法律，是削减了领主贵族的特权，确含有进步的意义，并且是符合当时社会历史的发展趋势的。

到了战国，这种狂潮愈发不可遏止。象魏、韩、楚、秦等国为了适应新的时代要求，刑法都继续有大规模的改革，而予以公布，并大力推行。从此以后，"信赏必罚"。信赏就是"礼"下庶人，必罚就是"刑"上大夫。和春秋以前的情形，大不相同了。从无意识的潮流进化为有意识的变法运动，这实是战国初期历史的特点之一。

我们谈到战国初期各国的变法运动，首先应谈到魏国。魏文侯（前四四五——前三九六年在位）是当时最有声望的诸侯。他搜罗了一批政治、軍事人才，帮他治国。前后有子貢、田子方、段干木、吴起、李悝、西門豹等人，其中尤其是李悝（史記貨殖列傳平准書和汉書艺文志中的李克，与史記孟荀列傳、汉書食貨志中的李悝实是一人。"克""悝"二字，古音相通），深得文侯的信任。他作了法經六篇，"以为王者之政，莫急于盗贼"，"故其律始于盗贼"，"盗贼須劲捕，故著网捕二篇"（晋書刑法志）。可惜他的法經今已不傳。他的有名的倡导，就是"尽地力之教"（孟荀列傳）。所謂"尽地力之教"，其详虽不可得知，但从汉書食貨志上看，就是要"治田勤謹"。因为"治田勤謹"，就可以亩益三斗；不勤謹的話，一亩田便要損失三斗了。这样地使农业生产力提高，引导社会从初期封建制度走向更高的阶段。

除此之外，李悝又主張实行"平粜法"。他說："粜甚貴伤民（士、工、商），甚賤伤农。民伤则离散，农伤则国贫。"所以要講平粜。岁熟，则由政府收买，"使民适足价平则止"。岁飢，则政府出卖。"故虽遇飢饉水旱，粜不貴而民不散，取有余以补不足也。"这种办法是魏国富强的主要原因之一。不过到魏惠王时至少平粜法已經廢除（孟子梁惠王篇称其移民移粟以救灾），足見变法未能彻底实行。

楚国变法是在楚悼王（前四〇一——前三八一年在位）时。大約在公元前三八四年，吴起从魏到楚，悼王用他做令尹。史称他"明法审令，捐不急之官，廢公族疏远者"（史記孙子吴起列傳）。他又以为楚的大臣太重，封君太多。教悼王立了一条新法令，就是每个封君傳了三世，国王可以无条件的收其爵祿（韓非子和氏篇）。意思是想逐渐的打破封建领主制度。他又为了发展生产，"令貴人往实广虚之地"，于是貴族"皆甚苦之"（呂氏春秋貴卒篇）。

吴起所建議的这些改革，都对貴族不利。故悼王一死，貴族們便作乱，圍攻吴起。吴起恐慌起来，忙伏在悼王尸上。許多作乱的射杀吳起，幷中悼王（吳起列傳）。后来楚肃王虽然把射死吳起的貴戚們大加誅戮，夷宗者七十余家，但終楚之世没有走通变法之路，而政权被貴族始終专横支配着。所以一直到战国，国土虽大，毕竟不是强秦的对手。

史称战国初期，韓国也曾有所改革。韓昭侯（前三六二——前三三三年在位）用法家申不害为相，申不害教昭侯用权术来駕馭他的臣下。"因任而授官，循名而責实，操杀生之柄，課群臣之能。"（韓非子定法篇）韓国因此"国治兵强，无侵韓者"（史記老庄申韓列傳）。但仔細說起来，申不害幷不曾出过什么高見，只是一种"术数"，說不上什么变法。幷且韓国面积小而多山，人民貧苦，也不易有为。所以終究在七国中最为弱小。

春秋末战国初年，井田制、分封采邑制的崩坏，郡县之設立，食祿之創制，为当时大势所趋。所以那时的各国，都非起来适应新环境不可。内政改革，成了各国間的新风气。其他象齐国燕国赵国等也是一样。但这种新风气与国中的封建宗法的旧势力是有矛盾的。因此，某国中旧的保守势力越强固，就越不容易进行改革。我們看魏楚韓各国的变法，虽然收到暫时的功效，但由于旧势力的包圍与摧殘，新法均不能彻底实行。在七国中，唯有西方的秦国是旧宗法貴族势力最弱的一环，所以变法运动，在秦国才能得到正常的发展与成功。

第二节　商鞅变法

秦国自春秋以来，在經济、文化及政治組織各方面，远較东方諸国落后。直到秦孝公即位的那一年（前三六一年），秦国还是不参加諸侯的集会。各国把它当做夷狄看待。秦国的土地很大，但是地广人稀,有五分之三的土地都没有开发,农业生产較东方是远不如的。春秋战国时期,各国諸子学說构成了一个文化高潮,但是諸子之中沒有一个秦国人,可見秦国文化的落后。在战国中期以前,它始終是个貧而弱的国家。因此,我們絕对不能誤会,認为战国一开始时,秦就是一个强国。

秦孝公当政时(前三六一——前三三八年),在当时經济发展的要求下,以及中原地区各国进步的社会經济与文化影响下,于公元前三五九年任用商鞅实行变法,积极图强,以期东与六国争衡。

商鞅是卫国的沒落貴族,原先仕于魏,不得志。后来听說秦孝公即位,下令求賢,于是于前三六一年挾李悝在魏国变法的經驗到了秦国。孝公对他十分信任,实行了一系列的改革。

前三五九年(孝公三年),秦国实行了商鞅第一次的新法,其內容要点如下:

(一)設立什伍戶籍与連坐之法:令人民編戶籍,五家为一伍,十家为一什。"什""伍"內各家互相监督。一家犯法,别家如不告发,就要同罪連坐。不糾举告发奸人的,处以"腰斬"。糾举告发奸人的,可以和在前綫斬敌首一样得賞。匿奸的要和在前綫投降者一样受罰。这样一来,在各貴族領主下的大量农民,也就直接变为国君的民戶。很明显,这种連坐法主要的目的,是打击領主貴族的势力,并对人民进行殘酷的统治,从而巩固其专制统治的政权,使中央集权得到进一步发展。

(二)民有二男以上不分异者倍其赋:当时秦国还是大家族聚居,生活上互相依賴。商鞅新法规定,儿子們到一定的年龄,必須分家各自独立謀生,不分家要加倍出赋税。这种設施,无疑的必然会增多劳动力。

(三)奖励軍功,禁止私斗:有軍功的受爵,私斗者根据情节輕重处罚。农民立了軍功,也可以得爵。秦制爵二十級(二十級爵名,見汉書百官公卿表),战陣上斩敌人一个首級,賜爵一級;要做官的,可以給五十石俸祿的官(韓非子定法篇)。这样,农民就有机会得到官爵或成为中小地主。通过这样的办法,以鼓励人民为国家兼并战争卖命。

(四)奖励耕織,压抑工商:凡努力从事农业或紡織(本业)而生产量增加的,可以免除徭役。从事工商业(末业)与懶惰而貧窮的,要連妻子儿女沒入官府为奴婢。这是用賞罰的办法来奖励农民努力生产。

(五)无軍功的宗室(領主貴族),不得列入貴族籍:尊卑爵秩等級,按軍功重新规定。各依等級来占有田宅、臣妾和穿着衣服。許多无軍功的貴族領主,因此变为民戶中的富戶,取消了他們的特权。有軍功的貴族,最高爵不过封侯(爵第十九級为关内侯,第二十級为彻侯),仅收食邑内租税,不直接管理民事。廢除过去領主貴族原有世襲的等級和特权,廢除世卿世祿制度,而根据軍功来重新规定等級和特权。无疑的,这对于領主貴族是个致命的打击。

据說秦国行新法七年①,秦民大悦。路不拾遺,山无盗贼,家給人足。民勇于公战,怯于私斗。乡邑大治。秦国从此便逐漸富强起来。

又过了三年,就是前三五○年(秦孝公十二年),秦自雍(陝西鳳翔县)徙都咸阳。筑冀闕和宮庭,公布法令,又实行第二次变法,使秦国更进一步的地主政权化。

(一)"令民父子兄弟同室内息者为禁"。这是为的革除殘留

① 史記商君列傳作"行之十年",按"十"字显系"七"字之誤,因下謂"居三年"才到孝公十二年,即第二次变法之时。

的原始公社时父子兄弟都在一个屋内居住的家族旧俗。

（二）"集小乡、邑、聚（村落）为县，凡三十一县"①。这样普遍推行县制，显然是削弱旧领主贵族的势力，将土地转移为国家管理。每县设置"令""丞"长官，集权中央。

（三）"开阡陌封疆，而赋税平"。这是配合当时的生产力，打开了封建主土地上纵横的阡陌和田埂封疆，使民得买卖。这土地也和其他中小地主或农民的土地一样，平均负担国家的赋税②承认各人的土地所有权，按各人所占土地面积定赋税。这是以政府的法令，彻底破坏了井田制。

（四）划一"斗、桶（斛），权、衡，丈、尺"。全国货物交易，有统一的度量衡制度。这对于加强秦国内部的经济联系，统一赋税制度，和废除以前领主贵族割据的经济单位，都起了一定的作用。

根据上面这两次新法的主要内容观察，其精神有三：

第一，发展生产，重视生产者。这就是看重了农民。农民在战时用以作战，平时则用以耕作。所谓"兵动而土广，兵休而国富"（史记范雎蔡泽列传），即此政策的功用，也可以说是新兴地主阶级存在的基本条件。此一精神之反面，即是反对不从事生产，"事末利及怠而贫者"及那些好吃懒做的贵族们。所以第二，是明白的反对那些只有血缘的关系，对国家无功的贵族们。这就是意在摧毁旧的封建的领主贵族制。第三，是加速中央集权。如新法中的行县制、统一度量衡及连坐法，都是集权中央的表示。

这三种基本精神，都是新兴地主阶级所要求的。当然这是那

① 此据史记商君列传，作三十一县；秦本纪诸本皆作四十一县；惟日本古钞本作三十一县，与年表、商君列传合。足见"四"乃传钞之误。

② 参看李亚农：中国的奴隶制与封建制，华东人民出版社1954年版，第171页。

些保守的領主貴族們所坚决反对的。新兴地主們希望改变一切旧的状态，来重新规定社会关系，反对貴族的特权。这在貴族是不能忍受的，所以他們之間的斗爭便发作了。

先是，代表新兴地主阶級的商鞅欲变法，守旧派廿龙（大概就是孟子所說的主張复古行助法的龙子）与杜挚起来反对，以为应当"緣法而治"，認为"循礼无非"。商鞅痛予駁斥，說他們这是"世俗之言"。"居官守法"是可以的，但不足以"論于法之外"。商鞅認为"治世不一道，便国不法古"，"反古者不可非，而循礼者不足多。"（以上見于史記商君列傳）孝公贊成商鞅的主張，实行变法。

新法实行后，更引起領主貴族的反抗。以秦太子为首，反抗者以千数。商鞅以为法令不行，由于貴戚犯法。太子是君嗣不可施刑，于是刑其傅公子虔，处以劓刑；黥其师公孙賈。正如赵良所謂以峻刑"日繩秦之貴公子"。貴族們这样暫时被抑服，是不会甘休的，遇有机会就要报复。史称秦之"宗室貴族"，对商鞅"多怨望者"。商鞅也看到这一点，所以平时的戒备极严，其出外时，是"后車十数，从車載甲，多力而駢脇者为驂乘，持矛而操闟戟者旁車而趨"。非如此护卫，商鞅是不肯出来的。但到孝公一死，他的靠山倒了。太子立为新君，是为秦惠王。公子虔之徒便以謀反的罪名加在商鞅的头上，于是車裂和灭族的惨禍，結束了商鞅及其家属的生命。

商鞅是死了，但是他的政策却繼續在施行。所以此后他所代表的新兴势力，在經济上越来越占主要的地位。

最后我們要談一談，商鞅的变法在历史上占什么地位。以前我們已經講过，春秋晚期战国初期，正是中国历史上，整个社会物質生活諸条件起着一个相当剧烈变动的时代。当时，封建領主制度已成了社会生产力的障碍物，而逐渐趋于崩潰。新兴地主阶級却正在上升。摆在社会面前最大的任务，就是如何加速摧毁封建领主制，解放农奴，使他们得以发挥出更大劳动潜力，促进社会前进。

商鞅是战国初年的人，他在秦国的所作所为，对这个历史的新任务起了什么作用，推动呢？还是阻止呢？这是我们应该注意的问题。

我们综合商鞅的新法各点，就可以知道，他有鉴于当时领主土地所有制（即井田制）之束缚生产力，所以毅然以政治的力量明定"除井田，民得买卖"。使劳动力有自然发展的余裕。生产者由农奴变为农民，提高了生产的积极性。不经过这一解放，生产力是无法提高的。其次是商鞅大规模的实行县制，每县置有"令""丞"，直接由君主任免与监督，以代替列爵分土、世治其国的封建领主制。这样一来，中央与地方的关系，不象从前那样松懈。集权中央，地方不得专擅。所以只有实行了郡县制度，才有可能做到中央集权。这也符合了农民与新兴地主的要求。再次是赏罚严明，不别亲疏，不分贵贱，一律断之于法。于是更进一步的打破"礼不下庶人，刑不上大夫"的规定。贵族不敢法外横行，贫贱人比较有些保障。所以，商鞅变法一事，在有历史眼光的人看来，是一件大快人心的事。他基本上执行了历史时代的新任务。但是，他代表的是新兴地主阶级的利益，所以他在摧毁旧领主贵族势力的同时，也曾对人民进行了残酷的统治与镇压。

总之，商鞅变法，加速了社会发展的进程，使秦国在经济上、政治上，都逐渐的发展而强大起来，奠定了后来灭六国的物质基础；同时，又给秦始皇建立专制主义中央集权的封建国家铺平了道路。我们应当肯定商鞅变法在我国历史上所起的进步作用及其伟大的历史意义。

第三节　秦的统一六国及其统一的原因

秦自商鞅变法后，国势便直綫上升。前三五二年商鞅亲自带兵攻魏，攻破魏的旧都安邑。前三四二年再攻魏，擒魏公子卬。秦人夺回河西之地，幷侵入河东河南。到秦惠文王时（前三三七——前三一一年），西幷义渠，拓土至今兰州；南灭巴蜀。秦武王四年（前三〇七年），拔韩之宜阳（今河南宜阳）。秦昭王十四年（前二九三年），秦将白起大破韩、魏兵于伊闕（今河南洛阳龙門山），斩首二十四万。韩、魏遂衰。秦乃移主力图楚。前二八〇年败楚，得楚之上庸（湖北房县）以及汉水北岸地。前二七七年秦夺取楚巫郡黔中郡。前二五六年秦昭王使将军摎攻西周，西周君被迫把三十六个邑和三万人口全部献給秦国。过了七年（前二四九年），秦庄襄王又把东周灭掉。于是东西二周，皆入于秦（見史記周本紀、秦本紀）。

前二四六年秦王政（即后来的秦始皇）即位的时候，秦国的領土，已几乎是天下的一半。計有巴、蜀、汉中、宛、郢、上郡、河东、太原、上党等郡，东有滎阳及二周之地（史記秦始皇本紀）。单就疆域而論，秦比其他六国已占了很大优势。

秦所处的关中，自古号称"沃野千里"（史記留侯世家、貨殖列傳）。秦昭王时，蜀郡太守李冰造都江堰，使成都平原无水旱之灾、富饶无比。秦王政时用韩国水工郑国造郑国渠成，灌漑涇渭間的田四万余頃，农产更加丰富。秦拥有这两个大农业区，幷且"关中之地，于天下三分之一，人众不过什三，然量其富，什居其六"（史記貨殖列傳）。自商鞅以来，力倡耕战，对农业的发展，起了很大的作用。秦国的經济力量，于是大大超过其他各国。

我們从历史的发展上看，到秦王政时，已很清楚，秦国在各方面已构成了統一六国的条件, 它既掌握巨大的經济力量, 又拥有强悍的軍队。当时沒有任何国家可以和它相抗。于是六国依次灭于秦。現在把各国被秦灭亡之年代列举于次:

（一）公元前二三〇年灭韓: 秦欲伐韓, 韓派宗室韓非入秦游說, 被秦扣留杀死。秦王政十七年, 秦内吏勝（或作騰）灭韓。

（二）公元前二二八年灭赵: 秦使王翦伐赵, 赵名将李牧御之, 秦兵不能取得胜利。后来赵王听信讒言, 捕杀李牧。于是王翦大破赵軍, 灭赵。

（三）公元前二二五年灭魏: 秦将王賁攻魏, 引河沟灌大梁, 大梁城坏。魏王請降, 秦遂尽有魏地。

（四）公元前二二三年灭楚: 东方三晋复亡后, 秦遂得以全国兵力伐楚。时楚都寿春, 尚有广大土地。秦王問伐楚需要多少兵。新立战功之李信, 对称用二十万人, 而王翦則称非六十万人不可。王使李信将二十万伐楚, 为楚所破。王乃复召用王翦, 翦請六十万人, 将兵出关, 大破楚师。秦王政二十四年, 楚亡。

（五）公元前二二二年灭燕: 秦灭赵后, 燕即与秦接壤。燕太子丹使荆軻刺秦王, 失败。秦遂攻燕, 拔薊, 得太子丹。燕王徙辽东。秦王政二十五年秦又大兴兵, 使王賁将兵攻燕, 拔辽东, 燕亡。

（六）公元前二二一年灭齐: 东方五国既亡, 秦借口齐王絕秦, 秦王政二十六年使王賁将兵击齐, 齐兵防守其西界。王賁从燕南攻齐, 遂长驅直入, 进攻临淄, 齐乃亡。

自秦王政十七年（前二三〇年）到二十六年（前二二一年）, 为时不过九年, 所謂六国, 依次为秦所灭。秦成了空前未有大一统的中央集权大帝国。秦王政以为这种偉大事业"自上古以来未尝有, 五帝所不及", 为表示他的功业, 自号为"始皇帝"。

秦始皇灭山东六国, 建立了一个中央集权的一统大帝国。把

· 229 ·

中国的封建制度推进到一个更高的阶段，就是从初期分封割据的封建社会进入了统一的中央集权的封建社会。这在中国历史上的确是一个划时代的偉大事件。斯大林說："如果不从封建割据和各公国的混乱下解放出来，那末，世界上任何一个国家都不能設想保持自己的独立，設想眞正的經济与文化的高漲。只有全国結成为統一的中央集权的国家，才能够設想眞正的經济与文化高漲的可能性，設想巩固自己的独立的可能性。"① 足見中央集权的政权的建立，在历史发展的一定阶段中，乃是一种进步的现象。

秦統一中国的原因是什么呢？我們当然不能完全以秦始皇的"天才"或"英雄"去解釋。因为我們知道，"英俊人物，正如我們所說过的，只能改变当时事变底个别外貌，却不能改变当时事变底一般趋势；他們自己完全順应着这种趋势出现的，没有这种趋势，他們是永远也跨不过由可能进到现实的門阶的。"② 当时的社会趋势就是"大一統"。秦始皇的雄才只有在当时的社会条件所容許的那个时候、地方和程度內，才能成为统一的因素。

这种大一統的趋势，是怎样来的呢？我們前面曾談过，自春秋战国以来，由于生产力的提高，农业与工商业有显著的发展，因而領主貴族制度破坏，被殘酷地束縛着的农奴，从大小領主貴族那里得到解脱。于是比較自由一些的农民阶級与新兴地主阶級（包有新兴商人）就都出现了。这两个新兴的阶級，在封建割据的社会中，都还受到一定程度的束縛与压迫。但是他們的数量与力量，逐渐的在增长，势必力图冲出这个束縛的藩篱。他們想冲出藩篱，则势必要与封建的領主制作斗争，在政治上要求把割据分裂的局面统一

① 斯大林：庆祝莫斯科八百周年的賀詞，見1947年9月7日眞理报。

② 普列汉諾夫：論个人在历史上的作用，莫斯科外国文書籍出版局1950年中文版，第38—39頁。

起来。

新兴地主阶级的經济地位,在战国时代虽然逐渐的占了优势,但他們的政治地位最初还远不能和封建領主相比。他們不仅无权过問政治及軍事,而且还得把从农民手中所收得租子的一部繳給領主。加以在領主間进行掠夺战争时,領主們还要向新兴地主所占有的土地上的农民,强迫征調物資和力役。这当然更影响了新兴地主們的利益。所以旧封建領主阶级与新兴地主阶級起了很大的矛盾。分割的封建領主所要維持的經济制度,对新兴地主阶級是一个很大的威胁。

战国时商业已經很发达。各地居民,因貨物交換,經济生活上相互依賴,不可割离。所以当时新兴商人已占很重要的地位。割据的領主們各設关津和长城,障碍着商业的流通。孟子說:"古代設关为了禁暴,今世設关为了行暴。"若想消灭这許多人为的障碍,必需要全国統一起来才可以作到。

由此可知,战国时代各国的新兴地主与大小工商业者是希望全国統一的。

而且当时劳动人民是极希望統一的。首先,在战国时代由于生产力的发展,土地关系改变,农民可以私有土地,生产情緒是提高了。可是領主間的长期战争,农民的貢赋徭役負担很重,国內君主貴族的奢侈浪費,也压在劳动人民的肩上。那时尤其是小国的人民,比大国的人民負担更重。他們体驗到做小国的人民不如做全中国統一的人民。他們迫切希望得到和平,减輕負担。

其次,当时农业生产发展了,需要統一的国家来管理水利,防治水灾。齐桓公葵丘之会,为諸侯立五禁。其第五禁,"无曲防",就是禁各国专水利,害邻国。但各国为了自己的利益,天旱,则爭夺水利。如"东周欲为稻,西周不下水"(战国策东周策)。天涝,便

"以邻国为壑"（孟子告子篇），把水放到邻国。又如齐、赵、魏三国，因位置不同，对于黄河各造堤防，"雍防百川,各以为利"。于是,黄河不决赵、魏,便要汜滥齐国（汉書沟洫志）。壅水和放水，也給人民群众以生死的威胁。只有全国统一，才能消除或减少由于割据所发生的灾害。

第三，战国后半期,北方的游牧族东胡、匈奴、林胡、楼烦等不断向南方侵扰，破坏中原的农业生产。由于中原各国对立，沒有统一的力量来抵抗，所以当时赵、燕、秦三国，只有各自在北边筑起长城以"拒胡"。在这一点上，当时中原地区的广大农民也迫切希望统一起来,共同抵御外来的侵略。

当时秦始皇所代表的是新兴地主阶級的利益。他的统一运动，在客观上也符合当时广大劳动人民的愿望。秦国自商鞅变法,新兴地主阶級得到胜利以来，在政治上經济上，都較其他六国为优越，秦本身既具备了统一的力量，又符合了广大人民的统一要求，因此，才能順应时势，灭掉六国，建立起大一統的中央集权大帝国。

根据以上的分析，可知新兴地主阶級为了他们的經济的发展，要求进一步掌握政权，要求统一。他們对旧領主阶级来说是一个新生的正在走向繁荣的阶级，他們从事的统一运动已經成为經济发展的必要，又是百年来的大势所趋，而更重要的是这一统一运动符合了当时广大劳动人民的愿望。所以秦的能够统一中国，人民群众是起着决定性的作用的。

第十章　两周时代的文化

第一节　周人对"天"与"民"的思想的轉变

西周人敬天的思想和殷人有些相似，他們認为取得殷政权是"受天有大命"（大盂鼎）。又說是上天改派他的长子，来接收殷国的統治的（周書召誥）。周人三番两次的这样宣示，表明他們的代殷統治，也和殷代夏的情形一样，并非是他們自己的意志，而是上帝的意志，是奉上帝的命令来管理地下的众民的。

惟有一点，周人和殷人絕不相同。就是殷人只知有天，以为只要依天行事，即可万事大吉，即可天命永保。至于下面的民心如何，他們是根本沒有想过。西周的人却不然，他們認为天固然要敬，但是若想保持周的天下不使灭亡，只是一味的对"天"尊敬是不够的，必須实行保民治民之道。"王司敬民，罔非天胤。"（尙書高宗肜日）人民也是上帝的儿子。王之职，敬民而已。所以周人一提到天命或天道，往往与下民对举：

"荡荡上帝，下民之辟。"（詩大雅荡）

"天命降监，下民有严。"（詩周頌殷武）

"今天其相民，矧亦惟卜用。"（尙書大誥）

"天棐忱辞，其考我民。"（尙書大誥）

"天亦惟用勤毖我民。"（尙書大誥）

"天畏棐忱，民情大可見，小人难保。"（尙書康誥）

这都表明上天的意志与下民息息相关，"天"生下"烝民"来，皇天上帝是烝民的宗主（詩蕩）。当然"天"对下民就不会漠不关心了。

并且周人鉴于夏商二代的历史，知道"惟命（天命）不于常"。商朝要是不得天命固然不会傳国数百年。但如果真得到天命，为什么周人一起兵就把它灭掉了呢？为什么天命会从夏改給了商，又从商改給了周呢？这样看来，"天"是不可靠的。周人发现要想保持王位，必须去做那比"敬天"更重要的事情，那就是敬德保民。尚書召誥說："其曰我受天命，丕若有夏历年，式勿替有殷历年，欲王以小民受天永命。"这是說以勤恤民，庶几王可以受命历年如夏商。大有以民心为天命之意。酒誥又引古人的諺語說："人无于水监，当于民监。"这就是說統治者应当以民心作鏡子，为行事的指南。最明显的是泰誓里的两句話：

　　　"民之所欲，天必从之。"（国語周語中所引；左傳襄公三十
　　　一年穆叔及昭公元年子羽所引大誓）

　　　"天视自我民视，天听自我民听。"（孟子万章上引泰誓）

这是說上天意志的来源就是出自民的意志。民事为本，天次之。与商人只尊天不注意下民是絕不相同的。礼記表記也說："殷人尊神，率民以事神，先鬼而后礼"；而周人则是"尊礼尚施，事鬼敬神而远之"。这和我們从詩書上所推出的論断是相合的。

　　为什么殷周两代的人，对"天"的看法，有这样显著的差异呢？这是可以理解的，一切思想意識都是当时經济基础的反映。周的經济制度不同于商，周的統治阶級对天的看法自然也与商人不同。商时是奴隶社会，最大的奴隶主是殷王。他是这个国家中的至高无上者。从下界說，他就是"下帝"。于是从现实中反映出天上有个至上神"上帝"。至于当时的奴隶們，是被视之为"会說話的工具"，根本不認为是人。他們是国王直接所有的一种财产。他們的生命，国王有权任意屠杀，所以只須借重上帝（包括天命鬼神）与

刑罰来压迫他們就够了。而西周已經初步的建立起封建社会，对农奴已經不是完全的占有，而是把他們也看作是人。尤其是受到夏殷的历史教訓，知道了天命之不可靠。要使周族的統治权臻于巩固，就得周人自己从实际問題着手，一味地宣傳天的作用是沒有多大效用的。"上天"之为物，听也听不到，嗅也嗅不着。还是取法文王，讓万邦的人民来信服我們吧（詩大雅文王："上天之载，无声无臭，仪刑文王，万邦作孚"）。只要学文王"怀保小民"或"用咸和万民"（書无逸），天就会降福，天是跟人走的。

周代社会，自西周末年起，又开始了一系列的变革。首先是周天子共主資格已經衰落。这一现实的变化，就引起了当时人們的思想意識上之变化。由现实的天子升华为人們头脑中的"上帝"，也就随着被怀疑被責难了。周初虽然已有人把"天"开始降为"民众"的附从地位，但还不敢公开的有所抱怨或責难。现在则不然，出现了一連串抱怨和責难的声音：

"天之抗我，如不我克。"（詩小雅正月）

"瞻卬昊天，则不我惠，孔填不宁，降此大厉。"（大雅瞻卬）

"旻天疾威，天篤降丧；瘨我飢饉，民卒流亡，我居圉卒荒。"（大雅召旻）

"昊天不惠！""昊天不平！""不吊昊天！"（小雅节南山）

"浩浩昊天，不駿其德！""旻天疾威，弗虑弗图！"（小雅雨无正）

这里表示人們对于"天"或"上帝"，已經由怀疑而失望，由失望而怒責，把一个上帝骂的威信扫地。接着小雅十月之交更說：

"下民之孽，匪降自天；噂沓背憎，职竞由人。"

这就是說人民大众的灾孽，并不是什么上天所給予的；所有紛争与禍乱，都是人制造出来的。由对天的信仰到相信人力，这是如何的一个大轉變。

春秋时代这种对"天"怀疑对人信任的思想，更为明确了。当时人体会到一切天、命、鬼、神都不一定可靠、可靠的却是負担賦稅兵役的庶民。我們且看看左傳上所記載的春秋时人的言論吧：

"夫民，神之主也，是以圣王先成民而后致力于神。"（左傳桓公六年随季梁語）

"吾聞之：国将兴，听于民；将亡，听于神。神，聰明正直而壹者也，依人而行。"（左傳庄公三十二年史嚚語）

"虢必亡矣，虐而听命于神。"（左傳庄公三十二年内史过語）

"吉凶由人。"（左傳僖公十六年周内史叔兴語）

"天道远，人道邇，非所及也。"（左傳昭公十八年郑子产語）

从这些人的談話中，我們可以知道，春秋时一般开明的人，对鬼神的观念，是先有人事而后有鬼事，神是依人而行的。甚至于認为吉凶禍福的降临，也与鬼神无关，一切全是由于人事的好坏。

天命鬼神的地位逐步在降低，主要是由于庶民的力量被一些統治者所認識。另外，春秋时自然科学的进步及战爭胜敗不决定于鬼神吉凶的实际經驗，也使人們逐渐感到天命鬼神的不可信。

这种否認天道注重民事的进步思想，在春秋时是一主要力量。各国开明的統治阶级，都察觉到要立国必須得民，失民心就要亡国。

我們細細体察，可以看出自西周以来，統治阶级对"民"地位的重视，絕不是奴隶社会所应有的现象。只有在較进步的封建制度下、这种思想，才有产生的可能。春秋末年及战国时的諸子百家，都或多或少的繼承了这种思想而更加以发揮，于是出现了中国学术思想史上这个諸子爭鳴的波瀾壯闊时代。

第二节 諸子百家的学术思想

在分析諸子百家的学术思想之前，我們首先应考察一下产生諸子百家思想的社会历史条件。因为历史唯物主义教导我們說：社会精神生活形成的真实源泉，社会思想、政治观点、哲学观点、宗教信仰之发生底源泉，不应从这些思想、观点、信仰本身中去寻找，不应从思想家的头脑中去寻找，而应从社会物质生活条件中去寻找。

从上几章的叙述，我們知道，春秋战国时代，是中国社会由領主經济向地主經济轉变的一个时代。推动这个轉变的主要力量是生产力的提高。鉄犁和牛耕的逐渐使用于农业以及鉄制工具之应用于手工业生产，因而农业和手工业便发达起来。从而又刺激了商业的繁荣。土地所有权，逐渐由諸侯及大夫等領主阶級手中轉移到新兴的地主阶級和新兴的农民阶級的手中。土地剝削形态也由力役地租轉化为实物地租。因之，土地所有者对直接耕种者的人身隶属关系，也就比較松弛了。

这一剧烈的变动，当时大小領主之間綿亘不断的兼并战争，也是一个有力的推动力量。

在这个期間，表現着复杂的阶級間的矛盾和斗争：有旧的沒落着的領主阶級与新兴地主阶級的矛盾，有旧領主阶級与农民阶級的矛盾，有农民阶級与新兴地主阶級的矛盾。各阶級都提出維护其自身阶級利益的主张。反动阶級固然要凭借着反动思想文化来为自己的旧社会制度服务；同样，进步的新兴阶級也要运用新产生的新思想文化帮助新制度来摧毁旧制度与反动阶級。各阶級間的斗争也反映在他们的思想文化上的新旧斗争。这种思想文化上的斗争也是阶級斗争的不可分割的一部分。并且在这社会的变革当中，貴族走向沒落，有的甚至"降在皁隶"（左傳昭公三年）。于是本来是"学在官府"的、只有貴族阶級才有治学的机会，到这时学术一天天下移了。发展到孔子，他首先开私人講学之风。官学一变而为私学。这就更加速了代表各阶层利益的思想的活跃。于是构成了春秋战国学术思想上的黄金时代。最著者如孔孟的"仁""义"，墨子的"兼爱"，老子的"无为"，楊朱的"为我"，韓非的"法治"，以至于百家爭鳴，都是为了維护自身阶級利益而互相攻击。这正是生产斗爭与阶級斗爭实践的反映。

下面我們只把諸子中有代表性的儒、墨、道、法四家提出来，按着生产方式的发展以及阶級关系与阶級斗爭的发展，来分析一下。

一　儒家——孔子、孟子、荀子

孔子　儒家的开創者——孔子，名丘字仲尼。生于公元前五五一年（魯襄公二十二年），死于公元前四七九年（魯哀公十六年）。他的先世本系宋国貴族，曾祖父逃难到魯国。他父亲郰叔紇（史記作叔梁紇）做了魯国郰邑的大夫，才为魯国人。

孔子所处的时代，正当春秋的后半期。那时公室卑弱，大夫兼并。領主貴族阶級正在走向沒落的道路。当时最低級的貴族是"士"，而从社会諸阶层来說，士阶层正处在中間。它上有貴族大夫，下有庶民。向上爬可以做到中下級的官吏，因而只希望做官食祿，看不起农民的劳动生产。不过士在未做到官时是接近庶民生活的，所以能够了解民間疾苦。"当他求仕干祿向上看时，表現出迎合上层貴族利益的保守思想。当他穷困不得志向下看时，表現出同情庶民的进步思想。""士看上时多，看下时少，因此士阶层思想保守性多于进步性、妥协性多于反抗性。"（范文瀾先生語）孔子的思想可以說完全是这种士阶层思想的代表。

我們知道孔子雖然出身于貴族家庭，但到他这一代，家道中落。他自己說"少也賤"。但似乎受过不失貴族身分的教育。他幼时就会陈列祭祀或宴客的席面，并且老早就以知礼著称。所以他是属于当时的士阶层的。

我們已經說过，士的思想由于他所处的地位的关系，是对上对下都有妥协性的。孔子的"中庸"思想，实际就是一种妥协性。孔子說"过犹不及"（論語先进篇），"无可无不可"（論語微子篇）。象这种中庸观念，貫穿着他全部的学术思想。

春秋战国間的社会变革——由領主經济过渡到地主經济，春秋中叶已开始萌芽。鲁宣公十五年特書"初稅亩"，就是变革的标帜。春秋末叶的孔子，看到封建領主阶級的統治权虽然已搖搖欲墜，而新起的地主阶級的羽毛尚未丰满，还无力推翻它。这就规定了属于士阶层的孔子对时局的看法。就是主張維持旧的領主制度，維持天子諸侯及大夫彼此間的尊卑关系。他說："天下有道，则礼乐（政令）征伐（軍令），自天子出"（論語季氏）。当时鲁国最大一家贵族季氏，他对天子的关系是陪臣，可是他竟用天子的礼制，"八佾舞于庭"，又"旅（祭名）于泰山"。孔子認为这实是"是可忍也，孰不可忍也"（見論語八佾）的事。其他如臣弒其君（見左傳隱公四年、桓公二年、文公十六年、宣公二年、成公十八年），子弒其父（見左傳文公元年）的許多变乱，他都看不下去。因为他的政治态度是要維持傳統的旧秩序，而这些政治上的种种变乱，正是破坏了旧秩序，加速了社会的变革。

孔子为了要維持以周天子为首的一个統治系統的旧秩序，于是他提出"正名"（論語子路）。用正定名分的方式，去恢复社会的旧秩序。他說："君君、臣臣、父父、子子。"（論語顏淵）叫人們顧名思义各安本分、各守各的范圍、彼此不能逾越。齐国的陈成子把齐簡公杀了，这是"言不顺"，臣子怎么可以杀国君呢？这是不守本分。孔子于是"沐浴而朝，告于(魯)哀公曰：陈恒弑其君，請討之"(論語宪問)。

孔子所憧憬的是"天下有道"的西周盛世。那时的政治，据他說是"礼乐征伐自天子出"，"政不在大夫"，"庶人不議"。他用所謂"循名以求实"的方法，固执着旧形式以图复活旧内容。所以他的正名主义是含有保守性与落后性的。

孔子思想中最偉大的也是最主要的一点是"仁"。所謂"仁"就是推己及人，也就是"爱人"。扩而充之，可以包括很多的美德。

他也崇尚"礼"，不过他的中心思想却在于"仁"，礼不过是"为仁"的方法。他說："人而不仁，如礼何？人而不仁，如乐何？"(八佾篇)就是說，没有"仁"作思想基础，礼乐是空虚的。顏渊問仁，他說："非礼勿视，非礼勿听，非礼勿言，非礼勿动"(顏渊篇)，这就是"仁"。

那么，"仁"又怎样实行呢？他提出用"忠"与"恕"去实行。因为"仁"的基本条件是"爱人"，"爱人"的基本条件是"忠"与"恕"。这是一物的两面。从积极方面講是"忠"，从消极方面講是"恕"。由"恕"可以达到"忠"。孔子以为"忠"是很难达到的，"恕"则較为容易。所以常說实行"恕"的方法，而不常說实行"忠"的方法。他說："其恕乎！己所不欲，勿施于人。"(卫灵公篇)仲弓問仁，他也說："出門如见大宾，使民如承大祭，己所不欲，勿施于人。"(顏渊篇)这就是寬容待人的意思。至于"忠"，論語上有一段話，似乎就是說的"忠"。他說："夫仁者，己欲立而立人，己欲达而达人。能近取譬，可謂仁之方也已。"(雍也篇)这是一种"推己及人""爱人如己"的态度。所以說"恕"是消极的一面，而"忠"则是积极的一面。孔子曾告訴曾子說："吾道一以貫之。"他这"一貫"的方法，曾子理解为"夫子之道、忠恕而已矣"(里仁篇)。可見"忠"与"恕"合起来的一貫之道，就是"仁"的根本。

他認为只要人人肯去修养这个"仁"字，且贯彻到生活的实践中去，则社会上一切矛盾，便可由各人内心的修养而消灭于无形。这种唯心论的想法，注定是要失败的。不过他提倡的这种"爱人"的"仁"，却也表现孔子进步的一方面，至少已在心目中重視了"人"。他反对殉葬用俑，他說："为俑者不仁"（礼記檀弓），因为俑是"象人而用之也"（孟子梁惠王上）。他的学生子夏竟然說："四海之内皆兄弟也。"（論語顔渊）这种思想决不可能象一些人所說是奴隷社会的产物，而实是繼承了西周以来初期封建社会下那种重視民事的一支进步思想，而又加扩充与系统化了的东西。孔子少年貧賤，自然有机会去接近下层庶民。他有这种见解，无足为奇。有人認为孔子的"仁"，只包括王公大人和士大夫，不包括当时的庶民①，恐怕是冤枉了孔子，固然我們也承認所包括的貴族分量要多些。

孔子的"仁"虽然是普及于全人类的，但"各种思想无不打上阶級的烙印"②。他出身于沒落了的貴族家庭，自幼所学是古代傳下来的"詩""書""礼""乐"那一套，所以講到"为仁"的方法，也就把"礼"抬出来。"礼"指一切统治阶級规定的秩序。亲亲、尊尊、长长、男女有别，是"礼"的根本。"礼"用以分别貴賤的等級。所謂"君子""小人"每人应该按照各自的等級，履行他的权利与义务，而这种义务和权利根本是不平等的。于是他提倡的"爱人"的"仁"，和他所崇尚的"礼不下庶人"的"礼"，就不免发生了矛盾。他的推己及人便受了限制。爱人首先要从爱父母、爱兄弟开始，然后扩充到家族

---

① 見楊荣国：中国古代思想史，三联书店1954年版、第93頁。

② 毛澤东选集，第一卷，人民出版社1951年12月第三版，第282頁。

以外。但是否旁人或者比父母兄弟更可爱呢？这是不可能如此考虑的。所以他的思想中，落后的因素，终究超过了进步的因素。

根据上面所述的，可知孔子的思想和活动，基本上是代表封建领主阶级，想维持旧秩序，并且想把已破坏的部分复原。这当然是对社会发展起阻碍作用的。不过我们评价一个历史人物，不能光看他的主观动机。一般讲来，动机与效果是一致的。但是，也有动机与效果不一致的情况。孔子便是其中之一例。他的主观愿望是想继续维持封建领主贵族阶级的统治权，而提倡"正名"，提倡"仁"；但客观效果上，他没有能挡住社会发展的巨轮。相反的，他为维持旧秩序而产生的"爱人"思想与其提倡教育的活动，却成了破坏旧制度的新力量。

他关于"爱人"的言论很多，如"节用而爱人，使民以时"（学而篇）；"百姓足，君孰与不足，百姓不足，君孰与足"（颜渊篇）；"不患寡而患不均，不患贫而患不安"（季氏篇）。这是同情庶民的进步思想。又如他的学生冉求做季氏宰，替季氏聚敛，孔子很愤怒，说："这不是我的学生，弟子们敲着鼓攻击他吧！"（见论语先进篇）这种真情的爱民精神，后来发展成孟子的主张"仁政"，提倡"省刑罚，薄税敛"（孟子梁惠王上）。反对统治阶级对人民的残酷剥削，当然就对社会发展起了一定的推动作用。

孔子是中国历史上第一位公开教学的大教育家。他教学的目的，固然是想培养一批新的知识分子，使其参加政治，以实现他的政治主张。可是客观上他的开倒车的政治主张，并未实现。他的教育活动却起了很大的进步作用。他打破以前那种教育为贵族所独占的现象，首先把"诗"、"书"、"礼"、"乐"这些学问，普及到民间，主张"有教无类"。于是他的学生包含了各种出身不同的分子。这样，就把官学变成了私学。也正因为有了私学，诸子百家才在这样上下交流的情况下产生了。

　　总之,孔子的思想和活动,主观动机是保守的落后的,可是所产生的客观效果,却对社会发展起了很大的促进作用。这种促进力量大大的超过了他的阻碍力量,所以孔子在中国历史上的地位,我們是应当肯定的。

　　孟子　孔子死后,儒家分成好多派别。韓非子說:"自孔子之死也,有子張之儒,有子思之儒,有顏氏之儒,有孟氏之儒,有漆雕氏之儒,有仲良氏之儒,有孙氏之儒,有乐正氏之儒……儒分为八。"(孟子显学篇)儒家这八派幷不是同时幷起,有些是陆續产生的。其中最煊赫的,当推孟、荀(孙)两大派。

　　孟子名軻,鲁国鄒人。曾受业于孔子之孙子思(孔伋)之門人。与齐宣王梁惠王同时,約生于公元前三九〇年,卒于公元前三〇五年。那时正是楊朱的"为我"与墨子的"兼爱"学說盛行的时候,一般士人不从楊就从墨。儒家的学說受到严重的打击。孟子以繼承孔子自居,于是起来力"辟楊墨",幷发展了孔子的思想。

　　孟子的政治主张,主要是提倡"仁政"。所謂"仁政",是从孔子主张的"仁"发展而来的。孔子孟子都是言必称尧舜,孟子更明确的說尧舜之道,就是"仁政",也就是"不忍人之政"。而这不忍人之政,是由不忍人之心扩充而来的。他說:"人皆有不忍人之心,先王有不忍人之心,斯有不忍人之政矣。以不忍人之心,行不忍人之政,治天下可运之掌上。"(公孙丑篇上)他認为行仁政便能得到人民的归附,不行仁政便会失去人民的支持。他說:"三代之得天下也以仁,其失天下以不仁。"(离娄篇上)他又劝梁惠王施仁政,請他在国内"省刑罰,薄稅歛";成为一个"仁者",自然就可以"无敌"于天下(梁惠王篇上)。所以孟子所謂"仁政",具体的就是使人民获得較好的生活。他对齐宣王的一段話,可以代表他的见解:他說,好的国君,应当使老百姓"仰足以事父母,俯足以畜妻子。乐岁终身饱,凶年免于死亡"。他又举了一个具体的例子,说:"五亩之宅,树之以桑,五十者可以衣帛矣。鸡豚狗彘之畜,无失其时,七十者可以食肉矣。百亩之田,勿夺其时,八口之家可以无饥矣。谨庠序之教,申之以孝悌之义,颁白者不负戴于道路矣。老者衣帛食肉,黎民不饥不寒,然而不王者,未之有也!"(梁惠王篇上)这就是说谁能够施这种"仁政"于民,谁就可以王天下。由此可以知道,行仁政的终极目的,是为了达到全国统一。

孟子是这样的尊崇施"仁政"的王,这与孔子所尊的"周王"是不同的。孟子心目中的"圣王"不是周王而是民意所归的人。他认为这样的王,就是拿木棍也能战胜秦楚的坚甲利兵。因为行仁政,人民必归附,而别国的君却行暴政。你去征伐,乃是征伐人民的敌人,有谁来与你对抗。这就是所谓"仁者无敌",自然可以统一天下了。有一次梁襄王问他:"天下怎样才可以安定?"他说:"统一了就能安定。"接着又问:"谁能统一呢?"孟子回答说:"不嗜杀人者能一之。"(以上俱见梁惠王上)足见孟子以为能王天下与否,全看民意的向背。"王者"虽由天意选择,而天意却依照民意而行。"天视自我民视,天听自我民听",民意所归附的人,就是天所选择的天子。他明目张胆的提出"民为贵,社稷次之,君为轻"(尽心篇下)的说法,进一步发展了西周以来重民的思想。这一点是应当肯定的。

他的重民思想当然不是完全站在劳动人民的立场,而仍是以统治阶级的利益为出发点的。所以他主张"劳心者治人,劳力者治于人;治于人者食人,治人者食于人",认为劳心者理应高踞在劳力者之上,仿佛统治者与被统治者的关系是注定的。不过他也痛恨统治阶级中的"民贼",反对暴政,反对杀人盈城盈野的战争。他敢于说:"残贼之人,谓之一夫。闻诛一夫纣矣,未闻弑君也。"(梁惠王篇下）又以为君臣的关系是相对的，"君之视臣如手足，则臣视君如腹心；君之视臣如犬马，则臣视君如国人；君之视臣如土芥，则臣视君如寇仇。"（离娄篇下）这是何等大胆的言论！ 这样提倡限制君权，多少对人民是有好处的。

孟子哲学思想的主要出发点是性善論，所謂"孟子道性善，言必称尧舜"（孟子滕文公篇）。他認为人类生来就是性善的，"恻隐之心"，"羞恶之心"，"辞讓之心"，"是非之心"，是"人皆有之"（公孙丑篇上、告子篇上）。又說：这仁、义、礼、智四端，"非由外鑠我也，我固有之也"（告子篇上）。这是一种唯心的思想方法，对于仁、义、礼、智以及善与不善等社会意識，只从生理与本能去找解釋。

人人旣然皆有善端，若把它保持住并予以发展和扩大，则"人皆可以为尧舜"（告子下）；不过，往往是"庶民去之，君子存之"（离娄下）而已。所以孟子的性善論并不只是"从統治阶級看本阶級的性是善的"②，而确是指全人类本皆有善性；只是他对"善"的解釋是站在統治阶級的利益出发而已。换句話說，并不是"性善"有阶級性，而是他所理想的"善"的涵义有阶級性。

孟子所处的时代，正是新兴地主在社会經济的領域中，逐漸的大显身手的时候。封建領主与新兴地主两阶級的矛盾，日益增强。孟子的思想，也体现了这个时代的特色。就是他虽然基本上是代表了領主阶級的利益，但有时又照顾了新兴地主阶級的利益。如他提倡的"仁政"，是因为看到当时新兴地主阶級的兴起，兼并了农民的土地，于是主张恢复西周时的井田制度。把地主的土地重新划为井田，分配給农民去种。使农民"死徙无出乡"，"公事毕，然后敢治私事"（滕文公上）。这种办法，实际上是开倒車，要新兴地主

---

② 范文瀾：中国通史簡編修訂本第一編，人民出版社1955年版，第263頁。

阶级也变成领主阶级，农民仍回到农奴的地位上去。他又反对"辟草莱，任土地"（离娄篇），这也是针对着当时新兴地主阶级所主张任地力、漫经界、和"耕战"的政策而发的。其他，孟子的落后性又表现在企图恢复古代天子与諸侯的关系以及恢复君、卿、大夫、士与公、侯、伯、子、男的等级和禄位，这当然也是代表領主阶級的利益。不过，当时新兴地主阶級的地位，已經稳固。这一現实，使他产生了任"賢"的思想，就是主張新兴地主阶級也来参加政权。但是，在他所理想的領主政权世襲的形态下，新兴地主怎样插进去呢？于是又提出"賢者在位，能者在职"（公孙丑上），"不信仁賢，則国空虚"（尽心下）。"賢者"不一定都是貴者，不一定都是領主阶級，这样新兴地主阶級出身的"賢者"，当然也就有参政的資格了。他說："国君进賢，如不得已，将使卑逾尊，疏逾戚，可不慎与！左右皆曰賢，未可也。諸大夫皆曰賢，未可也，国人皆曰賢，然后察之。見賢焉，然后用之。"（梁惠王下）这种調和領主与地主阶級矛盾的思想，实是时代的产物。

荀子　战国末叶，发揮儒家思想的大师为荀子。他是孟子以后最大的儒者。地位也和孟子相伯仲。

荀子名况，号卿，赵国人。他的生卒年已不可考。据說年十五岁，到齐国临淄的稷下游学（风俗通穷通篇），以后又游历各国，第二次游齐时，成为稷下最年老的老师了（史記孟荀列傳）。当范雎做秦相时，他曾入秦见秦昭王与范雎討論政治（荀子儒效篇、强国篇）。又曾回到赵国，和临武君在赵孝成王前議論兵法（荀子議兵篇）。到楚国做兰陵县令。他一生的重要活动，約在公元前二九八年到前二三八年之間①。

_____

① 清汪中：荀卿年表。

荀子是一位极其博学的人。他的根本立场是儒家的立场，但对其他诸子百家的学说，也曾用心研究而且都予以深刻的批判，吸收了各家的积极因素，以建立他自己的思想体系。

荀子所处的时代，是战国的末叶。他亲眼看到当时七国间剧烈的斗争，各国的君主以攻战为能。儒家所倡导的礼乐，早已扫地无存了。荀子起来把孔子的"礼"加以修正和发挥，使它符合当时地主阶级政治的需要。另一方面，由于当时自然科学已经有了相应的发展，人们提高了对自然的认识，使得荀子对"天"的看法，具有了唯物的因素。

荀子的"礼治论"是以他的"性恶论"作基础的；"性恶论"则又建立在他的唯物论的"自然天道观上"。所以我们剖析荀子的学术思想，第一步应先谈他对自然界特别是对"天"的看法。

他对自然的看法，摆脱了孔子孟子的唯心论。认为天的变化是自然的变化，而且这种变化是有规律的，并不是由鬼神或妖怪操纵的。吉凶祸福在于人为，不在天地。他提倡人力征服自然，他说：务农而节用，天不能使他穷；营养足而适时的运动，天不能使他病；循道而无差失，天也不能给予他以祸害（荀子天论）。他以为与其盲目地尊天而想发财，不如加强生产，积蓄财物，由人自己来控制。与其歌颂天的盛德，不如克制天地，使之为人服务。与其不动而待时机，不如应时而加以使用。弃人为而望天赐，是反万物之情的妄想（同上）。人对自然界，不是要顺从、畏敬，而是要运用人力向自然界作斗争，使天地万物为人所控制，所利用。他这种人力胜天的思想是当时生产力显著发展的反映。这是他胜过孔子孟子以及其他诸子百家的地方。

荀子以为"天"是"自然的"。所以凡是自然而不是人为的，他都称之为"天"。如"天情"、"天官"、"天君"之类的"天"、都是作为

"自然的"意思用的。他認为人类"饿而欲食,寒而欲暖,劳而欲息,好利而恶害,是人之所生而有也,是无待而然者也"(非相篇)。"人之生而有","无待而然",这都意味着人的有"欲"不是人为,而是天然的。有"欲"必争夺,争夺是恶的,所以他認为人性是恶的。可見荀子的"性恶論"是与他的"天論"息息相关的。

荀子主張性恶,这一点是和孟子的性善論完全相反的。主張性善,所以就重视培养发展本性;主張性恶,自然就要約束抑制本性,他說:"人之性恶,其善者伪(人为)也。"因此荀子認为人們必須受教育,必須学习,才有由恶轉善的机会。他說:"故必将有师法之化,礼义之道,然后出于辞讓,合于文理,而归于治。"(性恶篇)他的性恶論,是不分貴賤,人所皆有,"禹桀所同"。只是后来君子受教育能"积礼义",成为善者;而小人未受教育,遂其本性而为恶者。如果王公、士大夫的子孙不学礼义,自然就不能讓他世襲富贵,而只能归之为庶人(王制篇);相反的如果庶人的子孙能学礼义,就可以由"賤而貴",由"貧而富"(儒效篇),就可以成为卿相、士大夫。这和孟子的世禄的主張完全不同。这种理論正是当时領主貴族已經沒落而新兴地主阶级已漸巩固的反映。他給新兴地主阶級代替領主阶级創造了理論根据。从此也可以看出,荀子是代表新兴地主阶級利益的。

荀子既認为人性是恶的,故主張必"明礼义以化之","重刑罰以禁之",使天下都轉而为善,而出于治(性恶篇)。他又說:"礼起于何也?曰:人生而有欲、欲而不得则不能无求,求而无度量分界则不能不争,争则乱,乱则穷。先王恶其乱也,故制礼义以分之,以养人之欲,給人之求,使欲必不穷乎物,物必不屈于欲,两者相持而长,是礼之所起也。故礼者、养也。"(礼論)这說明由于承認人性恶,所以必然主張"礼治",并且把"礼"的范圍扩大,几等于法,这也是荀子最突出的思想。

荀子的礼治和法家的法治不同处，只在于：荀子将"礼"的作用，放在刑法之上。也就是說，用以巩固阶級利益的，主要的是靠"道德"制裁，而不是完全依靠刑罰和爵賞。但他的"礼治"也确乎成了由"礼"到"法"的一座桥梁。所以到了他的学生韓非，便完全摆脱了儒家的理論而成了著名的法家。

二　墨家——墨子

在先秦时与儒家并称，且同为先秦显学的，无疑的是墨家。墨家的創始人墨子，名翟，魯国人①。約生于孔子之后，孟子之前。他自称为"賤人"（墨子貴义篇），足見他的出身是貧賤的。不过他曾"学儒者之业，受孔子之术"（淮南子要略），并推陈出新，别立一学派。于是才成了"上无君上之事，下无耕农之难"（墨子貴义篇），"坐而言义。"（同上）的士人。

墨子的学說，据他自己所提出的，有十項。他曾教育弟子說："凡入国，必擇务而从事焉。国家昏乱，则語之倘賢、倘同；国家貧，则語之节用、节葬；国家熹音湛湎，则語之非乐、非命；国家淫僻无礼，则語之尊天、事鬼；国家务夺侵凌，则語之兼爱、非攻；故曰，擇务而从事焉。"（魯問篇）这里所謂"倘賢"、"倘同"、"节用"、"节葬"、"非乐"、"非命"、"尊天"（即"天志"）、"事鬼"（即"明鬼"）、"兼爱"、"非攻"等十項主張，构成了墨子一套完整的思想系統。

墨子的主張虽有十項，但中心思想却是一个。那就是"兴天下之利，除天下之害"（見兼爱篇中、非乐篇上、明鬼篇下），或者說是"将以为万民兴利，除害，富貧，众寡，安危，治乱也"（倘同中）。这

---

① 此据孙詒讓墨子后語卷上所考定。

个"为万民兴利"，是墨子全部学說的总綱領。它貫串了墨子整个的思想。

墨子所說的天下或万民之"利"，主要的是要求解决劳动人民的衣食問題。墨子說："民有三患，飢者不得食，寒者不得衣，劳者不得息，三者民之巨患也。"（非乐篇）所謂兴利除害，就是消除民的三患，而使飢者得食，寒者得衣，劳者得息。怎样才可以消除民的三患呢？

第一，提倡"节用"、"节葬"、"非乐"。他以为統治阶級的奢侈享受是違反"天下之大利"。所以他提倡"节用"，就是"去无用之費"，"凡足以奉給民用則止，諸加費不加于民利者，圣王弗为"（节用中）。墨子的"节葬"、"非乐"的主張，也是根据同样的理由提出的。他以为儒家所主張的"厚葬"、"久丧"，人民若行之，必不能"耕稼树艺"，"紡績織紝"，"财以成者，扶而埋之。后得生者，而久禁之"。"是故百姓多不忍寒，夏不忍暑，作疾病死者，不可胜計也。"（节葬下）而当时王公大人的厚葬，举凡棺椁、衣衾、文綉、丘隴等，无一不出于民财民力；王公大人天天飽听"大鐘、鳴鼓、琴瑟、竽笙之声"，也必"厚措歛乎万民"（非乐上）才可以做到。这些費用，都要"亏夺民衣食之财"，而造成民的三患，所以要反对。

第二，主張"兼爱"、"非攻"。春秋末到战国初是兼并战爭很厉害的时候。战爭对人民来說是大害。墨子認为战爭的根本原因，乃在于彼此不相爱。假如人人把全人类看成与自己一样，哪里还有争夺欺凌的事？所以墨子提出"兼爱"，就是主張要爱人如己。

墨子的"兼爱"是与儒家的"仁"有显著的区别的。儒家的学說是以自己为中心，好象水紋一样，一层一层的推衍出去。所以說："天下之本在国、国之本在家、家之本在身。"（孟子离娄上）这是先以"已身"为立脚点，向外扩而充之。所以儒家的"仁"，专以已度人。自己爱自己，推而广之，便连自己同类的人也要爱。爱自己的家，也爱别人的家；爱自己的国，也爱别人的国。孟子說："老吾老，以及人之老；幼吾幼，以及人之幼。"（孟子梁惠王）也是同样的意思。所以儒家是有"己身""己家""己国"的观念。但是，旣有"己"，就有一个"他"相对。对"己"与"他"之爱，是有差别的。墨子却認为这种差别观念就是社会罪恶的根源。一切乖詐、盗窃、欺凌、战争，都由此而起。因为旣有己身以示别于他身，到了利害冲突时，就不免害他身以利己身了。若天下人皆"兼相爱"，则"視人之室若其室，誰窃？視人之身若其身，誰贼？視人之家若其家，誰乱？視人之国若其国，誰攻？"（兼爱上）他认为这自然成了个理想的太平盛世。墨子的这种兼爱思想，正反映了劳动人民不满于黑暗統治及对幸福生活的向往。

主張"兼爱"，必然就反对当时頻繁不已的战争。因而墨子还提出激烈的"非攻"主張。他明白的指出諸侯的相攻战，被攻者或战败而国亡，固然吃亏；但攻人者劳师动众，往往也得不償失。而受害最大的还是老百姓。墨子的非攻也不是反对所有的战争。假如对人民有利的战争，所謂正义的战争，他也不反对。他認为禹之征有苗，湯伐桀，武王伐紂，都是吊民伐罪，称之为"誅"（非攻下），是不应当反对的。

第三，主張"非命"、"尊天"、"事鬼"。墨子看到当时有很多"宿命論"者，"貪飲食而惰从事，衣食之财不足，使身至有飢寒冻餒之忧，必不能曰，我罷不肖，我从事不疾。必曰我命固宜穷。"（非命下）。所以宿命論成了懶惰的护身符。墨子从现实生活中体驗到，人的穷富，幷不依赖"命"而是靠勤于政事、强乎耕稼去爭取。他說："夫岂可以为命哉，故（固）以为其力也"（非命下）。指出人力对财富的产生，起决定作用。

墨子虽然反对命运论，反对厚葬、久丧，但他却主张"尊天"、"事鬼"，認为"天"可以給人以禍福，"天子为善，天能赏之；天子为暴，天能罰之"(天志中)。又說"鬼神之所赏，无小必赏之；鬼神之所罰，无大必罰之"(明鬼篇)。这样信"天"信"鬼"，好象与其反对厚葬、久丧的主張有矛盾。其实，由此正可看出他所尊的"天"与所事的"鬼"，不同于統治阶級所信奉的"天"和"鬼"。墨子的"天"与"鬼"的意志是与老百姓的要求相一致的。换句話說就是他是有意識的用"天"和"鬼"为他的政治目的服务。他說："順天意者，兼相爱，交相利，必得赏；反天意者，别相恶，交相贼，必得罰。"(天志上)。可见"天"和"鬼"，"实际是保証实现墨子理想的权力代表，是正义的主宰，是庶民按照自己意志所塑造的一个虚幻化身"①。墨子說："我有天志，譬若輪人之有规，匠人之有矩。輪匠执其规矩以度天下之方圓，曰，中者是也，不中者非也。今天下之士君子之書，不可胜载，言語不可尽計，上說諸侯，下說列士，其于仁义則大相远也。何以知之？曰：我得天下之明法以度之。"(天志上)这里所謂"天下之明法"即指"天志"而言。他是把"天"看作象輪人匠人的工具规矩一样，实等于他为貫彻他的学說"兴天下之利，除天下之害"的一件工具而已。

第四，主张"尙賢"、"尙同"。春秋末年，王侯世襲，世官世祿的制度，虽然已走下坡路，但还具有很大地位。在这种情况下，眞正的賢者会办事的人，不一定做到官；而做官的人当中却有許多殘害人民的坏蛋。富贵者世世富贵，贫賤者永无翻身的机会。墨子主張打破这一鸿沟，所以提出"尙賢"。主張选择天下最賢的人立为天子，其次选为三公、国君、卿、宰、乡长、里长等(尙同下)。儒家虽

①　徐喜辰：先秦史講义，东北师范大学印。

然也有举贤才之説，但提得很含糊。墨子的"尚贤"则更进一步，提出农人工人也可以做官的主张。他说："古者圣王之为政，列德而尚贤。虽在农与工肆之人，有则举之，高予之爵，重予之禄，任之以事，断予之令。"（尚贤上）又説："以德就列，以官服事，以劳殿赏，量公而分禄，故官无常贵，而民无终贱。有能则举之，无能则下之。"（同上）一方面，不管是农人或工人，只要是"贤者"，则必"举而上之，富而贵之，以为官长"（尚贤中）；另一方面，主政者虽为贵族，假如是"不肖者"，必"抑而廢之，贫而贱之，以为徒役"（同上）。当时世袭的贵族阶级逐渐沒落，而新兴地主阶级势力开始抬头。墨子的这种"官无常贵，而民无终贱"的思想，正适应了这一客观情势的发展。

墨子又主张"尚同"，就是主張"上之所是必亦是之，上之所非必亦非之"（尚同中）。"尚同义（乎）其上，而毋有下比之心"（同上）。有人以为这样的主張，可能流为极权政治①。其实对于这点，我們如与他的"尚贤""天志"等思想联系起来看，就得不出这样的结论。因为从天子以下各级政长既然都是选出的"贤者"，而"贤者"又是"将以为万民兴利除害"的人（尚同中），那末"贤者"之所"是"，正是人民大众之所"是"的集中，当然就应該"尚同其上"了。执政者有过失，人民也可以规谏。"尚同"不是只要求人民对在上者片面的服从。假如"民知上置正长之非以治民也"，所做的事，不符合人民的利益，那末人民便"莫肯上同其上"，"上之所赏"，即"众之所非"；"上之所罰"，即"众之所誉"（尚同中），这种"不肖"者，大家会联合起来，把他"抑而廢之"（尚贤中）。而且尚同，不以尚同于天子为止境，"既尚同乎天子而未尚同乎天者，则天菑将犹未止也"（尚同

① 見郭沫若：青銅时代，人民出版社1954年版，第164頁。

中）；而天之意，又是"欲义而恶不义"（天志上），"天亦不辩貧富貴賤远邇亲疏，賢者舉而尚（上）之，不肖者抑而廢之"（尚賢中）。如此，則墨子的"尚賢"、"尚同"，都应当理解为是"为万民兴利除害"而設，是与他的其他主張相一致的。

總起来看，墨子的十大主張，毫无疑义，是代表庶民阶級利益的。

墨子虽然主要的是代表庶民阶級的利益，但也承認貴族的等級。以为天子、三公、諸侯、卿、大夫下至乡长、里长、家君各級正长，都应当是有智慧有权威，能统一是非表率万民的貴者，万民則是賤者愚者。有人以此便認为墨子是代表统治阶級的利益，这是不很妥当的。在初期封建等級气味整个籠罩着的社会中，我們不能要求那些代表庶民阶級利益的人，会有破除貴賤上下的等級制度而建立一个"苏維埃"的要求。因为在两千年以前，主張"合法"的剥削，是对庶民有利的。这正如农民革命的最高要求是"好皇帝"一样。我們不能由于那时的农民要求"好皇帝"，便認为他不是代表的农民利益。

又有人說墨子是替"王公大人"說話，說他书里喊"王公大人"的次数，一共有六十七次①。墨子确乎是喊了很多次"王公大人"，但常喊"王公大人"，不見得就是替"王公大人"說話。墨子是承認等級制度的，当然也承認"王公大人"的存在。但他所最推崇的统治者是"兴天下之利，除天下之害"的"仁人"（兼爱中），是"必务求兴天下之利，除天下之害"的"仁者"（非乐上），是"計国家百姓之所以治者而为之，必計国家百姓之所以乱者而辟之"的"知者"（尚同下），是"以治天下为事"的"圣人"（兼爱上），是"諸加費不加于民利

---

① 見郭沫若：青銅时代，人民出版社1954年版，第159—160頁。

者，圣王弗为"(节用中)的"圣王"。他并不是对当时任何一个"王公大人"都拥护。墨子尚同中篇有一段話，說得最明白。他說："古者上帝鬼神之建設国都，立正长也，非高其爵，厚其祿，富貴佚而錯之也。将以为万民兴利除害，富貧众寡(此依孫詒讓所校)，安危治乱也。故古者圣王之为若此。今王公大人之为刑政则反此。……"(尚同中)足見他所恭維的是"圣王"，而不是当时那些不顧人民利益的"王公大人"。

又有人以呂氏春秋上德篇所载，墨者巨子孟胜为楚之阳城君守邑抗官軍一段故事，認为墨子是为封建統治者服务。其实这故事明明是指墨者巨子孟胜，不能写在墨子本人的帐上。我們知道墨子死后，墨家裂成三派，各自以为正宗，甚至互相傾軋(見韓非子顯学篇、庄子天下篇)。孟胜的所行所为，很显然是走上了近于后来游俠的道路，不能完全代表墨子的思想。

总之，墨子的中心思想，主观上是为庶民謀利益，并且在当时或以后，起了一些好的影响，这是应当肯定的。不过由于时代的限制，他只想不动摇貴賤上下的等級制度，用空想的"尚賢""尚同"，落后的"尊天""事鬼"，来調和庶民与統治阶級間的矛盾，这是不可能实现的，当然对庶民也不会有好的效果。相反的，他的"摩頂放踵，利天下为之"的勇敢牺牲的精神，到后来却变成只为統治阶級"赴湯蹈火"了。

三　道家——"老子"、庄子

老子　老子这个人和老子这部书的时代問題，史学界爭論已久，可以說一直到现在还沒有得出一致的結論。我們認为最合理的說法，是：老子其人是老聃，与孔子同时；老子书则产生在孔墨以后，庄子之前。老子书中或包有一些老聃的遺言，但书中基本的思想应当是战国时代的产物，所以我們不能拿老子书中的思想完全加在春秋时老聃的身上。

有人以为老子书是老聃的語录，就和論語是孔子語录、墨子是墨翟的語录一样①。我們觉得老子书似乎不能和論語墨子二書相提并論。因为論語墨子虽然不是孔子墨翟的手笔，但大部分却是与他俩同时的弟子或稍后的再傳弟子們所录，所以其中的主要內容与孔墨的基本思想相去不会很远。老子书则不然，它是在老聃死去至少一百年以后的人所写的。固然有些地方还乘承着老聃的遺言往行，但战国时代的社会条件与春秋末年已大大不同。万乘之国，統一天下之論，已极为普遍；特别是新兴地主阶级比春秋时代已大露头角。这一切时代的色彩，必然会反映到当时的思想中。換句話說，就是老子书不能代表春秋时老聃的思想。

有人說，先秦的典籍很少是由一个人执笔写成的，而是由各学派的信奉者不断的补充、发展，經过若干年代方成为"定本"的。这一补充和发展的时间可以从一、二百年，以至几百年以上②。这种說法是很对的，但是作为一个史学家，就应当尽可能的把哪是最早的始基部分，哪是后来新发展的部分弄清楚。我們不能拿几百年以后新发展的部分，說它在几百年以前就已有了。我們不能拿秦汉新儒家的思想叙述在孔子的时代，同样，我們也不能把后来战国时代才出現、发展了的思想，原封不动的摆在春秋时代。所以，我們認为还是把老子书的思想叙述在战国时代較为合理。

老子书中的思想虽然成熟在战国，但远在春秋时就已經萌芽。春秋末年的长沮、桀溺、荷蓧丈人、楚狂以及我們前面已經提过的

---

① 見郭沫若：青銅时代，人民出版社1954年版，第235頁。

② 見任繼愈：老子的哲学，载1954年7月28日光明日报哲学研究。

老聃，他們多半是在春秋末年社会变革剧烈的大时代中，由貴族逐漸下降，有的变为隐士，有的成了自耕农。他們对当前的社会政治、文化、礼教等，都采取一种厌恶的态度；对自身的前途也表示悲观。他們出身于貴族，所以思想上还存留一脑子为統治者考慮如何統治人民的办法；但他們的现实地位已接近农民，所以他們又反映了一般农民的要求。战国时的老子一書，就是在这种思想基础上发展起来的。

老子的思想，据目前一些学者的研究，認为最突出的，是他的朴素唯物論和自发的辯証法。这一說法，虽然还有人不同意①，但大体上是正确的。

唯物論是反对天有意志的。本来自西周以来，天道信仰已逐步在动揺（見本章第一节）。下經春秋战国，由于生产技术与自然科学特别是天文学知識的成就，使一部分人，对于天道的态度，由怀疑逐漸地走到否定的地步。老子便反映这种思想，認为"天"是自然的，是与"地"相对的物质性的东西。

老子的唯物論的主要論点，是在一个"道"字上。他描写"道"是"有物混成，先天地生"，并且它是无始无終，离开人的意識，自己在循环运动着的（"独立而不改，周行而不殆"，見二十五章）。这就是說，"道"是物质性的，是最先存在的实体。"道"的"为物"，虽然

---

① 主張老子是唯物論者，主要的有范文瀾：中国通史簡編（修訂本），任繼愈：老子的哲学（載1954年7月28日、8月25日光明日报哲学研究）与介紹老子的哲学（載1956年1月11日光明日报哲学），楊超：老子哲学的唯物主义本質（載哲学研究季刊1955年第4期）。主張老子是唯心論者，主要的有呂振羽：中国政治思想史，侯外廬：中国思想通史，介人：老子思想的唯心論本質（載1955年3月9日光明日报哲学研究），胡瑞昌胡瑞祥：老子的哲学是唯心論，楊柳桥：老子的哲学是唯物主义的嗎？（上二文俱見哲学研究季刊1955年第4期）

"惟恍惟惚"，但"其中有象"，"有物"，"有精"，"有信"（二十一章），都是用物质的字眼去表述。可见它不是精神的，而是物质的存在，所以应当属于唯物的。

战国时人論"物"者，有庄子的"齐物論"，慎到的"齐万物以为首"，公孙龙的"指物論"，宋銒尹文的"接万物以别宥为始"，惠施的"厤物之意"等等（均见庄子天下篇）。他們所指的"物"都是代表物质的物，老子的"道"是"有物混成"，是"其中有物"，这个"物"和上面所举的諸子所論的"物"，应当是一致的，除了以物质的涵义去理解外，很难作别的解釋。如此，则老子的"道"也应当是实体而非观念。老子又說："道"是"生万物"的（四十二章），是"万物之宗"（四章）。"道"的"在天下"，犹如"川谷之于江海"（三十二章）。可见"道"是万有的物质实体，它本身是万有，处在万有之中并为万有之本源，不可能是精神或思維。

不过老子还有一处說："道"是"視之不見"、"听之不聞"、"搏之不得"的，因而是"不可致詰"，是"无状之状，无物之象"（十四章）。有人从这几句，便認为老子的"道"不是物质性的东西，从而肯定老子是唯心論者①。其实"无状之状，无物之象"所形容的，乃是一种无限的，极其細微的，不可能以感官覚知的物质。这正如"一尺之捶，日取其半，万世不竭"，那十世百世或千世后的"一半"的捶，也是手摸不到，眼看不見，但它仍是物质。不会由于看不見便成了精神，成了观念。

老子的思想方法是辯証的，以为任何事物发展到一定程度，就会变成对立的方面。他說："反者道之动"（四十章）。"大曰逝，逝曰远，远曰反"（二十五章）。因为"反"是"道之动"，所以"禍兮福之

---

① 介人：老子思想的唯心論本質，胡瑞昌胡瑞祥：老子的哲学是唯心論。

所倚，福兮祸之所伏"（五十八章）。所以就主張"曲则全，枉则直，洼则盈，敝则新，少则得，多则惑"（二十二章）。"物或损之而益，或益之而损"（四十二章）。凡此都是事物变化自然的通则。

老子認为事物永远在变化，在运动着。不过不是由低級到高級永远向前发展，而是发展到一定程度，便又回到反面，是一种循环。所以若想維持其发展而不致变为其反面，就是先包含反面分子，使发展永远达不到极点。主張"大成若缺"，"大盈若冲"，"大直若屈，大巧若拙，大辩若訥"（四十五章）。"圣人"之所以要"去甚，去奢，去泰"（二十九章），也是因为"圣人"看清了事物发展到"甚""奢""泰"时，就要变为反面。这正是战国时沒落的領主貴族，思想上消极保守的反映。

老子的朴素的唯物論和自发的辩証法，在中国的历史上是有其辉煌的成就的。但由于阶級和时代的局限性，所以也有严重的缺点。他只看到了事物正反两面循环的发展，所謂"物极必反"，却不知道辩証的发展是一种前进的运动。因此使他对一切社会問題，不能向前看，而是向后看，不是設法促其发展，而是力求延緩或停止其发展。他对政治的看法也是如此。国家法令是統治阶級防"盗贼"的。他認为"法令滋彰"反而"盗贼多有"（五十七章）。統治阶級为了压迫人民而設置一切制度，他認为结果必然招致更大的反抗。他說："民不畏死，奈何以死惧之?"（七十四章）"民之飢，以其上食稅之多，是以飢。民之难治，以其上之有为，是以难治。"（七十五章）又說："天之道，損有余而补不足。"（七十七章）这些本来是老子的进步性。但是这种思想发展下去，就鼓励人消极保守，不要有进取心。老子認为对一切事只要"无为"，结果可以得到"无不为"（四十八章）。象圣、智、仁、义都是"有为"，都要不得，"絕圣弃智，民利百倍。絕仁弃义，民复孝慈。"（十九章）"智慧出，有大伪。"（十八章）所以老子理想的社会，是回到"小国寡民"的远古时代。那时虽有舟車也无人乘坐，虽有甲兵也无人打仗。"邻国"很近，可以"相望"，"鷄犬之声"可以"相聞"，自給自足"至老死不相往来"（八十章）。这当然是一种复古的反动思想。

庄子 庄子名周，宋国人。时代当在孟子以后。出身可能是沒落的貴族，做过"漆园吏"，是一个小职員。

庄子的学說和老子差不多，但比老子更进一步，提倡"齐物"。他把宇宙万物的本体叫做"道"，認为沒有比它更根本的东西，从古以来就是如此。它是超时空的，无时无处不存在。万物出于"道"，万物有变化，惟"道"不变；万物都是相对的，只有"道"是絕对的。这样，万物就沒有什么大小、高下、尊卑、貴賤等区别。事物既是相对的，就沒有絕对的是非。他說："方生方死，方死方生；方可方不可，方不可方可。因是因非，因非因是。"（庄子齐物論）可見他不但超是非，而且"外死生"（天下篇）。世間一切是非、善恶、喜怒、哀乐，都值不得去計較，超脱了世間一切束縛①。他所說的"眞人""至人"是絕对的道遥。人能全其"天"得其"道"，便能达到所謂"天地与我幷生，而万物与我为一"（齐物論）的境界。

老子的作者和庄子虽然都属于道家，同为沒落的領主貴族阶层的代表，但他們也是有区别的。老子的"无为"是想达到"无不为"。作者知道"坚则毁"，"銳则挫"（庄子天下篇論老子），因而注意于求不毁不挫之术，是有其积极的一面。庄子则主張无是非，无成败，无梦醒，无生死，一切归于无，可以說已經走到极端放任，极端消极的反动路上去。

---

① 按庄子的外篇山木篇說山中大木"以不材得終其天年"及"舍于故人之家"，不能鳴之雁，以不材见杀。弟子問他将何以自处。則答道："周将处大材与不材之間。"这种貴生避死的表現，显非庄周的思想。所以論庄子，当以內篇为主。

四　法家——韓非子

春秋战国时，由于領主貴族政治的崩潰，新起的代表新兴地主阶级的新国家，大都意識到君主集权的重要。于是由人治礼治逐渐的趋向于法治。所以当时法治的倡导与新法的頒布，形成了时代的潮流。

战国末年以前提倡法治的所謂前期法家，大致可以分为三派。一派重"术"，即主张国君用权术控制臣下，以申不害为代表。一派重"势"，即主張把政府的威权尽量扩大，幷且集中在国君手里，此派以慎到为代表。另一派重"法"，主張以严刑厚賞来推行法令，有功必賞，有罪必罰，以商鞅为代表。这三派都是适应着当时社会情况而提出的。能集前期法家之大成，又深受"儒""道"的影响而成一家之言，确立法家之地位者，当以韓非为始。

韓非是韓国的貴族，少时和李斯同受业于荀卿。李斯自以为不及韓非。据說韓非所著书傳到秦国，秦王政讀后，說："寡人得见此人与之游，死不恨矣！"（史記韓非傳）可見其贊赏的情形了。在公元前二三四年韓王安因为秦要兼幷韓国很急迫，乃派韓非出使到秦国。现存的韓非子中的存韓篇就是記录这事的。次年（前二三三年），李斯怕韓非得信任，进讒言杀害韓非。

韓非繼承了他老师荀卿的"性恶論"。不过荀子以为人的恶性，可以用教育去改造他，使由恶变善；韓非则不然，他主張用严刑峻法去制止其为恶。他說木匠做車輪，若专等"自圓之木"，等千世也造不成一个輪；做箭，若专等自直之木，也做不成箭。若想曲木成箭，直木成輪，必用隐栝。同样，若使恶人为善，必用刑罰（显学篇）。儒家以为治国必用仁义，以博得人民爱戴。他却認为統治阶级的爱民，充其量不能超过像父母的爱子。父母对其頑劣的儿子是沒办法的。他說:"今有不才之子,父母怒之弗为改,乡人譙之弗为动,师长教之弗为变。夫以父母之爱,乡人之行,师长之智,三美加焉,而終不动,其脛毛不改(顧广圻曰:"下有脱文")。州部之吏,操官兵,推公法,而求索奸人,然后恐惧,变其节,易其行矣。"(五蠹篇)由此可見,要使人民服从,与其用爱,不如用威。他又說:"严家无悍虏,而慈母有败子。吾以此知威势之可以禁暴,而德厚之不足以止乱也。"(显学篇)"有道之主,远仁义,去智能,服之以法。"(說疑篇)这眞是一个法治主义的辯护者。

　　法治比起礼治来是进步的。因为法治至少在理論上是貴賤一律看待:"法不阿貴,……法之所加,智者弗能辞,勇者弗敢爭;刑过不避大臣,賞罰不遗匹夫。"(有度篇)"法"固然沒有約束君上的权力,但統治者如"不以法度行事",到底是亡国的象征(亡征篇)。在法治下,不仅贵族的"刑不上大夫"的特权一去不复返,而且"行之法,虽巷伯信乎卿相;行之非法,虽大吏詘乎民萌"(难一)。巷伯与卿相,大吏与民萌,在法的面前居然可以分庭抗礼。尤其明白提出所以"立法术,設度数",是在于"利民萌,便众庶"(問田篇)。这确是韓非思想中很可宝貴的进步方面。

　　韓非之倡导法治,是在于"利民萌,便众庶"。但这不等于說,他是站在庶民的立場。极端君权論者的韓非,他脑子里的"利民萌",仍是为了巩固新兴地主阶层的統治势力而发。因为无論是怎样的統治者,沒有人民是立不起来的。他說:"君上之于民也,有难则用其死,安平则尽其力。"(六反篇)可见他看重庶民,是由于庶民是"君上"战时和平时所必不可少的支持者和剥削的对象。他眼中只看到統治阶级的利益,只要是便利于統治者,那就"虽拂于民心,必立其治"(南面篇)了。

　　战国末年,各国中央集权的事实和思想,已經大著。而韓非尤为主要的鼓吹者。他的学說的本旨，就是主張中央集权，君主专制。其对待人民，不仅行动的自由当禁，集会結社的自由当禁，言論的自由当禁，就連思想的自由也当禁。他說："禁奸之法，太上禁其心，其次禁其言，其次禁其事。"（說疑篇）这真是把一切禁制都包括尽了。他理想的国家是："无書簡之文，以法为教；无先王之語，以吏为师。"（五蠹篇）这种政治学說，后来秦国都加以采用了，建立了一个中央集权的封建帝国。

至于韓非的哲学观点，是含有唯物論因素的。他对于一切事物的說明，决不人云亦云，而是通过"参驗"的过程，追求真理。他从历史上很多例証中，知道鬼神占卜的不灵驗，于是說信鬼神卜筮、好祭祀的就要亡国（亡征篇）。又看到一切事物是在不停的变化中，旧的死亡，新的产生，都有它的客观法则，不随人的意志而轉移。于是得出，一定的統治制度只能适合一定的历史条件。历史条件变了，統治制度也必須跟着变。他認为上古竞爭的是道德，中世追逐的是智謀，当今斗爭的是气力（五蠹篇、八說篇）。他相信"世异则事异"，"事异则备变"（五蠹篇）。他有这种历史观，当然他就反对以前和当时的复古論者。他說："今有构木鉆燧于夏后氏之世者，必为鯀禹笑矣。有决瀆于殷周之世者，必为湯武笑矣。然则今有美尧舜禹湯武之道于当今之世者，必为新圣笑矣。是以圣人不期修古，不法常可，論世之事，因为之备。"（五蠹篇）他老师荀卿虽然反对法遙远的先王而主張法后王，但他的所謂"后王"是指文王周公，所以仍然是复古；至韓非始进而辯証的从历史进化上，彻底揭穿复古保守者言論之不合理。这确是他比以前思想家进步的地方。

总之，韓非的思想，主要是为战国末年新兴地主阶級的政权服务，是有利于当时社会生产力的发展的，并且成为秦統一中国，确立专制主义的中央集权制度的理论基础。他的一些光辉的言論是我們历史中一份珍貴的遗产。

第三节　文学与艺术

一　文学

随着社会阶級的变动和社会經济的发展，两周的文学也得到进一步的发展，产生了不少有崇高价值的优秀的文学作品。

散文方面，以西周的銅器銘文和尙書里的周書为最早。这类文章虽很典雅，但文学的气味还是很貧乏的。一直到春秋战国时代，散文才达到很高的成就。叙事文如左傳、国語、国策，能把一件事情的发生、发展和結局諸过程，很完整、很形象、而且很生动的描繪出来。議論文如孟子、庄子、荀子、韓非子等，都利用艺术形象說明大道理，說服力吸引力都很大。所以这时的散文在文学史上有其重要的位置，它标志着散文領域的新的成就。

两周的散文虽然已經有了很大的成就，但眞正能代表这个时代，辉映千古的文学作品，则是韵文方面的两部杰作。一部是詩經，一部是楚辞。一个代表西周到春秋中叶黄河流域的作品，一个代表战国末年长江流域的作品。下面我們就对这两部文学名著，作一个簡单的介紹。

詩經　詩經是中国最早的一部詩歌总集。共有三百零五篇。包括的时代上自周初，下至春秋中叶，大約四百多年。内容分为风、雅和頌三类。严格的說，只有两类，雅、頌多是庙堂貴族的詩歌，风多是民間詩歌。所謂"賦"、"比"、"兴"，则是詩的写作方法。

风詩里包有十五国风（周南、召南、邶、鄘、卫、王、郑、齐、魏、唐、秦、陈、鄶、曹、豳）。其中絕大多数是当时的民歌、民謠，在数量上占了全部詩經的一半以上，它是人民大众的生活、思想、感情的总汇。毫无疑义，它在詩經里面是价值最高的。

大雅、小雅和三頌（魯頌、周頌、商頌），其中主要的虽然是服务于統治阶級的作品，但也有不少反映社会现实的东西。比如古代农业社会的面貌，往往借着这些詩篇，很概括的集中的描述出来。小雅的甫田大田，大雅的生民，周頌的載芟良耜等，对当时的生产制度和劳动过程，都有較細致而又形象的刻画。歌唱劳动人民的生产热情和面对劳动果实而内心发出的喜悦。

詩經的内容是相当丰富的，它代表了当时各阶层的思想、感情、愿望、艺术、风格及地方色彩等。它里面含有恋爱、婚姻、田猎、农事、战争、宴会、祭祀、祈禱及历史和风土人情的記載，所以它能够反映当时比較全面的现实社会生活。

詩經中也有关于反映人民反对統治阶級的斗爭的詩篇，最为人所乐道的如魏风的伐檀，有这样的詩句：

"坎坎伐檀兮，置之河之干兮，河水清且漣猗。不稼不穡，胡取禾三百廛兮？不狩不猎，胡瞻尔庭有悬貆兮？彼君子兮，不素餐兮！"

当时剝削阶級不劳而获的罪行，以及不合理的社会，都从詩人口中理直气壮的揭露出来。

反映劳动人民在被压迫剝削下所过的悲惨生活的詩，則以豳风的七月一篇写得比較全面。詩中叙述到当时的农奴，在封建領主的压迫下，不仅要为貴族耕田，还要养蚕、紡織、染繒、酿酒、打猎、凿冰、上寿等等，为貴族忙碌，一年到头，几乎没有喘息的机会。而自己一直到冬天，身上还是"无衣无褐"，吃的是苦荼，住的是破烂房子。明明是可恶的貴族剝削他們到这步田地，还必須装出欢笑的面孔，向貴族敬祝，高呼"万寿无疆"！这首詩全面而忠实地，反映了当时在統治階級宰割下的劳动人民的艰苦生活，也反映了劳动人民对剥削阶級蘊藏的仇恨情緒，所以其积极意义是很大的。

表現国家破亡，人民流离失所的惨状的，有王风中的黍离和葛藟二篇。尤其是黍离，描写周室东迁以后，西周遺民的极大悲痛：

"彼黍离离，彼稷之苗，行迈靡靡，中心搖搖。知我者謂我心忧，不知我者謂我何求，悠悠蒼天，此何人哉!

彼黍离离，彼稷之穗，行迈靡靡，中心如醉。知我者謂我心忧，不知我者謂我何求，悠悠蒼天，此何人哉!

彼黍离离，彼稷之实，行迈靡靡，中心如噎。知我者謂我心忧，不知我者謂我何求，悠悠蒼天，此何人哉!"

故都的一切，在詩人的眼中，已經"物是人非"。其亡国之痛，使千百年后的讀者，也要寄以无限的同情。

还有反映軍役之苦的詩篇。鴇羽描写一个征夫受連年战争之累，不能耕种。于是怨天尤人的悲呼"父母何食?"东山一首，则刻画着一个出征三年的征人，在归途上幻想家庭中的凄凉，幻想空房独守的妻子，正在愁悵。当时人民的深受戎行之苦，詩人灵活的用现实主义的手法描繪出来。

还有一大部分是属于当时青年男女恋爱歌謠。内容写得非常生动而质朴。眞摯的感情，通过艺术形象的詩句流露出来，所以能成为人民所爱好的东西。

总之，詩經是一部光芒万丈、烛照千古的现实主义的作品。它在思想内容上和艺术形式上，都有相当高度的成就。无疑的，它是我国历史上一部偉大的古典文学遗产。

楚辞 楚辞的主要部分是战国时南方楚国的文学作品①。基本上說，它仍繼承了詩經的现实主义的优秀傳統，但又有它的独特的风格。比如它的形式不象詩經那样拘束，有濃厚的浪漫性、想象力很高。此外，它又大量的吸收楚国民歌的精华。如楚辞中的九歌，就是楚国民間流行的祭神歌辞，經过詩人的加工删改而成的。所以它里面神奇变化的动作，及热烈感情的流露，使它无論在思想上或在艺术成就上，都体現了前所未有的大进步。而其中最奇偉，对后世文学影响最大的詩篇，还是屈原所創作的离骚。

屈原名平，生于楚威王元年（前三三九年）②。他是楚国王室近系的貴族。本来昭、屈、景是楚国的三大姓，屈原之前，屈姓也出过很多有名的大将和政治家。屈原在楚怀王时任过仅次于"令尹"的"左徒"的官职，"入则与王图議国事，以出号令；出则接遇宾客，应对諸侯"（史記屈原賈生列傳）。不过他是当时貴族里面一个先进的人物。他有渊博的学問，又有一套政治理想。他很想通过制定新法令来整頓楚国腐朽的貴族統治机构。这样当然就遭到一般权貴如上官大夫靳尚、郑袖、子兰之流的嫉恨，而落得由被疏远以至被放逐的下場。尤其是他几次的看到楚国对秦外交上的失利，楚怀王入秦不返，及楚襄王对他仍不信任，这一切使他的政治苦悶达到了极点。他那丰富的感情和奔放的才华，便由他創作的詩篇中尽情的表露出来。最初他对楚王还存有希望和幻想，后来他逐漸觉得都成了鏡花泡影，于是被迫投汨罗江自杀了。

屈原偉大的杰作离骚，就是在他关怀着祖国的前途及为人民的艰苦而叹息的时候写成的。由他的名句"恐皇輿之敗績"，"哀民生之多艰"，可以看出他对国家对人民的命运寄予无比的热爱，于

---

① 楚辞是西汉末年才編輯成書的。其中包有屈原、宋玉、东方朔、庄忌、淮南小山、王褒、刘向等人的作品。东汉时，王逸为楚辞作章句，又增入他写的九思一篇，就是現存的本子。

② 关于屈原的生年，說法不一。浦江清先生屈原生年月日的推算（載历史研究 1954 年第 1 期），推定为公元前三三九年，比較近实。

是对黑暗的統治集团所謂"党人"的倒行逆施，进行了严重的谴责。

战国时代，一般知識分子心目中，是沒有国界的。他们可以朝事秦，暮事楚。屈原則不然，他虽然被疏远，甚至被放逐，也还是宁愿在自己的国土里过着流浪的生活，絕对不出国門一步。这又表现了他爱祖国的高度热忱。

离骚是我国古代第一篇长的韵文。全篇有三百七十多句，突破了旧有形式。它又把詩經的四言，发展为七言。这样对于社会复杂事态，就可以裕如的表达出来。屈原在离骚中，运用香草、美人、神話，塑造各色各样的艺术形象，巧妙地体现了他的感情。在中国甚至于在世界的文学史上，离骚是有其卓越地位的。

总之，屈原的作品已达到了高度的思想性和高度的艺术性的統一。提高了民間歌謠，建立了民族形式，开創了中国詩的新时代。一九五三年世界和平理事会号召各国人民紀念的世界四大文化名人，屈原就是其中的一个。这是值得我们引以自豪的。

二 艺术

两周的艺术，也随着物質条件的发展而逐渐的大大提高。首先我們要提的是青銅器的艺术品。西周的青銅器，在花紋形制上，比商代虽也有些发展，但大部分还承襲着商代的傳統（参看图版二〇、二一及二三）。可是到春秋战国时，铜器的形式、花紋和文字方面，都显出精巧的气象。

造形艺术在此时有新的发展，如一九二三年出土于河南新郑县的战国初期的"蓮鶴方壶"（现存故宫博物院太和殿），盖頂一鶴竚立，振翼欲飞。壶側透雕两怪兽，姿态生动。又如一九二三年山西渾源县李峪村出土的"牺尊"（现存上海博物館），整体作水牛状，形象也极生动。

春秋战国时，铜器上的花纹制作，镶嵌错金术，已非常熟练，是这时最突出的艺术。动物画的图案与镂刻，极为流行。最为人所称道的，如一九三五年河南汲县山彪镇战国墓葬中出土的"水陆攻战纹铜鉴"，全器用红色金属嵌成图象，其中有二百九十二人，表现战斗、划船、击鼓、犒赏、送行等战时的动态。武士有立而引弓待发的，有且奔且射的，有持盾执戈而趋前迎敌的，都刻画的异常有力（参看图版三四及三五）。一九五一年河南辉县赵固镇战国墓中出土的"宴乐射猎铜鉴"，图象中有三十七人，三十八只鸟兽，表现出了射猎、舞蹈、奏乐、宴享各种动态，宛似一幅絕妙的画图。

銅器上的銘文文体多用韵，且多施于器表之显著地位，因而銘文及其字体遂含有装飾器物的成分。南方吴越器的字体渐趋美化，即所謂"鳥虫書"。

这許多形制精巧、花紋細致和銘文講究的青銅器，已經由实用品，逐渐的变成专供玩赏的工艺品了。

战国时的漆器也是当时特殊的工艺品。近年来在湖南的长沙，安徽的寿县，河南的辉县、洛阳、信阳，山西的渾源各地，发现了战国时代的漆盉、漆杯、漆尊与漆棺，制作极为精美。漆器上彩繪的装飾花紋与当时銅器上的花紋图象差不多。如一九五三年长沙仰天湖战国楚墓14号墓和26号墓各出土一块漆雕花板，两者出土时均放在木棺内底上，用来垫托死者的遺骸。花板系透雕，图案极为美丽。26号墓出土的透雕几何形图案，花板四周边緣部分用彩漆画成双层菱形图案。漆色有朱、黑、金三色，色彩鲜艳美观（参看图版三六）。又如长沙战国墓中曾出土一件漆盉。周围画着十一个女子，有坐于室内的，有立于中庭的，有揮动长袖在舞蹈的。其窈窕的細腰，飞舞的神姿，眞是栩栩若生。尤其一九五七年三月在河南信阳战国楚墓中出土大批彩漆繪的木器，顏色的調配，画工的精細，更令人見而生愛①。

从战国时铜器与漆器上的图象看来，可知这时的繪画艺术，已有相当的发展。韓非子外儲說左上記載一个故事說："客有为周君画荚者，三年而成。君观之，与髹荚者同状。周君大怒。画荚者曰：筑十版之墙，凿八尺之牗，而以日始出时，加荚其上而观。周君为之。望见其状，尽成龙蛇禽兽車馬，万物之状备具。周君大悦。"同篇又有画犬馬最难，画鬼魅最易的說法。可見战国时繪画的进步。长沙战国墓中曾出土过战国时的帛画两幅。一幅中間写字，四周画些奇怪事物，类似山海經图（此幅被美帝盗去，现藏于美国耶魯大学艺术博物館）。另一幅是一九四九年长沙陈家大山的楚墓里出土的（现藏于湖南省文物管理委員会）。画上有一个側面身委优美的妇女，两手前伸，合掌敬礼。她的头上左前面有一只飞翔着的鳳。鳳鳥的前面有一夔龙。画的含义不甚了解，想来一定有一段神話故事。从这里，可以使我們看到战国时代繪画的表达力与艺术性的高度成就。

西周时，音乐已成为貴族的一种娱乐，到春秋更为发展。当时貴族阶級不論祭祀或宴会，必有歌舞。吴公子季札至魯，魯为之奏乐歌唱，皆系詩經中的风、雅、頌（左傳襄公二十九年）。孔子在齐国聞韶乐后，"三月不知肉味"（論語述而篇）。孔子說："乐则韶舞，放郑声，远佞人。郑声淫，佞人殆。"（論語卫灵公篇）可見韶乐韶舞也是当时貴族宴享的乐曲。六律（即黄鍾、太簇、姑洗、蕤宾、夷則、无射）五声（即宫、商、角、征、羽）八音（即士、竹、皮、鲍、絲、石、金、木）之名，已見于尧典。乐器如簫、管、塤、笼、琴、瑟、鐘、鼓、笙、

---

①　参看河南省文化局文物工作队第一队：我国考古史上的空前发现，信阳长台关发掘一座战国大墓，载文物参考資料1957年第9期。

簧等等具見詩經。郑国、卫国有桑間濮上之音（見礼記乐記）。魏文侯听古乐就想睡觉，可是一听郑、卫之音，就不知道疲倦（同上）。战国又盛行吹竽击筑（战国策齐策），弹筝叩缶（李斯谏逐客書）。由此可以想见当时音乐已相当复杂了。近年来地下考古，曾发现了一些春秋战国时的編磬編鐘，可惜大半已被盗运出国。解放后，于一九五七年三月又在河南信阳长台关一座战国楚墓中发现了一套完整的編鐘，是由十三个大小不同的铜质鐘組成的。另外还有两張木瑟，瑟柱和弦痕尚在①。這組編鐘曾經中央音乐学院测驗过，据說有一定的音律。由特鐘发展到編鐘，这不是一蹴而成的。劳动人民在长期使用的打击乐器上，慢慢的由节奏的急徐，发现了音程的高低，到春秋战国时，才达到成熟的阶段，这是人类文化由低級向高級发展的具体表现。

那时又有一种以乐舞为职业的人，名曰"優"。如晋有优施，楚有优孟，所謂"俳优侏儒，固人主之所与燕也"（韓非子难三）。这种"优"实即后来戏剧的渊源。

总起来看，两周劳动人民精心創造的艺术，是多种多样的。青銅器、漆器、繪画和乐舞，这些丰富宏丽的宝贵遗产，永远放着光辉。到今天，都成为我們人民所共有的宝藏。

第四节　史学的成就

人类最早的历史，渊源于世代口耳相傳的故事。到文字发明之后，始笔之于書，当时为了便于記誦，往往編为韵語。另一方面，是后世有长于文学的人，将深入人心的傳說，写为詩歌，以应社

---

① 参看河南省文化局文物工作队第一队：我国考古史上的空前发現、信阳长台关发掘一座战国大墓，载文物参考資料 1957 年第 9 期。

会之需。于是乎始有所謂"史詩"。我国史詩,保存在詩經里的,还有很多篇。例如:

"天命玄鳥,降而生商,宅殷土芒芒,古帝命武湯,正域彼四方。"(玄鳥篇)

"洪水芒芒,禹敷下土方,外大国是疆。……有娀方将,帝立子生商……相土烈烈,海外有截。……武王載旆,有虔秉鉞……韦顾既伐,昆吾夏桀……。"(长发)

"厥初生民,时維姜嫄……履帝武敏歆……載震載夙,載生載育,时維后稷……。"(生民)

"篤公刘,于豳斯館,涉渭为乱,取厉取鍛,止基乃理……。"(公刘篇)

"六月栖栖,戎車既飭……玁狁孔熾,我是用急……玁狁匪茹,整居焦獲,侵鎬及方,至于涇阳……薄伐玁狁,至于太原,文武吉甫,万邦为宪。"(六月)

以上这几首詩,都是中国最初的"史詩"。玄鳥、生民述商周两族早期的历史,半杂神話,表现了原始历史的朴素形态。

除富有文学意味的"史詩"之外,有一种近于史类之書,如西汉发现竹簡漆書的古文尚書,当是周人所写定。春秋战国时人常引夏志、商志、周志或周書、周記等文,大概就是指的这一类的書。汉初伏生所傳今文尚書二十八篇①。其中之虞夏書,虽然不象周

① 据汉人傳説古代尚書有三千多篇,孔子删为百篇。遭秦火而散佚。汉兴,济南伏生傳出二十八篇,用当时通行的隶書写下来。后来河內女子所得的泰誓,也附入伏生今文之內,成了二十九篇,即所謂今文尚書。据說汉武帝末,鲁共王坏孔子宅,发现了用篆文写的所謂古文尚書。孔安国拿来考較伏生的二十九篇,多出十六篇。后来这部古文尚書,到东汉末年又亡佚。现在通行的十三經注疏中五十八篇的古文尚書,是东晋梅賾所献的。其中有二十五篇是东晋人所伪造,并非孔安国原本,这是經清閻若璩惠栋等人所考证,久成定讞的。

以前的記录，但殷盘周誥，佶屈聱牙，或即商周两代史官的正式文录，其内容性質，宛似后世的档案，又似文选。所以严格的說，还不能算作正式的历史著作。

古代史官所作的史書，是一种文句簡单的編年体。在紙发明以前，主要的是写在竹木簡上。近年来在湖南长沙和河南信阳的古墓中，就发现了一些这类原始的簡牘（参看图版三七）①。晋太康时出于汲冢的竹書紀年，就是写在竹簡上的一种編年史書，所以名曰"竹書紀年"。这是战国时魏国史官所記，惜原書散佚于两宋之际，不能全覩其眞面目②。惟孔子所修的春秋，差不多还保存着鲁史的样子。其記事之法是：以事系日，以日系月，以月系时，以时系年。如第一年是这样記载的：

"元年，春，王正月。三月，公及邾仪父盟于蔑。夏，五月，郑伯克段于鄢。秋，七月，天子使宰咺来归惠公仲子之賵。九月，及宋人盟于宿。冬，十有二月，祭伯来。公子益师卒。"

由此可見其文辞是如何的簡短。統观全書，每条最长的不过四十余字。最短的乃仅一字（如隐公八年云："螟"）。并且一条紀一事，

① 参看湖南省文物管理委員会：长沙仰天湖第25号木槨墓，載考古学报1957年第2期；河南省文化局文物工作队第一队：我国考古史上的空前发现，信阳长台关发掘一座战国大墓，載文物参考資料1957年第9期。

② 竹書紀年是晋太康二年在河南汲县的魏古墓中出土的。同时出土的很多古書，皆竹簡素絲編，凡数十车，簡长二尺四寸，以墨書，一簡四十字，皆古文。武帝以其書付秘書校綴次第，寻考指归，而以今文譯写。其中竹書紀年凡十三篇（见晋書束晳傳、武帝紀及荀勗穆天子傳序）。此書又亡佚于两宋之际。今日所流行本，乃出后人杂糅竄朴而成，并非原本。清朱右曾取宋以前諸書所引紀年原文，輯为汲冢紀年存眞，王国維更成古本竹書紀年輯校，稍复本来面目。然所輯者，仅得四百二十八条，以較晋書束晳傳所說十三篇，隋書經籍志所說十二卷，可知所散佚的是很多的。

不相联属。每年多则十数条，少则三四条，又絶无組織。这种編年体乃是只記大事，其簡单的程度，好象一个一个的标題。但尽管如此，春秋一書，在世界上毕竟是用精确年月記录的最早的最完善的編年体的史書。春秋是魯国的国史，竹書紀年是魏国的国史。这类史書，春秋战国間，各国都有。故孟子称"晋之乘，楚之檮杌，魯之春秋"（孟子离娄篇下），墨子称"百国春秋"（隋書李德林傳，答魏收書引墨子語；又見史通六家篇引墨子）。当时史書之多，可以想見。自秦庭燒書，始蕩然无存。

以上所說的"史詩"、"尙書"、"春秋"三种史書，写作的时代虽然很早，惟其或为文学，或为档案，或近年表。以今日眼光視之，都不能算做正式的史学著作。最初有組織有計划的史学名著，战国时出現了三部：一为左傳，一为国語，一为世本。

左傳 左傳一書，史記十二諸侯年表序以为魯君子左丘明作，別无他証。書中記陈敬仲事說："八世之后，莫之与京。"（左傳庄公二十二年）記季札适魯听乐說："郑国其先亡乎！"（左傳襄公二十九年）适晋，对赵文子、韓宣子、魏献子說："晋国其萃于三族乎？"（左傳襄公二十九年）左傳好語神怪浮夸之辞，但是当敬仲初亡命于齐时，而决言八世以后必纂齐国；当郑七卿和睦时，而决言必先亡；当晋范中行全盛时，而决言其萃于韓赵魏。这些预言全部和以后的历史脗合。所以我們推断左傳成書必在田氏代齐、三家分晋、韓灭郑以后②，也就是說必不能早于战国时代。

左傳是解釋春秋的。二百四十多年的历史，按年月很細致的叙述下来。我們現在所以能够比較正确的知道春秋时代的历史状

————————
② 参看梁启超要籍解題及其讀法的左傳部分，及拙作左傳解題（载历史教学1957年第1期）。

况,主要的是依靠这部书。它的特色是不以当时一国为中心点(春秋以鲁为中心,竹書是以晋为中心),叙事简洁而生动。如描写当时的战争,用提纲挈領的笔墨,把当时貴族的虚伪或驕詐的形象,战争的原委,都細膩的表露出来。使讀者如身临其境。在公元前四、五世紀能产生这样一部偉大的历史著作,是我們民族的光荣。

国語 国語的作者,据說也是左丘明,这恐怕也未必可信。此書的体例,以国分类,而每国以事为篇,以年代为先后。其内容有周語三篇,鲁語二篇,齐語一篇,晋語九篇,郑語一篇,楚語二篇,吳語一篇,越語二篇,凡二十一篇,記晋事独多,此書或为战国时三晋之人所写。全書系統清楚,在編写方法上独創一格。稍后的战国策,也是同一体裁,比起帐簿式的春秋、文选式的尙書高明多了。

世本 世本一書,为战国末年赵人所作①。司馬迁作史記,曾用为主要参考書。至南宋始散佚。据諸書所引,其内容有帝系篇,有氏姓篇,有作篇,有居篇,有世家,有傳,有譜。其"帝系"、"氏姓"及"世家"叙述王侯贵族之系牒,"傳"記名人事状,"譜"当即旁行斜上之史表,"居篇"載王侯国邑,"作篇"記事物的发明者。这样的把史料縱切橫断,分别部署的写作方法,开創分析綜合研究的端緒。

总之,两周时史学已經有了相当的发展。編年的有春秋、左傳、竹書紀年;政典的纂辑与国别的分史,则有尙書、国語、战国策;譜、表、世傳的綜合撰著则有世本。史書的各种体裁,大致俱已萌芽。到汉司馬迁完成其輝映千古的偉大著作史記,分本紀、世家、列傳、書、表五体,是在两周史学这些成就的基础上发展起来的。

---

① 据近人考証,世本称赵王迁为"今王迁"(史記赵世家集解引),可见世本是战国末赵人所作,成書約在秦始皇十三年至十九年之間,較竹書紀年晚六七十年(見周叔弢先生六十岁生日紀念論文集,第263—270頁)。

第五节　自然科学知識的发展

　　两周期间，特别是春秋以来，人們的社会实践与社会物質生产都比以往扩大了。由于生产实践上的需要和生产中的观察以及从生产中长时期所积累的丰富經驗的綜合，自然科学便大大的发展了。

　　天文历法　两周的劳动人民，为了使农耕能够按合适的时节，进行播种和收获，于是与季节变化规律密切相关的天文与历法的研究，就因需要而逐渐大大进步了。以前我們曾談过，我国早在商代就已經知道以閏月的方法来定四时成岁的阴阳并用的历法。不过那时以月亮为标准的阴历和以太阳为标准的阳历，配合的还不够精密。倘若阴历每隔三年插入一个閏月，则每年平均日数却比阳历年又多了几天。然而由于劳动人民逐年积累的經驗，至迟在春秋中叶，也就是公元前六百年，我們的祖先已經知道用十九年七閏月的方法。这样，阴阳二历調整的就相当成功。此后不必逐年观测天文现象，只要按历法推算就成了。古代希腊一直到公元前四三三年，才用十九年七閏月法，比中国晚了一百六七十年①。

　　中国历法为什么到春秋时能有这样显著的进步呢？恐怕多少是由于我国很早（至迟在鲁文公、宣公时代，即公元前七世纪）就知道用土圭观测日影，以定冬至和夏至的緣故。在春秋时，已經能很

---

　　① 一个回归年是 365.2422 天，十九个回归年是 6939.60 天；一个朔望月是 29.53059 天，十九年的月数是 228，加上七个月是 235 个月，而 235 个朔望月是 6939.69 天。所以十九个回归年的日数与十九年加上七个閏月的日数是几乎相等的。这种較精密的阴阳合历，古希腊是在公元前 433 年默冬 (Meton) 才发现的。

准确的测知二至、二分。战国初年的孟子曾说："天之高也，星辰之远也，苟求其故，千岁之日至，可坐而致也。"（离娄篇）可见战国初年测定与回归年有关的冬至、夏至，已经很有把握。

春秋战国间据说各国通行有六种不同的历法，即所谓"六历"（黄帝、颛顼、夏、殷、周、鲁）。"古之六历，并同四分"（祖冲之语），为一般历学家所公认。所以六历的"岁实"与"朔策"是相同的，仅其岁首各自不同而已。从春秋战国时的史料上看，晋国通行夏历，以建寅之月为岁首（即含有冬至之月的下一月的下月）。宋国行用殷历，以建丑之月为岁首（含有冬至之月的次一月）。鲁国用周历，以建子之月为岁首（含冬至之月）。而行用于秦及汉初的颛顼历则以建亥之月为岁首。司马彪续汉书志引刘洪谓颛顼历立春在营室五度，殷历冬至在牵牛初度（后汉书律历志中）。古历学家根据这种说法，推算这两种古历测定时间都是在距今约二千三百多年，即是在战国后期①。

----

① 颛顼历立春在营室五度，今人朱文鑫用近代科学方法推算，以营室（即室宿）零度合今（一九二七年）室宿第一星，赤经在三百四十五度十六分五秒半强，营室五度当在赤经三百五十度十一分二十秒半强（古历以三百六十五度又四分度之一为周天，故古之五度合今四度五十五分十五秒，加入室宿第一星之赤经，为营室五度之赤经）。今立春在赤经三百一十八度九分二十五秒弱，已在营室五度之西三十二度一分四十五秒。以岁差七十一年又八月差一度计之，约距今二千三百年（公元前三百七十年），即周烈王时。殷历冬至在牵牛初度。以牵牛初度合今牛宿第一星。其赤经为三百零四度十二分四十九秒半强。今冬至（一九二六年）在赤经二百七十一度五十二分四十八秒弱，在牵牛之西三十二度十九分五十七秒。比上面所说立春点约移西十八分多。所以殷历测定与颛顼历测定同时而稍前。日人新城新藏根据两汉书五行志所载日蚀由在晦在朔之差，以推"颛顼历"制定年代，也证明约在公元前三百七十年左右，与朱氏所推相合（参看朱文鑫历法通志六历测定之时节，商务印书馆1934年版）。

古人测天，多以二十八宿为基础。詩經里面已有火、箕、斗、室、昴、毕、参、牽牛、織女等宿的名称。周礼春官"馮相氏"掌"二十有八星之位"，秋官也有"二十有八星之号"。二十八星是指二十八宿无疑。可知最迟在战国时，人们已用月亮在天空中的位置，推定太阳的位置。由太阳在二十八宿中的位置，便可以知道一年的季节。比起以前观测昏旦时星象，以察太阳所在位置而定季节的方法，要更精确。

战国时人又发现岁星（即木星）十二年一周天的运行规律。于是沿着赤道周天平均分为十二等分名十二次，以岁星所在的次名为紀年的标准①。如左傳有"岁在星紀"（左傳襄公二十八年），"岁在鶉火"（左傳昭公八年）。后又創出十二个"太岁"年名②。以为太岁左行，岁星右轉。于是又有以太岁紀年，如呂氏春秋序意篇說秦王政八年是"岁在涒滩"，屈原在离骚上記他的生年月是"摄提贞于孟陬"。岁星紀年和太岁紀年法的出现，表示这时期天文学家对日月星辰运行的规律，得到了进一步的認識。

此外，我们祖先观測天象的精勤，也是很惊人的。比如关于日食的記載，在甲骨文里，就有不少记录。单就春秋所記日食来說，在二百四十二年里，載有三十七次日食，可以說是古代日食最完整的记录。其中最早的是魯隐公三年"春王二月己巳日有食之"，这是指公元前七二〇年二月二十二日的日全食。比希腊塞利斯（Thales）所記的日食，早了一百三十五年。又如关于最亮的彗星"哈雷彗"，自春秋到清末二千余年，不断有記載。春秋魯文公十四

---

① 十二次名为：星紀、玄枵、娵訾、降娄、大梁、实沈、鶉首、鶉火、鶉尾、寿星、大火、析木。

② 十二太岁年名为：困敦、赤奋若、摄提格、单阏、执徐、大荒落、敦牂、协洽、涒滩、作鄂、閹茂、大渊献（见淮南子天文訓和史記天官書）。

年（公元前六一一年）载"秋，七月，有星孛入于北斗"。据天文学家的研究，認为这是世界上"哈雷彗"的最早記录。

战国时代楚人甘德① 作天文星占八卷，魏人石申作天文八卷（見史記天官書正义引七录）。后人又把这两部书合起来，叫做甘石星經。書中記載有一百二十个恒星的黄經度数和距北极的度数。經学者研究，以为是在战国中叶、即公元前三百五六十年测定的。比希腊最古的恒星表早七八十年。所以甘石星經可以說是世界上最古的星表。

医学 两周时代，在医学方面也有很大的成就，有不少的創造发明。

我們祖先由于和人体疾病作斗爭的迫切需要和长期經驗积累，于是就发明和发展了医学。孟子滕文公上引書曰："若葯不瞑眩，厥疾不瘳。"意思是說良葯苦毒，使人迷惘，但利于病。今尚書中无此語。据国语楚語的記載，知道这是商王武丁的话，信否不可知。但此語至少可以启示，在春秋战国以前，已經知道用葯物治病。最晚在战国时，政府已設有医官。周礼天官冢宰下就有医师，有食医，有疾医，有瘍医，还有兽医。其中最重要的是疾医，专治春天流行的痟首疾（头疼），夏天流行的痒疥疾（疥疮），秋天流行的瘧寒疾（瘧疾），冬天流行的嗽上气疾（咳嗽气喘）等一切内科的病。其次是瘍医，治疗肿瘍（痛肿的疮）、潰瘍（潰膿的疮）、金瘍（刀伤）、折伤（跌伤）等一切外科的病。这些医官，每当岁終是要考核其是否有成績而为之进退的。乡遂之地，也立有巫医。逸周书大聚篇就說："乡立巫医，具百葯以备疾灾。"政府在各地广立医官，可見当

---

① 史記天官書說甘公是齐人；集解引徐广說甘公名德，本是鲁人；正义引七录說甘德是楚人。

时的人对医事的重视了。除此之外,当时还有不少的民间医生。

春秋战国时傳統的对病的診断方法,有"切脉","望色","听声","写形"。医疗的器材,有"鍼"、有"石"、有"熨"。一般所用的医疗药品则有"湯葯"、"酒醪"(史記扁鵲列傳)。

春秋战国时出了很多名医,如秦有医緩,給晋景公診病,断其病在肓之上,膏之下。以为已无药可施,因为"攻之不可,达之不及"。不久,晋景公果死。又如齐国的秦越人,号扁鵲,是一个很有名的民間医生。曾經診好过很多病人,当时天下甚至說他能"起死回生"。据說他在邯鄲做"带下医"(妇科),在洛阳做"耳目痺医"(耳目科),在咸阳做"小儿医"(小儿科)。在咸阳的时候,秦的太医令李醯嫉忌扁鵲的医道比他好,于是使人把他刺死。

关于医学著作,汉書艺文志有黄帝内經十八篇,晋皇甫謐甲乙經序称鍼經九卷,素問九卷,皆为内經。这几种書虽然未必皆出于先秦人之手,但其中的病理学与鍼灸学的理论基础,一定是在先秦时建立起来的。

科学理論 在春秋战国期間,自然科学的成就是很大的。除了天文历法和医学方面以外,其他如战国时人已經知道利用磁石指极性的原理,而发明正方向的"司南"(韓非子有度篇)。墨經中有对于力学、光学、数学較系統的闡述。尤其是对光学有很精辟的分析,如講到光源和影的关系,光的直綫进行,光的反射等。它又記载了平面鏡、凹面鏡和凸面鏡成象的实际观察。全文前后經文共八条,經說也是八条,字数不滿一千,然确是一部完整的几何光学。

以上关于两周自然科学的介绍,是仅就最突出的几方面而言。但从此也可以看出,它在世界科学史上是占着应有的地位的。

附　录

先秦大事年表

公 元 前	帝王紀年	大 事
約五〇〇,〇〇〇年		"中国猿人""丁村人"
約二〇〇,〇〇〇年		"河套人"
約一〇〇,〇〇〇年		"山頂洞人""資阳人"
約 一〇,〇〇〇年		札賽期的人类在今黑龙江、吉林两省营渔猎生活。
約 二,〇〇〇年		住在今河南、山西、陝西、甘肃、青海等省的祖先,創造了"彩陶文化"。
約 二,〇〇〇年		住在山东半島的祖先創造了"黑陶文化"。
一,五八〇 (?)年		商湯伐夏桀,夏亡。
一,三〇〇 (?)年	商盘庚	迁都于殷。
一,〇二七 (?)年	周武王	武王克商。
八四一年	共和元年	"共和行政"。中国历史开始有确实的紀年。
七七一年	幽王十一年	申人鄶人及犬戎入宗周,杀幽王,西周終。申侯等立平王于申。
七七〇年	平王元年	东迁都于洛邑。此后为东周。
七二二年	四十九年	即魯隱公元年,春秋編年开始。
六八五年	庄王十二年	齐桓公立,以管仲为相。
六五六年	惠王二十一年	齐桓公与楚盟于召陵(河南郾城东)。
六五一年	襄王元年	齐桓公会諸侯于葵丘 (河南考城),申明天子的禁令。
六四三年	九年	齐桓公卒,霸业衰。

公 元 前	帝 王 紀 年	大 事
六三八年	襄王十四年	宋襄公欲繼齊桓公称霸，与楚战于泓(河南柘城)，败死。
六三六年	十六年	晋文公立。
六三二年	二十年	晋楚(成王)战于城濮(山东濮县)，楚败。晋文公盟諸侯于踐土（河南滎澤)，晋霸全盛。
六二九年	二十三年	晋作五軍。
六二七年	二十五年	秦(穆公)晋(襄公)有殽（河南陕县）之战，秦败，秦东进受阻。
五九七年	定王十年	晋（景公）与楚（庄王）战于邲（河南郑县)，晋败。
五九四年	十三年	魯宣公十五年"初税亩"。
五九〇年	十七年	魯"作丘甲"。
五八八年	十九年	晋作六軍。
五五一年	灵王二十一年	孔子生。
五四六年	二十六年	晋楚等十四国在宋都，为"弭兵之盟"。
五三八年	景王七年	郑子产"作丘赋"。
五三六年	九年	郑子产"鑄刑書"。
五二四年	二十一年	周景王鑄大錢。
五一三年	敬王七年	晋国用鉄鑄刑鼎，把范宣子所作"刑書"刻在上面。
五〇六年	十四年	吴王闔閭与楚战于柏举(湖北麻城)，楚败。吴軍入郢都(湖北江陵)，楚昭王逃走。
四九六年	二十四年	吴与越战于檇李（浙江嘉兴)，吴败。吴王闔閭受伤死，子夫差繼立。
四九四年	二十六年	吴王夫差败越于夫椒(江苏吴县)。
四八三年	三十七年	魯哀公十二年"用田賦"。

公元前	帝王纪年	大 事
四八一年	敬王三十九年	春秋编年止于此。
四七三年	元王三年	越灭吴,越王句践称霸。
四〇八年	威烈王十八年	秦国"初租禾"。
四〇三年	二十三年	周命晋大夫韩虔、魏斯、赵籍为诸侯,战国时代开始。
三八六年	安王十六年	周命齐大夫田和为诸侯。
三六一年	显王八年	魏惠王自安邑徙都大梁。
三五九年	十年	秦国实行商鞅第一次新法。
三五〇年	十九年	秦自雍徙都咸阳,又实行第二次新法。
三四八年	二十一年	秦"初为赋"。
三三六年	三十三年	秦"初行钱"。
三三四年	三十五年	魏惠王和齐威王在徐州相会,平分霸业。
三〇七年	根王八年	赵武灵王采行胡服骑射。
二七八年	三十七年	秦将白起攻楚拔鄢郢,楚迁都到陈(河南淮阳)。
二六〇年	五十五年	赵用赵括代廉颇为将,秦败赵于长平,坑降卒四十万。
二五七年	五十八年	魏信陵君破秦军于邯郸,赵得暂免于亡。
二五六年	五十九年	秦灭西周。周根王亦死,从此挂名的天子也没有了。
二四九年	秦庄襄王元年	秦用吕不韦为相国。秦灭东周。
二四六年	秦王政元年	
二四一年	六年	楚迁都寿春。
二三〇年	十七年	秦内史腾灭韩。
二二八年	十九年	秦王翦灭赵,赵公子嘉逃到代,自立为代王。

公　元　前	帝　王　紀　年	大　　　　　事
二二七年	秦王政二十年	燕太子丹派荆軻刺秦王，没有成功。
二二六年	二十一年	秦攻陷燕都薊，燕王喜迁都辽东。
二二五年	二十二年	秦将王賁灭魏。
二二三年	二十四年	秦派王翦攻楚，陷楚都寿春，楚亡。
二二二年	二十五年	秦派王賁灭燕，灭代。
二二一年	二十六年	秦派王賁从燕南攻灭齐。全国統一于秦。秦王政称"始皇帝"。